作 者 简 介

安路生，高级工程师，1965年11月出生于江西安义。1982年在上海铁道学院铁道运输专业学习；1986年毕业后历任南昌铁路分局向塘西站见习生、助理工程师、运转车间副主任、主任、车站副站长；1996年担任南昌铁路局鹰潭车站站长；1998年担任南昌铁路局总调度长；1999年担任南昌铁路局副局长、党委常委；2004年5月担任北京铁路局石家庄分局分局长、党委副书记；2004年11月担任武汉铁路分局分局长、党委副书记；2005年3月担任武汉铁路局局长、党委副书记；2006年12月担任铁道部总调度长；2008年5月至今担任成都铁路局局长、党委副书记。面对铁路运输需求与供给矛盾突出的现状，在统筹配置运力资源、实现点线能力配套、强化调度集中统一指挥和实现集约化、规模化运输上，他通过不断创新运输组织，深入挖潜提效，实现了通道、机辆、解编、装卸能力的有效匹配，组织研究提出的路企直通运输等工作为铁路的发展注入了新的动力，将产生巨大的社会和经济效益。特别是在2008年抗击雨雪冰冻及地震灾害中，他积极投身抗灾救灾、灾后复旧等重点工作，为取得抗灾救灾的决定性胜利做出了积极贡献。

中国铁路运输新实践

安路生　著

中国铁道出版社
CHINA RAILWAY PUBLISHING HOUSE

内 容 简 介

本书是在中国铁路第六次提速调图实践的基础上，对中国铁道运路组织创新与实践的总结。内容包括：管理体制和运输生产力布局、运输通道能力的优化、编组站工作、货运集约化经营、机车车辆运力资源优化、铁路调度指挥工作的优化、铁路运输产品与营销战略、铁路运输组织信息化、重载运输组织、结论与展望等。

图书在版编目（CIP）数据

中国铁路运输新实践/安路生著．—北京：中国铁道出版社，2009．3

ISBN 978-7-113-08505-6

Ⅰ．中… Ⅱ．安… Ⅲ．铁路运输—交通运输管理—研究—中国 Ⅳ．F532．6

中国版本图书馆 CIP 数据核字（2009）第 035062 号

书　　名：**中国铁路运输新实践**
作　　者：安路生　著

责任编辑：熊安春　黄燕　梁兆煜　吴军　**电话：**路(020)73078，市(010)51873078
封面设计：马　利
责任校对：张玉华
责任印制：陆　宁

出版发行：中国铁道出版社（100054，北京市宣武区右安门西街 8 号）
网　　址：http：//www.tdpress.com
印　　刷：北京精彩雅恒印刷有限公司
版　　次：2009 年 3 月第 1 版　2009 年 3 月第 1 次印刷
开　　本：787 mm×960 mm　1/16　印张：20．25　字数：297 千
书　　号：ISBN 978-7-113-08505-6/U·2153
定　　价：48．00 元

前言

铁路在国民经济中发挥着基础性的作用，在国家综合交通运输体系中处于骨干地位。保证国民经济持续快速健康发展，需要铁路提供强有力的运力支撑。

在党中央、国务院的正确领导下，中国铁路从我国国情实际出发，针对货运请车满足率不高、客运一票难求等问题，通过运输组织创新，在推进和谐铁路建设的伟大事业中，作出了不懈努力，取得了重大成就。我国铁路以占世界铁路6%的营业里程，承担了世界铁路1/4的换算周转量，据统计，仅2002年~2008年，在路网规模仅增长9.5%的情况下，铁路运量实现了大幅度增长，2008年，全国铁路客运量、货运量、总换算周转量比2002年分别增长38.2%、61.6%、59.3%。

2004年，国务院审议通过了我国铁路史上第一个《中长期铁路网规划》，确定了到2020年铁路建设蓝图。根据这一规划，到2020年，我国铁路营业历程将达到12万km。铁道部与全国31个省市自治区就加快铁路重点项目建设签订了战略合作协议，掀开了中国铁路建设发展新的一页。

通过六次大提速，铁路整体面貌发生了历史性变化，运输工作取得了巨大进步，列车运行速度已达到世界铁路既有线提速的最高值，标志着中国铁路既有线提速跻身世界铁路先进行列。

中国铁路用短短几年时间走完了发达国家几十年的发展历

程。引进了世界上先进的时速 200 km 动车组技术(最高运行速度达250 km/h)和大功率机车技术,高速列车通车里程已超过 6 000 km。新造、改造时速 120 km 货车已达 44 万辆,自主研发了 25 t 轴重的 C_{80} 型运煤敞车,载重 70 t 新型通用货车;重载运输已实现 2 万 t 列车开行;CTC、TDCS、CTCS2、GSM－R 等先进信号通信技术已投入运用,步入了引进消化吸收再创新的快速发展之路。

铁路客货运量快速增长,运输效益大幅提升,旅客周转量、货物发送量、运输密度、总换算周转量等主要运输生产运营指标处于世界领先水平。机车运用效率、全路货运机车日产量、货运机车日车公里、货车中转时间等主要运输效率指标大幅提高。

中国铁路实施的提速工程,是对铁路原有运输模式的重大突破,是从“大重量、高密度、中低速度”的运输模式向“快速度、大重量、高密度”运输新模式的重大转变。

铁路运输组织创新是建立在铁路体制改革与生产力布局调整的基础之上的,同时,铁路技术装备现代化和信息管理系统的建立为铁路运输组织创新提供了重要的支撑。

本书在总结中国铁路六次提速调图实践的基础上,对管理体制和运输生产力布局,运输通道能力的优化,编组站工作,货运集约化经营,机车车辆运力资源优化,铁路调度指挥,铁路运输产品与营销战略,铁路运输组织信息化,重载运输组织等方面进行了系统分析和研究,希望能有益于中国铁路运输组织创新,为和谐铁路建设尽微薄之力。

2007 年 12 月 18 日

目录

前　言 …………………………………………………………………… （Ⅰ）

第一章　绪　论 ……………………………………………………………… （1）

第一节　世界主要国家的铁路运输 ………………………………… （4）
一、国外的铁路运输 ………………………………………………… （4）
二、中国的铁路运输 ………………………………………………… （10）
第二节　中国铁路运输的和谐发展 ………………………………… （21）
一、中国铁路的合理定位 …………………………………………… （21）
二、建设和谐铁路的内涵 …………………………………………… （23）
三、内涵扩大再生产 ………………………………………………… （25）
四、中国铁路运输组织创新 ………………………………………… （27）

第二章　管理体制和运输生产力布局 ……………………………… （37）

第一节　运输管理体制改革 ………………………………………… （39）
一、管理体制改革的必要性 ………………………………………… （39）
二、扁平化管理的优势 ……………………………………………… （42）
三、扁平化管理的保障 ……………………………………………… （44）
第二节　运输生产力布局调整 ……………………………………… （45）
一、运输生产力布局调整的必要性 ………………………………… （45）
二、运输生产力布局调整的实践 …………………………………… （48）
三、运输生产力布局调整的效果 …………………………………… （52）
第三节　站段内部整合 ……………………………………………… （54）

一、生产资源整合 …………………………………………………… (54)
二、站段内设机构整合 ………………………………………………… (55)
三、劳动组织整合 …………………………………………………… (55)

第三章 运输通道能力的优化 ……………………………………………… (57)

第一节 车流径路的基本理论……………………………………………… (60)
一、车流径路管理内容 ………………………………………………… (60)
二、车流径路及选择的影响因素 ………………………………………… (60)
第二节 车流径路理论的创新……………………………………………… (62)
一、常态非最短车流径路的产生 ………………………………………… (63)
二、常态非最短车流径路的内涵 ………………………………………… (65)
第三节 "一主两翼""两线三区域"战略 ………………………………… (68)
一、车流调整战略的实践 ……………………………………………… (68)
二、车流组织战略的实施成果 ………………………………………… (78)
第四节 车流径路调整的技术支持………………………………………… (86)

第四章 编组站工作……………………………………………………… (89)

第一节 编组站工作特点与面临的挑战…………………………………… (92)
一、编组站作业系统 …………………………………………………… (92)
二、编组站运营工作影响因素 ………………………………………… (93)
三、编组站工作面临的挑战 …………………………………………… (94)
第二节 编组站工作创新实践……………………………………………… (95)
一、编组站工作目标 …………………………………………………… (95)
二、编组站工作优化思路 ……………………………………………… (95)
三、实践与成果 ………………………………………………………… (99)
四、哈尔滨南站编组站工作优化实践案例………………………………… (106)

第五章 货运集约化经营 ………………………………………………… (113)

第一节 铁路的集约化规模化经营 ……………………………………… (115)
一、铁路的集约化………………………………………………………… (115)

二、铁路的规模化 …… (117)
三、集约化和规模化的特性 …… (118)
第二节 “两整合一建设”战略 …… (118)
一、战略提出背景 …… (119)
二、战略的原则、目标和内容 …… (123)
三、战略实施效果 …… (131)

第六章 机车车辆运力资源优化 …… (137)

第一节 运力资源优化的基本理论 …… (139)
一、运力资源的影响因素 …… (139)
二、运力资源优化战略 …… (143)
第二节 机车运力资源的优化 …… (144)
一、机车运用的传统模式 …… (144)
二、优化机车运力资源的途径 …… (145)
三、实践与成果 …… (146)
第三节 车辆运力资源的优化 …… (152)
一、我国车辆运用的传统模式 …… (152)
二、优化车辆运力资源的途径 …… (153)
三、实践与成果 …… (154)

第七章 铁路调度指挥工作的优化 …… (159)

第一节 调度指挥系统整合 …… (162)
一、坚持运输集中统一指挥 …… (163)
二、调度指挥监控系统的建立 …… (164)
三、调度指挥系统整合 …… (165)
第二节 第六次大面积提速调图 …… (171)
一、调图准备工作 …… (171)
二、列车运行图技术标准 …… (172)
三、列车运行图成果 …… (173)
四、列车运行图计算机管理 …… (176)

第三节　按图行车 …………………………………………………… (177)
一、运输组织模式分析 ……………………………………………… (177)
二、组织型运输模式下按图行车的实践 …………………………… (177)
第四节　施工与检修天窗 …………………………………………… (179)
一、综合天窗修的理念 ……………………………………………… (179)
二、落实"天窗修"制度 ……………………………………………… (181)
第五节　铁路应急体系的构建 ……………………………………… (186)
一、应急救援工作的变化 …………………………………………… (187)
二、应急救援体系的建立 …………………………………………… (187)
三、应急救援预案的健全 …………………………………………… (190)
四、应急培训演练的强化 …………………………………………… (191)

第八章　铁路运输产品与营销战略 ………………………………… (193)

第一节　运输产品与营销理论 ……………………………………… (195)
一、STP 战略及市场创新理论 ……………………………………… (196)
二、运输产品创新理论 ……………………………………………… (198)
三、客户关系管理理论(CRM) ……………………………………… (203)
第二节　客货运输产品的创新 ……………………………………… (208)
一、客运产品的创新 ………………………………………………… (208)
二、货运产品的创新 ………………………………………………… (213)
第三节　客货运营销策略创新 ……………………………………… (226)
一、铁路大客户战略的实施 ………………………………………… (226)
二、客货运输服务质量创新 ………………………………………… (233)
三、客货运信息系统的完善 ………………………………………… (236)
四、铁路大客户战略实施案例 ……………………………………… (237)

第九章　铁路运输组织信息化 ……………………………………… (241)

第一节　铁路信息化的特性与功能 ………………………………… (243)
一、铁路信息化的基本特性 ………………………………………… (243)
二、铁路信息化的功能 ……………………………………………… (245)

三、铁路信息化建设重点 …………………………… (246)
第二节　客运信息系统 …………………………… (247)
一、客运信息化建设 …………………………… (247)
二、客运信息化发展 …………………………… (250)
第三节　货运信息系统 …………………………… (253)
一、货运信息化建设 …………………………… (253)
二、货运信息化发展 …………………………… (255)
第四节　调度指挥系统 …………………………… (258)
一、列车调度指挥系统(TDCS) …………………………… (259)
二、分散自律调度集中系统(CTC) …………………………… (261)
三、调度管理信息系统 …………………………… (265)
四、列车运行图计算机编制系统 …………………………… (265)
五、调度指挥现代化发展 …………………………… (266)
第五节　编组站综合自动化系统 …………………………… (266)

第十章　重载运输组织 …………………………… (269)

第一节　国外重载运输综述 …………………………… (271)
一、世界先进国家的重载运输 …………………………… (271)
二、重载运输发展趋势 …………………………… (275)
第二节　国内重载运输 …………………………… (276)
一、我国重载运输现状 …………………………… (277)
二、中国重载运输线网发展规划 …………………………… (278)
三、中国发展重载运输的途径 …………………………… (279)
第三节　重载运输组织创新 …………………………… (283)
一、重载运输的创新 …………………………… (283)
二、大秦线运输组织 …………………………… (284)
三、大包线重载运输组织 …………………………… (289)

第十一章　结论与展望 …………………………… (293)

第一节　中国铁路运输组织创新 …………………………… (295)

一、运输管理体制的创新 …………………………………………… (295)
二、铁路信息技术创新 ……………………………………………… (297)
三、铁路运输产品与营销策略的创新 …………………………… (297)
四、铁路生产资源的配置优化 ……………………………………… (298)
五、铁路运输组织方式的创新 ……………………………………… (300)
第二节 中国铁路运输组织展望 ……………………………………… (302)
一、客运高速化发展 ………………………………………………… (303)
二、重载运输的系列化 ……………………………………………… (304)
三、运输资源优化配置 ……………………………………………… (305)
四、货物运输集约化、快捷化和物流化 …………………………… (306)
参考文献 ……………………………………………………………… (309)
后　记 ………………………………………………………………… (311)

FIRST

第1章 绪论

随着世界范围内能源紧张、土地稀缺和环境恶化形势加剧，铁路以其大运量、全天候、低成本、占地少、能耗少、环保型等特点，重新引起了世界各国对发展铁路的重视。德国、美国、日本、法国等一批先进国家，以及同为发展中国家的印度铁路发展，对中国铁路具有十分重要的借鉴意义。

中国铁路作为国民经济的基础性设施，既有世界铁路发展的共性，也有自身的特点，既要学习借鉴发达国家的先进经验，又要结合我国国情和路情，在优化运力资源配置、改进运输组织模式上不断探索和创新，走构建中国和谐铁路的发展道路。

历史和实践证明，创新是国家发展的原动力，是市场经济条件下企业竞争力的源泉；企业制度创新是整个企业创新体系的重要组成部分，技术创新是人类认识世界和改造世界的活动；铁路运输组织的创新是提高铁路运输效率效益的根本之路，建立在铁路体制改革与生产力布局调整的基础之上，同时，铁路技术装备现代化和信息管理系统的建立为铁路运输组织创新提供了重要的支撑。

第一章 绪　论

自1825年9月27日世界上第一条铁路诞生以来，在长达180多年里，几乎所有国家在实现工业化的进程中，普遍重视铁路建设，铁路为人类社会的文明进步与经济发展作出了巨大贡献。目前，全世界铁路营业里程达130万km，遍及100多个国家。

世界经济格局的发展变化，使铁路在推动世界经济和人类社会发展中发挥着更加重要的作用。随着经济全球化的深入和区域一体化的发展，铁路已经成为跨越国界、跨越洲际的重要陆桥通道。欧盟铁路基本实现互连互通，北美铁路实现相互开放，泛亚铁路一体化加快发展。铁路已经成为促进经济发展和政治联系的重要纽带。

世界铁路正处于由低谷走向复兴的重要历史阶段，铁路在促进全球经济社会可持续发展中具有广阔的前景。世界能源资源紧缺和环境恶化的现实，迫使许多国家重新认识加快发展铁路的重要性。当代高新技术的广泛运用，促进铁路加快升级换代，突出体现在高速铁路技术、重载技术快速发展和管理水平大幅度提高。各国政府给予铁路在建设投资、财政补贴和税收优惠等方面的政策支持，为铁路发展创造了良好的环境。世界范围内铁路管理体制的重大变革，也为铁路加快发展注入了活力。

站在构建社会主义和谐社会的战略高度，加快我国铁路发展具有重大意义。我国的经济地理特征和经济发展环境，决定了铁路在经济社会发展中不可替代的地位和作用。我国幅员辽阔，内陆深广，资源分布与工业化布局不对称，产品和生产要素的大规模转移与交换，迫切需要大运量交通工具的支撑，构建一个发达完善的铁路网十分必要。

随着国民经济的快速发展铁路运输需求不断增长，加快铁路发展的重要性和紧迫性日益突出。

同时，我国经济社会发展与资源紧缺的突出矛盾，明确了铁路在构建综合交通运输体系中的重大责任。面对人口增长的巨大压力，迫切需要发展大能力交通工具。面对能源资源紧缺的突出矛盾，迫切需要发展资源节约型交通工具。面对生态环境恶化的严峻挑战，迫切需要发展环保型交通工具。铁路肩负着光荣而艰巨的任务。

第一节　世界主要国家的铁路运输

一、国外的铁路运输

（一）德　国

德国铁路总里程近 4 万 km(39 898 km)，干线铁路 1 万多 km，其余不到 3 万 km 铁路均属地区铁路，有 4 000 多个车站，地区铁路通达每个城镇，这对德国客货运输畅通，地区经济快速均衡发展发挥着极其重要的作用。德国铁路路网结构比较完善，铁路基础设施建设相对稳定，主要是加大既有线投资改造力度，提升既有线路能力。

德国铁路近 30 年一直以提高旅客列车速度为主要战略。德国联邦铁路 ICE 试验列车曾于 1988 年 5 月创造了时速 406 km 的纪录，1991 年 6 月德国 ICE 列车正式开通运营。在客车动车组方面，致力于提高旅客列车的平稳性、舒适性和安全性，注重车体的轻型化、低噪声、舒适、安全、节能等技术。

短途旅客列车在德国占据很重要的位置，针对不同的需求开行城市快速列车、地区快车、地区普通旅客列车。由于对旅客所需求的产品有了准确定位，短途客运产品一经开发，便得到了旅客的认可。而同时对航空占主流的远距离长途客运则按列车速度、编组推出两种不同的客运产品：一种是最高时速 280 km 的动力集中式高速列车；另一种是最高时速330 km的动力分散式高速列车。

德国铁路非常重视专用货车的发展,1991 年专用货车比重就已达到 50.1% ,发展重点为运送高附加值的专用车和运送集装箱的平车。

铁路公司针对货运市场国际化、物流化、高附加值货物运量迅速增长的发展趋势,提出了四个新的战略:面向货主战略、优化核心业务战略、物流化战略和国际化战略。德国货运产品有:集结式整车货物运输、直达货物运输、联合运输等。通过不断开发新产品,提供适应市场需求的运输服务来巩固和拓展市场份额。

在开发和应用微机信号设备方面,一直走在世界铁路前列,在 2 000 km线路以及所有的 ICE 高速列车和大约 800 台机车上装备了 LZB 连续式列车速度自动控制系统设备。1996 年投入运用的汉诺威总站电子连锁是目前德国铁路最大规模的联锁设备,控制 800 多个信号机和道岔,每天办理 5 100 条列车和调车进路。

利用信息化手段使铁路与各种运输方式互连互通,实现了铁路的延伸服务。在逐步实现综合化、集成化,向操作自动化、管理系统化和决策智能化方向发展的同时,与公路运输、内河运输、海洋运输等国家交通领域信息系统互联,形成了比较完善的交通运输业中枢神经系统,拓展了铁路的服务领域。德国的 KURS'90 系统、FS90 系统是集众多运营管理、咨询服务子系统于一体的综合信息系统,系统中所有信息只需一次采集,全系统共享。

(二)美　国

美国铁路主要通道已经实现了四线甚至多线,以客货分线运行,提高列车运行速度为主战略,运输效率大幅提高。利用建设东北走廊高速铁路的经验,开发新的客运走廊,满足市场上对高速客运列车的需求。

铁路货物运输产品以大宗货物重载运输和集装箱联合运输为主,在运输组织上均开行重载列车,如大宗货物重载单元列车和双层集装箱列车。应用系统工程观点优化设计货运机车和货车,并以市场和维修的需求而不是用技术来决定重载列车的性能参数标准。美国轴重 30 t 以上货车占总数的 65% ,大型高边敞车轴重达 35 t。美国诺福克西方铁路公司开行的运煤重载列车，全长 6 500 m，编组 500 辆，总重达 44 066 t，走在世界重载列车开行的前列。

市场机制是美国铁路企业经营的基础，美国铁路一直以私有私营为主导，长期采用股份制公司的管理模式。在 1971 年之前，美国铁路公司是客货兼营的，之后变为单纯的货运公司。美国铁路运输行业的公司结构为金字塔型，即存在数量众多的小型铁路公司、较少的中型铁路公司和屈指可数的大型铁路公司。

信息化技术广泛应用于铁路运输的生产调度、客货营销和经营管理，促进了运输组织与生产效率的大幅度提高。20 世纪 60 年代中期，美国铁路研制并运用了综合运营管理信息系统（TOPS），实现了对铁路生产经营活动的集中精确控制，使人员大量减少，生产效率显著提高。美国东部最大的铁路公司切西（CSX）公司，3 万多 km 铁路只有一个调度中心和一个信息中心，实现道岔、信号的远程控制和所有列车运行的高度统一指挥，实现了信息的收集处理自动化。

在调整和开发信息系统方面，为满足货主需要，美国堪萨斯南方铁路公司（KCS）开发和正在实施的管理控制系统（MCS），广泛使用了 Web 浏览器，用户可以方便地得到所需要的各种信息，如目前铁路提供的各种服务、价格，向铁路申请车辆、查询货物的流转情况和铁路进行清算等。这个系统也为公司内部提供了可靠的决策数据，为提高和改进运营水平创造了条件。

（三）日　本

1964 年，世界上第一条高速铁路——东海道新干线在日本诞生，拉开了世界铁路高速化进程的序幕。铁路的高速化为铁路占据客运市场立下了功劳，多条新干线自开业以来客运量增加 6 倍多。

铁路主要通道已经实现了客货列车分线运行，修建了四线甚至多线，运输效率较高。在既有线改造过程中，日本把一些“瓶颈”、拥堵区段和繁忙干线作为重点改造区段。新线建设中，日本已形成以几大新干线为主的全国高速干线网，对日本经济快速发展起到重要作用，推行开发建设新干线的计划还在进行中。

铁路已使用多种自动化程度较高的检测车，电气化铁路接触网检测系统在实践中得到不断完善。日本新干线高速列车已发展到700系、E4系客车动车组，设计开发的STAR21高速列车最高时速400 km，新型快速客车、智能列车等也成为日本客运发展的主要趋势。

在铁路行车控制技术方面，20世纪90年代初已开始研制数字ATC系统，使系统的车载设备实现了智能化，系统的抗干扰性、安全性和可靠性得到大幅度提高。此外，日本还研制了CARAT新型列车控制系统、ATACS新型无线列车控制系统，使其通信信号技术不断完善并处于世界领先水平。

信息化在铁路运输生产中具有突出作用。列车控制系统和列车安全保障监控系统的信息化，进一步提高了铁路行车安全水平。新干线信息化的列车安全保障运行体系使新干线连续40多年没有出现安全事故。

在客运方面，旅客在旅行全过程中可享有问询、预订客票、了解列车运行情况、预订旅馆和机票、获取公共交通信息等全方位的信息服务，客运质量得到了根本性的提高。日本国铁研制的铁路客票座席预约系统（MARS101），使营销服务实现了高度现代化。

（四）法 国

法国始终将发展高速铁路作为一项基本国策和重大战略，高速路网通车里程不断扩大，高速列车开行密度不断加大。在新线建设中，统筹合理规划，带动了区域经济发展。在客车动车组方面，法国TGV客车动车组是世界上高速列车家族的重要一员。1990年5月18日，法国创造了轮轨黏着时速515.3 km的纪录，2007年4月3日，法国又创造了时速574.8 km的高速铁路世界纪录。

法国的客货分线运输里程占路网总里程的32%，法国3条客运专线每年各输送旅客2 000多万人次。随着各国经济发展和城市化进程加快，法国十分注重铁路在城市轨道交通体系中的作用，市郊铁路的年运量达5.4亿人，占法国国铁总客运量的65%。

20世纪70年代，法国国铁开发了货运集中管理系统（GCTM），

1997 年引入了中央客票预订发售系统(PDSD),服务于铁路干线和区域客运;法国的 Socrate、REPIPAC 等系统中所有信息只需一次采集,全系统共享,也都是集众多运营管理、咨询服务子系统于一体的综合信息系统。

20 世纪 80 年代中期以后,法国铁路通过巩固整列直达运输、推动联合运输和集结式运输,促进了运输结构的调整,形成了庞大的公路、铁路、集装箱联合运输网络。法国还针对货主的需求,以市场为导向,巩固和拓展货运市场,大力采取在既有线上提速,推行夕发朝至货运和公铁联运,实行"一条龙"和"门到门"服务等举措,取得了较好的效果。

(五)印　度

印度铁路总长度达 6.25 万 km,拥有亚洲第二、世界第三等国有铁路网,其中电气化线路的营业里程为 11 260 km,整个印度铁路网已建有 6 853 个车站。

牵引动力的内电化,使内燃机车和电力机车上升到 4 170 台和 2 120台,蒸汽机车减少到不足 900 台;日发车量达 15 000 列,日运送旅客 1 300 多万人,货物 130 万 t,每年运送乘客 44 亿人次。

印度铁路自 1969 年开始实施提速举措,主要干线旅客列车的最高时速达到 120 km,1988 年提高到 140 km,1996 年之后,特大城市间特快列车的时速已经提高到了 160 km。

20 世纪 90 年代以来,印度经济进一步发展,人员流动增大,进出口货物增多。印度公路发展比较慢,铁路以其相对安全、快速、准时等特点,在交通运输市场竞争中占有优势。1999 ~ 2000 年度的客运收入为 958 亿卢比,占总收入的 28.9%;货运收入为 2 206 亿卢比,占总收入的 66.6%。但近年来,公路运输和国内航空的快速发展,印度铁路业已经面临越来越严峻的挑战。

(六)其他国家

1. 俄罗斯

俄罗斯注重铁路的跨国运输,通过合并发展和优化路网,发挥铁路在国际货物运输中的作用。通过大力发展集装箱运输，将部分原用棚车运输的零担货物改用大型集装箱装运，同时，还为汽车运输提供了共用铁路技术装备的运输服务，发展“门到门”运输。

2. 澳大利亚

澳大利亚铁路承担了国内所有铁矿石以及80%的煤炭、70%的谷物运输，巨大的市场需求决定了大宗货物运输是其支柱产品。近几年来，面对市场竞争，澳大利亚铁路强化重载运输、开行双层集装箱列车，同时，积极与国家公路局、航空部门及各港口合作，开展联合运输业务，达到了协调合作、共同发展的目的。

澳大利亚重载列车更是不断刷新世界纪录，其BHP铁矿公司在扬迪尔——黑德兰港间275 km的线路上，已开行了净载重82 000 t、总重达99734 t的重载列车，全列编组682辆，列车长度7 300 m，由8台功率为6 000马力(4 474 kW)的交流传动内燃机车牵引。

3. 瑞 典

瑞典铁路在里程600 km左右的运输范围内有着飞机、汽车不可比拟的竞争力，为了提高旅客对铁路客运服务的满意度，通过开行城际列车、地区间列车、夜间列车等不同档次的列车，大力开发适应市场的运输产品，提供铁路旅行、旅馆食宿、汽车、轮渡等一揽子服务，为旅客出行创造了便利。

瑞典铁路在开发运输新产品，巩固和拓展物流市场份额方面做得十分出色。公路运输曾在瑞典货运市场处于主导地位，但随着运距的加大，各种运输方式的份额趋于平衡。1996年，瑞典铁路货运市场全面开放，任何符合国家有关规定的经营者都可以在国家铁路干线上经营货运业务，铁路货运市场得到极大拓展。在以客运为主的干线上，因地制宜地开行货物列车。小编组货物列车开行较多，牵引重量一般为1 500 t，有时仅编挂几辆集装箱平车；在货运为主的北部地区，开行矿山与钢厂间的直达列车。

4. 加拿大

加拿大铁路公司CN面向客货营销与成本控制的SRS(客货营销

服务系统)，整合了车站、列车、货票、运行图、收入等业务信息系统，使丰富的信息资源实现共享。

加拿大铁路公司通过大力发展电子商务，目前已有65%的货运订单来自电子商务渠道。它还为旅客列车提供了无线因特网接入服务，使乘客在列车上可上网浏览和收发电子邮件。国外许多国家依靠系统资源共享，对各种信息及时进行分析，能够准确预测市场，实现决策的科学化。

(七)对中国铁路运输的启示

综观今日世界各国铁路发展概况，可以看出铁路不仅对一个国家经济和社会发展具有巨大推动作用，同时也是一个国家经济社会发展水平的重要标志。在分析各国铁路现状及发展趋势过程中，当今世界铁路发展对我国铁路发展具有重要的启示作用，集中体现在以下几个方面：

1. 由于铁路在可持续发展战略中的地位与作用日益凸显，许多国家从可持续发展的战略高度，调整和制定相关产业政策，增加铁路投资，铁路在经济社会发展中的基础性作用日益稳固，在国家综合运输体系中的骨干作用更为突出。

2. 世界各国通过科学规划，不断谋求路网结构、质量和数量的和谐发展。

3. 铁路客运向快速化、高速化方向发展，铁路货物运输向重载、快捷、集装化与物流化方向发展。

4. 铁路信息化建设取得重大进展，以电子信息技术为代表的高新技术向铁路产业全面渗透，带动了铁路整体技术的迅猛发展，使铁路面貌焕然一新。

5. 铁路在城市轨道交通中发挥重要骨干作用，大力发展城市轨道交通已成为世界各国城市实现现代化和可持续发展的共同选择。

二、中国的铁路运输

(一)铁路运输的快速发展

中国铁路历经半个多世纪的磨炼，铁路运输得到了蓬勃发展。特别是自 1997 年开始,我国铁路先后于 1997 年 4 月 1 日、1998 年 10 月 1 日、2000 年 10 月 21 日、2001 年 10 月 21 日、2004 年 4 月 18 日、2007 年 4 月 18 日连续实施了六次提速调图,我国铁路面貌发生了历史性变化。尤其是具有里程碑意义的第六次大面积提速调图,达到了世界铁路既有线提速最高目标值,标志着中国铁路既有线提速跻身世界铁路先进行列。

1. 提速线路资源大幅度增加

2004 年 1 月,国务院审议通过了我国铁路史上第一个《中长期铁路网规划》,确定了铁路建设蓝图,2008 年国家批准中长期铁路网规划调整。到 2020 年,全国铁路营业里程达到 12 万 km,主要繁忙干线实现客货分线,复线率和电化率分别达到 50%、60%,运输能力满足国民经济和社会发展需要,主要技术装备达到或接近国际先进水平。到 2020 年我国铁路将建成 3.2 万 km 快速客运网。在 2006 ~ 2010 年"十一五"期间,铁路将通过建设客运专线、发展城际客运轨道交通、既有线提速改造,初步建成 2 万 km 时速200 km 及以上的快速客运网,覆盖我国主要大中城市。"十一五"铁路网规划如图 1 – 1 所示。其中,时速 200 km 及以上既有线提速线路达到 1.3 万 km。

第六次大面积提速后,全国铁路营业里程 7.7 万 km,比第一次提速前的 1996 年增加了 1.2 万 km,增长 18.7%。其中,快速客运网规模迅速扩大,提速线路资源总量和质量都实现了重大突破。全国铁路时速 120 km 以上的线路延展里程有 2.4 万 km,比 1996 年增加了 2.3 万 km,其中时速 160 km 及以上的线路延展里程达到 1.6 万 km,时速 200 km 及以上的线路实现零的突破,延展里程达6 227 km,其中时速 250 km线路延展里程达 1 019 km。短短 10 年时间,我国铁路快速客运网从无到有,目前已经跻身世界先进行列。

2. 技术装备水平大幅度提升

第六次大面积提速后,铁路在牵引动力、客车车辆、货车车辆、动车组和大功率机车、线路基础、通信信号和铁路信息化等技术装备方面大幅度提升。

1

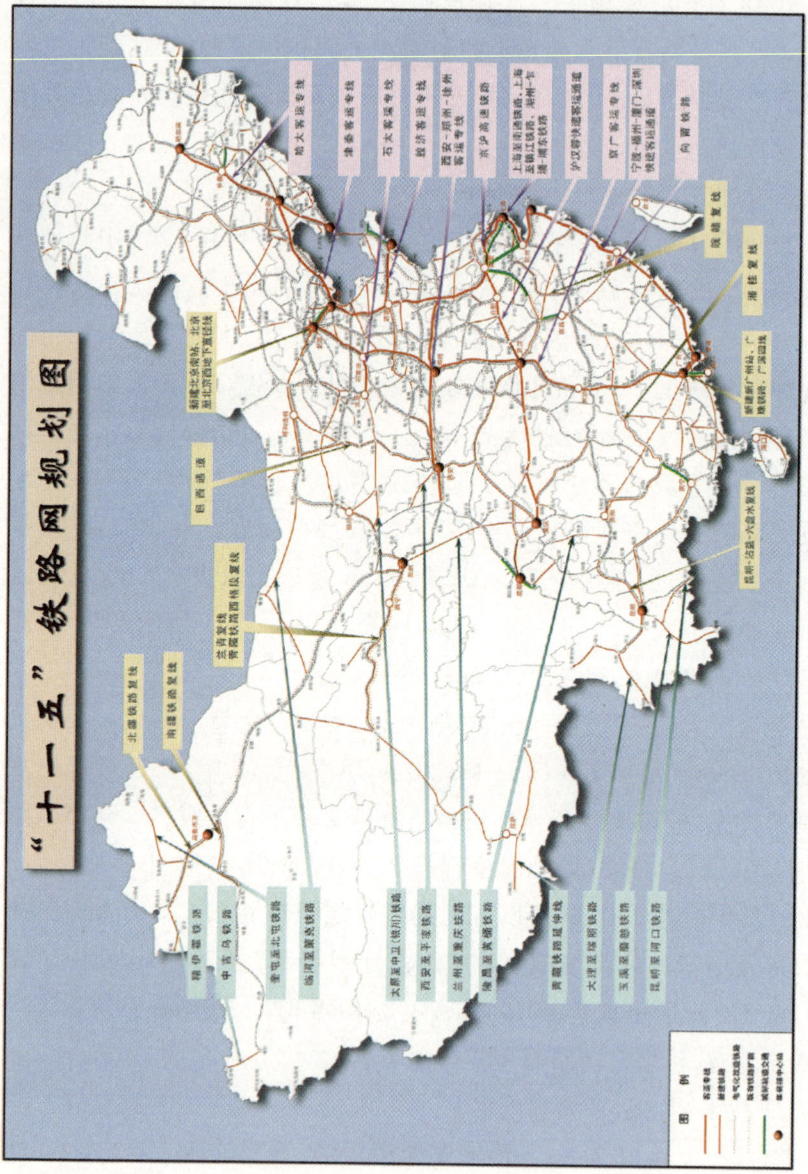

图 1-1 “十一五”铁路网规划图

(1)牵引动力。全国铁路拥有机车1.78万台,比第一次提速前增加了1717台,增长10.7%。其中,内燃机车1.21万台,电力机车5518台,内电机车比重由第一次提速前的73.7%上升到目前的99.3%,提高了25.6%。

(2)动车组和大功率机车。自2004年开始,按照中央提出的“引进先进技术,联合设计制造,打造中国品牌”的原则,通过引进消化吸收再创新,成功引进了当今世界先进的时速200km及以上动车组技术和大功率交流传动电力、内燃机车技术,并实现国产化。第六次大面积提速调图中,有55组国产化动车组和68台国产化大功率机车投入使用。

(3)客车车辆。全国铁路拥有客车车辆4.27万辆,比第一次提速前增加了8143辆,增长23.6%。其中,国家铁路空调客车2.24万辆,比第一次提速前增加1.42万辆,增长了1.7倍。

(4)货车车辆。全国铁路拥有货车56.5万辆,比第一次提速前增加了11.7万辆,增长26%。其中,国家铁路60t及以上货车拥有量达到48.9万辆,比第一次提速前增加了12.8万辆,增长35.4%;载重80t专用货车和载重70t通用货车分别于2004年和2006年投入运用,第六次大面积提速调图已投入运用的70t以上货车达到5.6万辆。

(5)线路基础。国家铁路正线60kg及以上重型钢轨总延长达到6.8万km,比重达到75.2%,比第一次提速前延长了3.36万km,比重增加了30.2%;正线铺设无缝线路5.23万km,比重达到57.8%,比第一次提速前延长2.93万km,比重增加27.8%。

(6)通信信号。铁路通信已基本实现数字化,传输线路实现光缆化,无线列调普及率达到100%。信号四显示,在第一次提速时只应用于京广线京郑、郑武和广深三个区段,到第六次大面积提速调图时,全路六大干线全部实现了四显示,列车追踪间隔时间由第一次提速前的8min,提高到目前的5min。第六次大面积提速调图后,国家铁路闭塞里程达到6.5万km,比第一次提速前增加了7939km,增长13.9%,其中自动闭塞里程达到2.56万km,增加了

2 159 km，增长 9.2%。

(7)铁路信息化。列车调度指挥系统，第一次提速时仅在京沪线应用，第六次大提速后，全路已有 5 006 个车站、5 万多 km 的线路完成了列车调度指挥系统建设。分散自律调度集中系统、列车运行控制系统、数字移动通信系统 2004 年开始试运用，到第六次大提速时得到广泛应用。铁路客票发售信息系统，第一次提速后，开始在全路 44 个较大车站进行试点，第六次大提速后已覆盖全国铁路主要车站和车票代售点，其中 1 942 个车站实现计算机售票，1 611 个车站实现计算机联网售票。货运营销信息系统，第一次提速后开始试点建设，第六次大提速后已覆盖全国铁路全部 1 493 个货运站。

3. 客货运输能力大幅度增加

第六次大面积提速调图后，图定开行旅客列车 1312.5 对，比第一次提速前增加了 226 对，增长了 20.8%。其中，直通客车 537.5 对，比第一次提速前增加了 340.5 对，增长 172.8%。新图日均提供客座 276.3 万个，比第一次提速前增加了 41.7 万个，增长 17.8%。

第六次大面积提速调图后，图定开行货物列车 16 656 对，比第一次提速前增加了 4 256 对，增长 34.3%。客货运输能力的增长幅度远高于同期铁路营业里程的增幅。

4. 客货运量大幅上升

通过铁路局直接管理站段体制改革、运输生产力布局的调整、专业运输改革，为加快铁路发展注入了强大活力。

“十五”时期，是我国铁路客货运量增长最快、运输效率不断提高、运输效益大幅提升的时期，铁路运输生产经营各项主要指标实现持续大幅增长。我国铁路完成的旅客周转量、货物发送量、运输密度、总换算周转量等主要指标已处于世界领先水平。

2006 年，全国铁路旅客发送量完成 12.57 亿人，比 2000 年增长 19.6%，旅客周转量 6 622 亿人 · km、增长 46.1%；货物发送量 28.83 亿 t、增长 61.4%，货物周转量 2.20 万亿 t · km、增长 59.4%。2000 年来我国客货运量如表 1－1 所示。2003 年全国铁路日均装车突破 10

万车,2005 年突破 12 万车,2006 年达到 129 130 车的历史最高水平。铁路主要运输生产经营指标统计如图 1－2 所示。

表 1－1 2000 年来我国客货运量表年度旅客发送量

年度	旅客发送量（万人）	旅客周转量（千万人·km）	货运总量（万 t）	货物周转量（千万 t·km）	日均装车（车）
2000	105 073	45 325. 9	178 581	137 704. 9	84 007
2001	105 155	47 668. 2	193 189	146 941. 4	90 812
2002	105 606	49 693. 8	204 955	156 584. 2	96 147
2003	97 260	47 886. 1	224 248	172 466. 5	105 021
2004	111 764	57 121. 7	249 017	192 887. 7	114 326
2005	115 583	60 619. 6	269 296	207 260. 3	122 310
2006	125 656	66 221. 2	288 224	219 544. 1	129 130

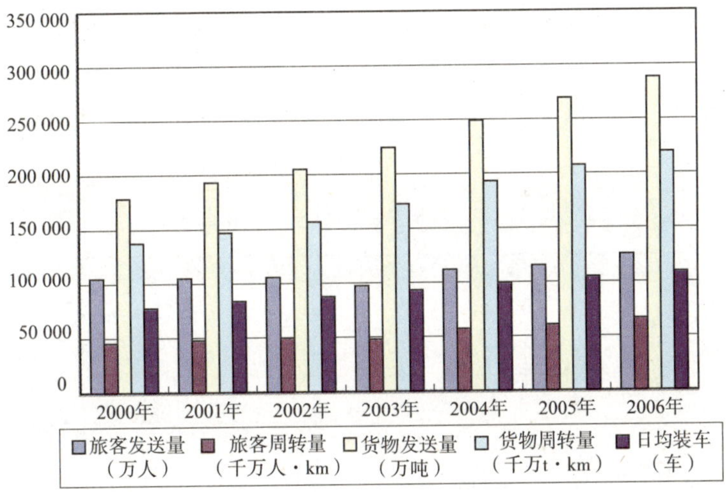

图 1－2 铁路主要运输生产经营指标统计图

第一次提速时,全路仅在京广、京沪、京哈、陇海四条主要干线上开行了双机牵引 5 000 t 级的货物列车,第六次大面积提速后,主要干线和煤运通道大量开行单机牵引 5 000 t 级货物列车。第一次提速前,大秦铁路最高牵引重量为 6 000 t,1996 年完成货运量5 880 万 t。2007

年大秦铁路大量开行 2 万 t 级煤炭重载列车，运量达到 3 亿 t，是第一次提速前的 5 倍。

5. 运输效率大幅提升

机车运用效率：2006 年全路货运机车日产量达到 114.3 万t・km、比 2000 年增长 15.0%，货运机车日车公里达到 465km、增长 5.0%。

车辆运用效率：货车中转时间大幅减少，由 2000 年的 4.7 h 压缩到 2006 年的 4.4 h；货车一次作业停留时间明显压缩，由 2000 年的 23.1 h 压缩到 2006 年的 15.2 h。全路货车周转时间不断压缩，2006 年完成 4.87 天，比 2000 年的 5.39 天压缩了 0.52 天，相当于每天节约运用车 5 万多辆。

劳动生产率：按实物量计算，2006 年全路运输业劳动生产率达到 182 万换算 t・km/人，比 2000 年增加 66.7 万换算 t・km/人，增长 57.7%；按价值量计算，2006 年全路运输业劳动生产率达到 16.0 万元/人，比 2000 年增加 8.4 万元/人，增长 110.5%。第一次提速前，国家铁路职工人数为 335.5 万人，近几年，通过移交社会职能、主辅分离，国家铁路职工人数减少到 210 万人，减幅达 37.4%。2000 年以来全路运输效率指标如表1－2所示。

表 1－2　2000 年以来全路运输效率指标表年度货车周转时间

年度	货车周转时间（天）	货运机车日产量（万 t・km）	货运机车日车公里（km）	劳动生产率（万 t・km/人）	运输密度（万 t・km/km）
2000	5.39	99.4	443	115.5	2 666
2001	5.08	99.9	437	129.7	2 778
2002	5.07	102.2	445	135.3	2 869
2003	5.05	105.8	450	141.9	3 018
2004	4.94	108.7	455	159.5	3 360
2005	4.92	110.6	458	171.2	3 551
2006	4.87	114.3	465	182.2	3 707
比 2000 年增加	－0.52	14.9	22	66.7	1 041
累计增幅	－9.65%	14.99%	4.97%	57.75%	39.05%

路网运输密度:2006 年全国铁路平均客运密度为859 万人·km/km、货运密度 2 848 万 t·km/km,换算密度为3 707 万 t·km/km,比 2000 年增长 42.3% 。我国铁路平均运输密度位居世界首位,是英国的 11.3 倍、法国的 9.2 倍、德国的 8.2 倍、加拿大的 5.3 倍、美国的 3.9 倍、日本的 2.8 倍、印度的 2.2 倍、俄罗斯的 1.6 倍,数据对比见表1-3。中国铁路运输效率和运输能力利用率处于世界领先水平。

表 1-3 主要国家营业里程和运输密度对比表

国 别	营业里程(km)	旅客周转量(亿人·km)	货物周转量(亿 t·km)	换算周转量(亿 t·km)	换算密度(万 t·km/km)	
					全国铁路	倍数
中 国	77 084	6 622.12	21 954.41	28 576.53	3 707.20	1.0
美 国	272 812	88.69	25 685.00	25 773.69	944.74	3.9
俄罗斯	85 542	1 722.00	18 581.00	20 303.00	2 373.45	1.6
印 度	63 332	6 156.00	4 396.00	10 552.00	1 666.14	2.2
日 本	20 052	2 460.00	226.00	2 686.00	1 339.52	2.8
德 国	34 211	724.69	817.22	1 541.91	450.71	8.2
英 国	19 898	430.00	221.10	651.10	327.17	11.3
法 国	29 286	761.16	419.00	1 180.16	402.64	9.2
加拿大	48 467	14.28	3 386.61	3 400.89	701.69	5.3

注:表中数据来自部统计中心

6. 运输经营效益明显提高

2006 年,国铁运输收入完成 2 364.45 亿元,比 2000 年增加 1 267 亿元,年均增收 211.2 亿元,年均增长高达 13.6% 。其中客运收入年均增长 12.0% ;货运收入年均增长 14.6% 。2006 年的利润完成 80.2 亿元,比 2000 年增加 46.4 亿元,年均增长 15.5% 。铁路运输效益指标统计如图1-3所示。中国铁路的经营业绩,在当今世界同行中处于较高水平。

7. 市场份额不断巩固

近几年,铁路在综合交通体系中的地位越来越重要,大运力、低成本的优势日益凸显,加快发展铁路运输已在全社会广泛形成共识。"十五"期间,在国家交通运量大幅度增长、公路航空都以前所未有的

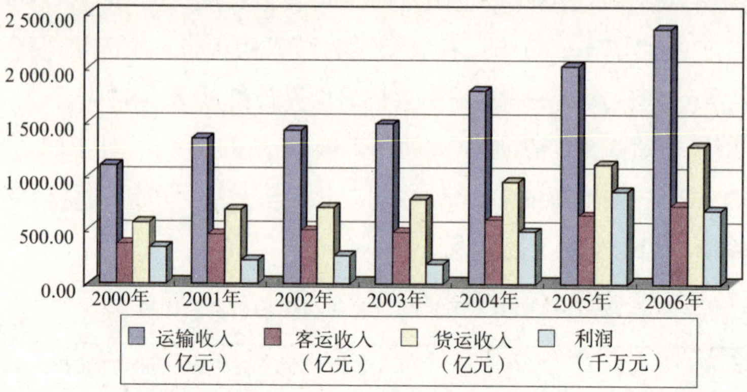

图 1－3　铁路运输效益指标统计图

速度大发展的进程中，铁路货运市场份额总体保持稳定，客运市场份额降幅趋缓。2006 年与 2000 年相比，铁路货运总量市场份额增加了 1.2%（而同期公路份额下降了 3.8%）；货运总周转量、客运总量和客运总周转量份额分别下降了 3.0%、1.1%、2.5%，但均低于"九五"期间（2000 年与 1995 年相比）3.9%、1.7% 和 2.4% 的下降幅度。铁路客货运市场份额分别如图 1－4、图 1－5 所示。

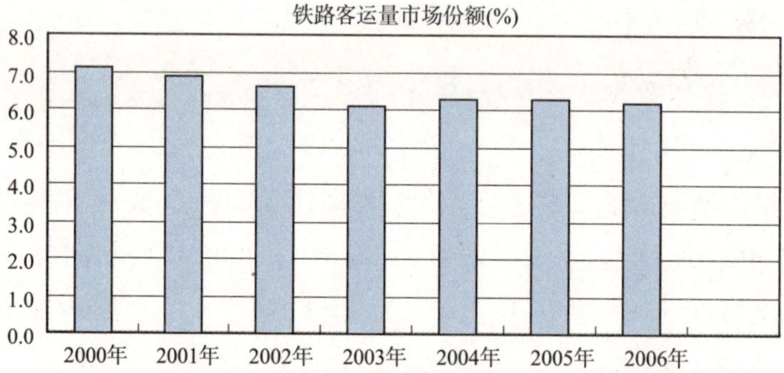

图 1－4　铁路客运量市场份额

从以上的数据可以清楚看到，"十五"期间，中国铁路运输取得了较好的经营业绩。

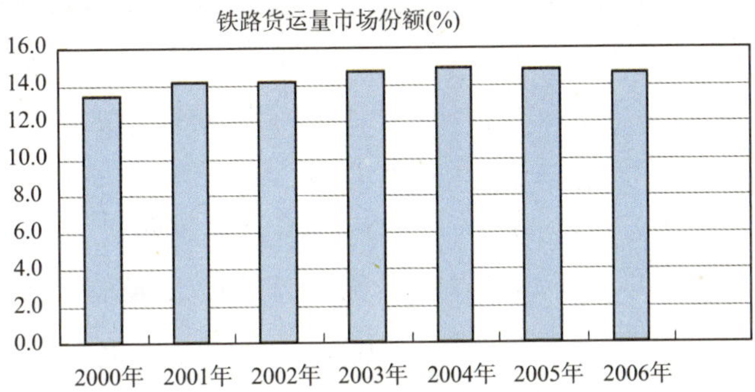

图 1－5 铁路货运市场份额

（二）铁路运输快速发展的必要性

长期以来，我国铁路的发展滞后，铁路运输成为制约国民经济发展的瓶颈。

1. 铁路发展滞后于国民经济发展。从 1998～2003 年，我国 GDP 从 7.8 万亿元增加到 13.6 万亿元，增长 73.4%，年递增 11.6%，而同期铁路营业里程仅增长 9.9%，年递增不足 2%，全国 GDP 与铁路营业里程统计如图 1－6 所示。铁路建设发展速度远远落后于国民经济发展速度。

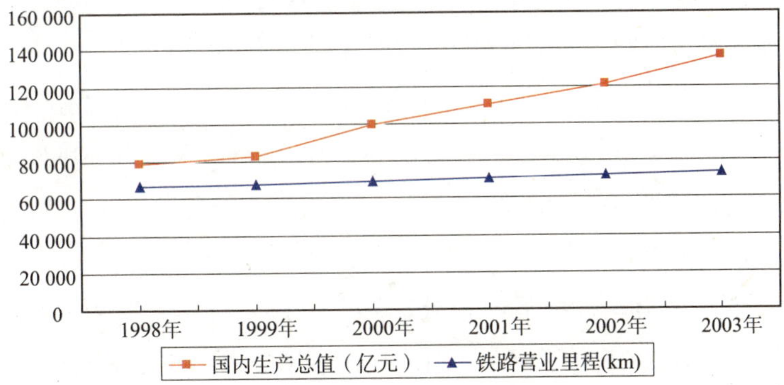

图 1－6 1998～2003 年全国 GDP 与铁路营业里程统计图

2. 铁路运力增长滞后于关系国计民生重要物资产量的增长。1999 年全国原煤产量 10.45 亿 t，国铁煤炭运量 6.5 亿 t（铁路全行业分品类全年运量从2004年开始统计），产运系数62.1%；2003年全国原煤产量16.7亿t，比2000年增长了59.8%，国铁运量8.8亿t，产运系数52.8%，5年中下降9.3%。1999年全国钢铁产量2.5亿t，铁路运量1.05亿t，产运系数41.9%；2003年全国钢铁产量4.2亿t，铁路运量1.5亿t，产运系数35.5%，下降6.4%。全国煤炭、钢铁产量与铁路运量统计如图1－7所示。铁路运输增长速度远远跟不上产业关联度极高的煤炭和钢铁行业的发展速度。

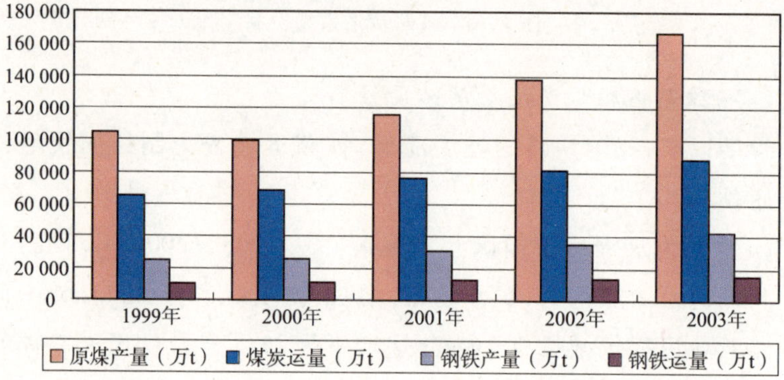

图1－7　1999～2003年全国煤炭钢铁产量与铁路运量统计图

3. 铁路建设速度滞后于道路交通发展速度。“十五”期间，公路每年投资都在3 000亿～4 000亿元，而铁路仅为500亿元左右，2005年全国铁路基本建设投资最高，仅完成889亿元。1997年我国高速公路仅有4 771 km，到2005年年底已达4.1万km，仅8年时间增长了7.5倍，从居世界第39位，成为仅次于美国的世界第二位，而铁路的发展远落后于公路。

4. 铁路发展速度滞后于国外铁路。无论是按国土面积，还是按人均拥有铁路计算，中国均落后于欧美发达国家，与印度等发展中国家相比也有一定差距。按国土面积路网密度，德国是我国的11.9倍，英国是10.2倍；按人均拥有铁路计算，美国是我国的15.9倍，俄罗斯为10.1倍。在装备水平和高速铁路技术上，差距更大。世界主要国家路网密度和国民拥有铁路的对比，见表1－4。

表 1－4 主要国家路网密度对比表(2006 年)

国 别	营业里程(km)	国土路网密度(km/万 km^2)	国民拥有铁路(km/万人)	密度与我国比较(倍)	
				按国土	按人口
中 国	77 084	80.30	0.59	1.0	1.0
美 国	272 812	283.32	9.37	3.5	15.9
俄罗斯	85 542	50.10	5.94	0.6	10.1
印 度	63 332	192.67	0.60	2.4	1.0
日 本	20 052	530.48	1.57	6.6	2.7
德 国	34 211	958.29	4.15	11.9	7.0
英 国	19 898	818.85	3.32	10.2	5.6
法 国	29 286	530.54	4.89	6.6	8.3

由于铁路发展相对滞后，给铁路运输带来了种种矛盾，如客货争能矛盾、长途与短途矛盾、重点与一般矛盾、施工与运营矛盾、安全与效率矛盾等，这些矛盾归根到底是运输供给不能满足运输需求的矛盾。为彻底改变这种状况，铁路必须要有一个快速的发展，就是要快速扩充路网运输能力、快速提升技术装备水平，为经济发展提供强有力的运力支撑，适应国民经济和社会持续快速发展的需要，实现中国铁路现代化，缓解铁路对国民经济的瓶颈制约。

第二节 中国铁路运输的和谐发展

一、中国铁路的合理定位

中国是一个典型的大陆性国家，经济联系和交往跨度大，国民经济的发展需要强有力的运输方式给予支撑。铁路最显著的特点是运量大、成本低、能耗少，在大宗、大流量的中长途的客货运输方面具有综合优势，而且在大流量、高密度的城际中短途旅客运输中具有很强的竞争力，是适合中国经济地理特征和国情的骨干运输方式。

铁路作为国家重要基础设施和大众化交通工具，在当前我国经济东中西部相互促进、共同发展的新格局中，肩负着提供可靠运力保证的重任。铁路是连接各大经济区域之间、城乡之间的大动脉，建设发达完善的铁路网，可以为国民经济持续快速协调健康发展提供可靠的运力支持，有利于促进区域、城乡协调发展。在各种交通运输方式中，铁路在节约资源和保护环境方面具有明显的比较优势，加快发展铁路，对于建设资源节约型、环境友好型社会，促进国民经济可持续发展具有重要意义。

我国铁路运输的基础性、公益性和商业性相互交织。铁路的性质、地位和作用，决定了其在构建社会主义和谐社会中肩负着重大责任。一方面，铁路必须自觉服从服务于和谐社会建设的全局，充分发挥铁路的职能作用和比较优势；另一方面，必须统筹推进行业内部的经济建设、政治建设、文化建设和社会建设，努力构建和谐的内部环境。铁道部立足于构建社会主义和谐社会的高度，提出建设和谐铁路的战略思想，主要基于以下三方面的要求：

1. 适应国民经济和社会快速发展的要求

目前我国经济将继续保持平稳较快发展，GDP不断增长，城镇化率大幅提高，城乡区域经济协调发展，工业化和城镇化进程加快，产业结构优化升级，建设社会主义和谐社会和资源节约型、环境友好型社会进入新的阶段。在全面、协调、可持续发展的宏观形势下，全社会客货流量增长加快，运输质量要求日益提高，运输结构也将发生深刻变化，铁路运输作为我国的骨干运输方式应该在保障国民经济平稳运行的基础上，适度超前，满足国民经济和社会发展的要求。

2. 落实科学发展观和构建社会主义和谐社会要求

我国人口众多，地域辽阔，客货运输需求潜力巨大。同时我国资源短缺，土地资源十分有限，资源与环境约束日趋突出。合理规划和建设与我国国情和资源禀赋相适应的交通运输体系至关重要。铁路作为国家重要的基础设施和大众化的交通工具，具有运力大、成本低、占地少、节能环保、安全性好等多种比较优势。加快铁路建设，与其他运输方式一起形成运力强大、便捷高效、节能环保的综合交通运输体系,符合建设资源节约型、环境友好型社会的根本要求。

3. 促进区域协调发展和建设社会主义新农村需要

区域经济发展战略的实施和社会主义新农村建设,将形成东中西部地区互联互动、相互促进、城乡共同发展的格局,区位优势的变化,产业布局优化组合,区际、城乡经济交流日益频繁,运输需求不断增加,迫切需要大容量、高效率、低成本的交通运输方式。随着铁路主要干线实现客货分线、区际联系通道加快建设、既有铁路扩能改造,通道能力将大幅提高,为开拓大市场、发展大流通提供强大的运力支持。

二、建设和谐铁路的内涵

构建社会主义和谐社会,是党中央从落实科学发展观、全面建设小康社会的战略全局出发作出的一项重大决策。铁路作为国民经济的大动脉,在构建社会主义和谐社会中肩负着神圣使命,实现铁路和谐发展,既是铁路自身改革发展的迫切需要,也是构建社会主义和谐社会的重要组成部分。

建设和谐铁路,就是按照构建社会主义和谐社会的要求,加快建设一个"运能充足、装备先进、安全可靠、管理科学、节能环保、服务优质、内部和谐"的铁路运输系统。

1. 运能充足。通过大规模铁路建设,建成发达完善的铁路网,运输能力能够满足经济社会发展的需要。全面实现《中长期铁路网规划》目标要求,基本建成发达完善的铁路网。2010 年完成《铁路"十一五"规划》确定的建设任务,铁路"瓶颈"制约状况明显缓解,2015 年铁路运输能力基本适应经济社会发展要求,2020 年铁路运输能力达到适度超前,铁路在我国综合交通体系中的骨干地位得到巩固提高。

2. 装备先进。主要行车设备达到世界先进水平,实现铁路现代化。原始创新、集成创新和引进消化吸收再创新水平大幅度提升,自主创新能力大大增强。到 2015 年基本实现铁路技术装备现代化和技术装备制造业现代化。系统掌握时速 200 km 及以上的动车组和大功率电力、内燃机车及货车先进技术,形成具有自主知识产权的产品系列，在国际市场上有较强竞争力，通信信号技术、信息技术、设备检测维修技术、工程施工技术基本达到世界先进水平。

3. 安全可靠。要实现安全发展，运输安全要有坚实基础和可靠保证，确保人民群众生命财产安全。安全责任体系完善，安全法规完善，安全管理工作规范，行车设备质量可靠，职工素质适应运输安全要求，应急管理体系完善，铁路运输安全基础稳固，杜绝严重客车事故，职工人身伤亡和路外伤亡事故大幅度减少，人民群众生命财产安全得到切实保证。

4. 管理科学。创新铁路管理体制，提高经济增长质量，创造良好的经济效益，增强铁路自我发展能力。铁路管理体制适应社会主义市场经济要求，建立现代企业制度，实现经济增长方式根本性转变，运力资源配置科学，经济活动有序可控，经济增长质量提升，运输效率、经济效益居于世界铁路领先水平，铁路自我发展能力明显增强。

5. 节能环保。对能源资源的消耗以及对环境的污染降到最低限度，铁路比较优势得到充分发挥，实现节约发展和清洁发展。资源节约达到先进水平，单位运输收入能耗有较大幅度降低，铁路污水，垃圾实现回收处理、达标排放，工业废水实现循环再生利用，内燃机车尾气实现达标排放。铁路干线和重要支线建成“绿色长廊”。工程施工造成的水土流失、植被破坏和环境污染减少到最低程度。

6. 服务优质。有完善的服务设施、良好的服务环境、多样化的服务内容，让人民群众满意。站车设备设施完善，充分体现“功能性、系统性、先进性、经济性、文化性”。旅客运输更加安全、准确、迅速、经济、便捷、舒适，货物运输更加方便、快捷，旅客货主满意度明显提高。

7. 内部和谐。实现经济建设、政治建设、文化建设和社会建设协调发展，职工物质文化生活水平大幅度提高。民主政治建设全面加强，民主决策制度健全并得到切实执行，职工合法权益得到有效维护。劳动关系和谐稳定，收入分配制度规范，职工收入稳步增长，物质文化生活水平大幅度提高。扶贫帮困机制完善，困难职工基本生活得到可靠保障。广大职工诚信友爱，干群关系和谐融洽，干部职工的积极性、主动性和创造性得到充分发挥,铁路行业凝聚力进一步增强。

三、内涵扩大再生产

1. 铁路扩大再生产的内涵

扩大再生产是指因生产要素数量的增加和生产场所的扩大,或者生产要素质量的改善和使用效率的提高,使生产在扩大的规模上进行的再生产。扩大再生产按扩大的方式又分为外延型扩大再生产和内涵型扩大再生产。外延型扩大再生产是指由于生产要素数量增加和生产场所扩大而增加的再生产;内涵型扩大再生产是指由于生产要素质量改善和使用效率提高而增加的再生产。

马克思在《资本论》中明确指出:“如果生产场所扩大了,就是在外延上扩大;如果生产资料效率提高了,就是在内涵上扩大。”其中生产场所扩大意味着资源消耗的增加;生产资料则包括土地、机器设备、原材料等,要提高生产资料效率,就必须有素质更高的劳动者(包括科技和管理人员)来研发、掌握和采用更先进的生产技术。因此,内涵扩大再生产就是通过运用先进技术和管理方法来提高资源利用效率,从而在不增加乃至减少消耗的同时增加财富的产出。

一般来说,外延扩大再生产是内涵扩大再生产的基础。只有当外延扩大再生产达到一定的规模,才能从内涵方面扩大再生产。内涵扩大再生产是外延扩大再生产发展到一定水平的必然要求,也是经济发展的最终出路。在现实中,外延扩大再生产和内涵扩大再生产通常结合在一起,其中某一种方式可以对经济增长起主要作用。对于铁路来说,外延扩大再生产主要指通过设施、设备新建或加强,提高运输能力的扩大再生产,如建设新线、改造既有线、购置新型车辆和新设施等;内涵扩大再生产主要指通过有效利用技术设备和优化运输组织过程来提高铁路生产能力的扩大再生产,如优化列车运行图、优化技术作业流程、合理规定技术作业时间、科学组织折返作业、提高机车利用效率等。

2. 内涵扩大再生产的实践和经验

我国铁路运输当前存在的主要矛盾仍然是运输需求与供给的矛盾,运输能力远远不能适应经济社会快速发展的要求,限制型运输的状况短时间内还不能得到根本改变。在目前我国铁路网整体能力不足的情况下,必须加快铁路建设,扩大路网规模。但铁路新线建设周期较长,在短期内尚不能形成新的运输生产力。因此,为缓解运输紧张状况,实施内涵扩大再生产是很重要的一条途径。

铁路内涵扩大再生产,就是通过优化资源配置,盘活存量资产,不断挖潜扩能,提高资源利用效率和经济效益,实现铁路自我完善、自我发展的目的。

铁路走内涵扩大再生产之路就是在既有路网条件下,围绕速度、密度、重量三大要素,以最佳的组织方案,最有效的过程管理,努力挖掘运输潜力,不断提高运输效率,增加运输能力,缓解运输供需矛盾。经过几年的探索实践,全路在实施内涵扩大再生产上取得了显著成效,积累了有益经验。在运输需求与供给矛盾十分突出的情况下,实现了客货运量、运输效率和经济效益显著提高,保证了重点物资运输,为国民经济平稳运行作出了贡献。通过坚持走内涵扩大再生产之路,大力实施规模化、集约化运输,推动了铁路经济增长方式的转变和经营管理水平的提高。总结近年来铁路内涵扩大再生产实践,主要有以下几方面宝贵经验:

(1)实施提速战略。中国铁路大面积提速调图是铁路走内涵式扩大再生产的成功经验,通过大面积提速调图,优化资源配置,调整产品结构,提高运输能力,带动生产力布局调整,全面提升铁路的运输市场竞争能力,有力带动了运输产品创新、运输效率提高和运输质量提升,促进了运输生产力的发展。

(2)坚持科技创新。近年来铁路在路网规模没有大的变化的情况下,实现了运输能力和质量的提升,关键是尊重科学,大力提升铁路技术装备水平,这是铁路实施内涵扩大再生产的重要基础。通过应用先进技术装备和对部分能力制约点实施"短平快"的技改项目,使运输能力在较短时间内得到快速提升,有效缓解了"瓶颈"制约。

(3)优化运输组织。中国铁路从调整车流径路、优化机车交路、加强装卸排组织、加快机车车辆周转等方面,采取了许多有效措施,大大提高了运输效率。

(4)改革管理体制。实施生产力布局调整和铁路局直管站段体制改革以来,铁路运输效率显著提高,客货运量大幅度增长,新体制、新布局的优势充分显现,运输生产力得到进一步的释放和发展。

四、中国铁路运输组织创新

中国铁路实施提速战略,是对铁路原有运输模式的重大突破,是从“大重量、高密度、中低速度”的运输模式向“快速度、大重量、高密度”运输新模式的重大转变,这一转变在中国和世界铁路发展史上都是罕见的。中国铁路通过科学的管理、先进技术装备的应用和高效的运输组织,探索出一条实现列车速度、密度、重量有效匹配的既有线提速挖潜扩能之路。“速度、密度、重量”三个因素之间相互促进又相互制约,处理好各因素之间的关系,实现统筹协调发展对实现中国铁路运输组织创新具有重大意义。

(一)创新的含义和特征

创新(innovation)这一概念是美籍奥地利经济学家熊·彼特于1912年在其所著的《经济发展理论》一书中首次提出的。熊·彼特认为创新是在新的体系里引入的“新的组合”,是“生产函数的变动”,这种组合或变动包括以下五个方面的内容:

(1)产品创新——引入一种新产品或提供一种产品的新质量;

(2)工艺创新——采用一种新的生产方法;

(3)市场创新——开辟一个新市场;

(4)资源开发利用创新——获得一种原材料或制成品的新供给来源;

(5)体制和管理创新——实行一种新的组织形式。

现代创新理论是在熊·彼特创新理论的基础上发展起来的。经济合作与发展组织认为,创新可以定义为“创造财富和社会福利的新产品、新的商业流程和新的组织结构调整。"具体说，创新是创造与革新的合称。创造是指新构想、新观念的产生；革新是指新观念、新构想的运用。从这个意义上讲，创造是革新的前导，革新是创造的后续。企业创新就是企业在生产、技术、经营、管理等各个环节，不断地创造、应用先进的理念、科学的方法、新颖的技术，代替过时的、陈旧的、落后的理念、技术和方法，借以达到更高目标的一切创造性活动。

创新的成果大体上具有新颖性、未来性、创造性、变革性、市场性和效益性。其创造性，一是体现在新技术、新产品、新工艺的显著变化上；二是体现在组织机构、制度、经营和管理方式的创新上。企业的技术创新要与制度创新相结合。制度创新有利于增强企业的活力和动力，技术创新有利于提高企业的实力和能力，两者相辅相成，有机结合，是企业在激烈的市场竞争中，求得生存和发展的关键。

（二）铁路运输组织创新的成效

企业创新主要包括技术创新、市场创新、管理创新和制度创新四个方面的内容。目前，铁路运输面临公路、水路等各种运输方式的竞争。在这种情况下，如何通过创新提高自身的市场竞争力，实现持续发展，已成为铁路运输企业面临的迫切问题。由于运输业提供的不是具有实物形态的产品而是运输服务，这就需要在对创新理论深入理解的基础上，以经济学、技术学、管理学等多种视角，根据行业和专业特点进行应用研究，从而实现运输企业制度、运输技术、运输市场和产品及运输组织与管理的创新。

铁路运输生产系统主要包括运输、机务、工务、电务、车辆等部门，是一个"大联动机"，运输生产需要各系统的有序衔接、协同动作。铁路运输组织创新，要以市场为导向，以提高企业经济效益为中心，以提高运输综合能力为重点，以开发运输新产品和新经济增长点为龙头，以新技术开发应用为手段，通过科学管理，推动运输各项资源的优化组合，不断增强运输企业的市场竞争能力。

铁路运输组织创新是建立在铁路体制改革与生产力布局调整的基础之上的，同时，铁路技术装备现代化和信息管理系统的建立为铁路运输组织的创新提供了重要的支撑。

铁路运输组织管理创新框架如图 1－8 所示。

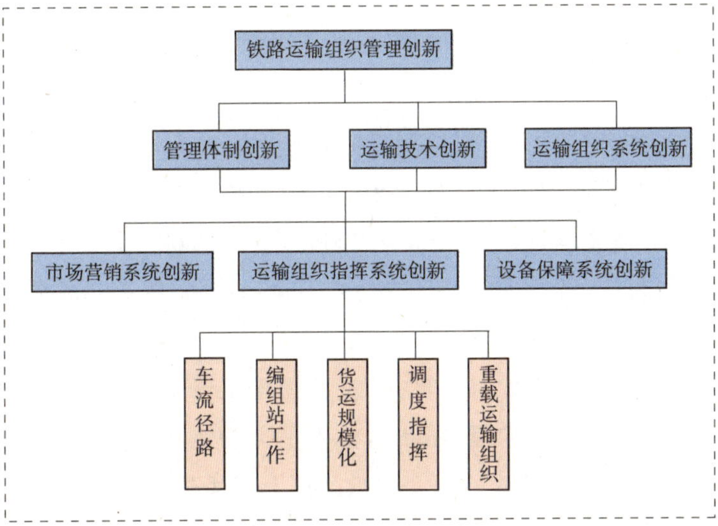

图 1－8 铁路运输组织管理创新框架

1. 管理体制创新

企业制度创新是整个企业创新体系的重要组成部分。为了实现企业既定目标和实现内部资源与外部环境的协调，必须在财产关系、组织结构、运行机制和管理规范等方面进行一系列的制度创新，包括产权制度、经营制度和管理制度等。制度创新对铁路运输业提高企业竞争力，增强企业持续发展有着重要意义。

按照适应社会主义市场经济的要求和保持路网的完整性、坚持运输集中统一指挥、提高运输效率等原则，以基础性改革为重点，在加快铁路管理体制改革方面，我国铁路管理体制创新取得了重大进展。

(1)运输管理体制改革取得突破。2005 年 3 月 18 日，中国铁路成功实施了铁路局直接管理站段的体制改革，彻底解决了我国铁路长期以来存在的铁路局和铁路分局两级法人以同一方式经营同一资产的体制性弊端，重新构建了铁道部—铁路局—站段三级管理新体制，打破了落后生产关系对生产力的束缚，减少了管理层次和管理界面，实现了管理的扁平化，极大地提高了管理效率，拓展了资源优化配置的空间，盘活了大量的存量资产，实现了大量资产的集中配置使用，大量富余人员充实一线用于强化铁路安全管理和专业管理，为建立现代企业制度，充分发挥路网整体优势，释放和发展运输生产力，提供了体制保证。

(2)生产力布局调整取得明显成效。为适应运输生产力发展的需要，2003 年 8 月起实施了全路大面积运输生产力布局调整。全路运输站段数量由调整前的 1526 个减至 2006 年 5 月的 627 个。为优化运力资源配置，调整运输生产组织结构，扩大运输能力，提高运输效率和效益创造了有利的条件。

通过体制创新和布局调整，有效地优化了资源的配置，深入推进了内涵扩大再生产的进程，在新增投入不大的情况下，大大降低了运输经营管理成本，运输生产效率和效益得到显著提升。

运输管理体制的创新，带来了运输工作的一系列重大改革。运输管理体制改革和生产力布局调整为运输市场、运输产品、运输技术和运输组织创新奠定了坚实的基础。实践证明，近年来，中国铁路运输工作之所以能够克服重重困难，实现历史性进步，一个重要的原因就是不断进行改革创新，敢于冲破铁路运输传统思维模式、管理方式、管理体制的束缚，主动加快改革的步伐，才使铁路运输工作不断取得新进步，实现铁路的和谐发展。

2. 运输技术创新

技术创新是人类认识世界和改造世界的活动，而这个活动过程就是不断从外界获得信息，并对信息进行交换、传递、存储、处理、比较、分析、判断和提取的过程。没有信息，技术创新过程中各个环节，如研究与开发活动、创新技术的商业化及扩散就无法实现。在市场竞争日益激烈的情况下，企业为了搞好经营、开拓市场，总是千方百计地采用信息技术，从而实现生产和管理过程的信息化。在这种条件下，企业技术创新活动只有依靠信息和信息技术才能获得成功。

铁路运输技术包括运输装备和运输管理手段。近年来，铁路技术装备现代化取得重大进展。第六次提速调图之后，动车组、和谐型机车等大量新技术装备投入使用，中国铁路全面步入了引进消化吸收再创新的快速发展之路。这些对进一步深化改革提出了新的要求，也为铁路运输组织创新创造了新的条件。

信息技术是先进、活跃的生产力，运输管理信息系统的建立和优化，智能运输的推行和应用，是当前运输企业技术创新的一个重要方面。铁路运输现代化（行车装备现代化、运输指挥现代化和经营管理现代化）的基础是信息化。这不仅是因为信息系统是铁路运输技术装备的重要部分，更主要的是因为运输指挥和经营管理都必须以信息化为支撑。只有实现信息化，才能准确掌握运输生产情况，科学地进行组织指挥；才能合理配置运力资源，提高经济效益。

铁路信息化建设需要对从客货运市场营销到运输计划的制定，从站车管理到行车调度指挥等方面予以全面支撑，需要面向社会为旅客、货主提供便捷的客票发售、信息咨询服务和运单提报服务，以及建立跨平台的电子商务体系向公众提供各种延伸服务。铁路企业内部应以运输管理信息系统为依托，建立规范高效的信息管理体系，集成化的信息共享体系，以及贯穿运输生产全过程的信息化运输生产体系。这些系统主要包括全路客票管理系统，客货营销管理信息系统，计算机编制列车运行图系统，运输方案，各级调度指挥机构的日班计划、货运日计划计算机辅助决策系统以及编组站、客运站、货运站生产管理现代化系统等。通过各系统间的紧密整合，统筹协调发挥合力，为运输组织管理创新提供有力保障。

我国铁路技术装备水平和信息化水平快速提升，铁路运输信息化建设取得了显著的成绩，加快了运输管理现代化步伐。主要表现在：

（1）客票管理系统不断完善。完成了客票系统 5.0 版升级工作，创新了客运票务服务，建立了客运生产分析系统，建设了客票安全系统。

（2）货运管理系统日益成熟。建成了可视化铁路路网货流车流分析系统，开发应用了货运大客户管理信息系统，开发并推广了货运计划管理系统(FMOS)3.0版,建成了技术计划管理信息系统,升级了货票系统2.0版本,建设了货运安全监控信息系统。

(3)调度指挥现代化步伐加快。CTC、TDCS等系统的相继投产应用,使得调度指挥手段实现新突破,为确保安全持续稳定提供了坚实的技术保障。我国新型列车运行控制系统不断完善与发展,CTCS-2系统全面覆盖200 km/h提速区段。这些系统的应用为调度指挥工作安全和有序进行奠定了基础。

(4)编组站综合自动化系统不断完善与推广。已经建成并投入使用的成都北站综合自动化系统(CIPS)和新丰镇站综合自动化系统(SAM)。

3. 运输组织系统创新

运输组织系统主要包括市场营销子系统、运输组织指挥子系统和设备保障子系统。在运输组织系统中,三个子系统之间相互联系、相互作用,通过先进的管理手段建立各子系统之间良性的运行、控制、激励、考核、约束机制,保持子系统间良性互动局面才能保证全路效益最大化目标的实现。

新体制、新布局为运输组织的创新奠定了基础,新技术装备的运用以及铁路运输信息化的快速发展又为运输组织创新提供了新的动力。与此同时,管理理念也在不断更新,代表先进生产力发展的客货运输组织和经营管理理念逐步建立。近年来,我国铁路在繁忙干线上除了实施技术改造以外,通过不断优化运输组织,深化内涵扩大再生产,走"提速、提吨、增载、加密、压时"的运输组织精细化管理道路,进一步释放了运输生产力,提高了运输效益。

运输组织创新主要包括三个部分:

(1)市场营销创新:以客货运部门为主体的市场营销体系把铁路内部因素与外部因素紧密结合起来。运输市场营销体系的创新主要包括运输市场的创新和运输产品的创新。企业创新行为要适应市场变化,把握市场变化,预测市场未来的发展方向和趋势,通过观念创新、管理创新去创造产品、创造市场。

近年来,铁路以满足客户需求为导向、以市场为中心,逐步树立“以客户为中心”的营销理念。以建设和谐铁路的战略思想为指导,服务经济社会发展,优化产品结构、提供适应社会需求的客货运新产品,全面提升客货运服务质量。

客运方面:在提速干线主要城市群间大量组织开行高密度的时速200 km城际快速动车组,实现公交化运输,建立具有中国铁路特色的动车组服务标准体系,创新服务模式,以CRH品牌,实现铁路客运产品创新。通过增加夕发朝至、一站直达列车数量,充分发挥品牌效应。

货运方面:进一步优化产品结构,推出“一站装、一站卸”快运直达班列,大力组织海铁联运集装箱班列和双层集装箱班列,优化五定班列、行包快运列车方案,初步形成了铁路货运快捷运输网络;大幅度增加大宗直达列车数量,提高开行密度,加大双向重车直达运输比重。

深入实施大客户战略,完善大客户的管理办法,做好大客户企业年度运量的确定,提高运量承诺的兑现率;在运力支持方面特别是在运力紧张地区,体现效率优先原则,引导大客户企业加大投入,优化生产作业组织,努力提高装卸车作业效率,共同提高铁路运输效率和效益。

(2)运输组织指挥创新:以调度部门为主的运输组织指挥体系,通过优化运力配置,实现装、卸、排与收入、支出和利润的紧密结合。

运输组织指挥创新是提高市场竞争力的一个重要方面。运输组织指挥体系,一方面要随着运输产品、技术和市场的不断创新而进行适应性创新,另一方面还可以通过先行性创新带动或促进运输产品、技术和市场的不断创新。近年来,铁路在管理体制、管理理念和管理手段创新的基础上,不断进行运输组织的创新,取得了显著的成绩。

实施“一主两翼、两线三区域”战略,是充分发挥路网整体能力的必然要求。“一主两翼、两线三区域”战略是部党组根据第六次大面积提速调图后运输生产力发生的新变化,在调整运输生产关系上提出的重大战略性思路,是深化内涵扩大再生产的重要举措,也是为了在更大范围内实施资源优化配置,进一步释放运输生产力。

编组站运输组织的优化。按照编组站在路网中所处的不同位置，不断优化编组站布局，调整完善编组站功能，提升点的能力，合理减少中间作业环节，保证点线能力协调。

货运规模化、集约化运输。深入推进“两整合一建设”工作，加快整合零担业务、整合运量小的货运站，加强战略装车点建设。引入现代物流理念，整合零担业务，笨零纳入整车运输，停办危零货物，普零与小件快运货物有机整合，实现零担运输组织方式升级。结合地区经济发展和交通建设的实际情况，逐步整合年发到量10万t以下的货运站。按照单一品类年发送量100万t以上、具备整列整车标准，建设战略装车点，覆盖主要煤矿、电厂、钢厂、港口、油田、口岸及物流中心。

运输集中统一指挥。坚持集中统一指挥就是牢固树立全路一盘棋的思想，最大限度的优化资源配置，发挥路网的整体优势，追求整体效益的最大化。坚持运输集中统一指挥，就是严格按运行图组织运输生产，强化提速列车调度指挥工作，抓好货运组织源头，大力提高调度日班计划工作水平，优化列车技术作业流程，强化技术站作业组织，实现流线、机列紧密衔接，抓好运输作业的全过程控制，实现运输精细化管理。同时，进一步搞好施工衔接，减少施工对运输的干扰，加强应急救援工作，做细做实运输组织应急预案，通过日常演练，确保各种非正常情况下的运输安全畅通，这些都是运输集中统一指挥的重要内容。

主要煤运通道积极推行集疏运一体化运输组织方式。集疏运一体化运输组织方式就是将装车、配空、运行、卸车等进行全过程整合，减少不必要的中间环节，最大限度地优化作业流程，实现从装到卸各环节的精细化管理，以实现无障碍运输。具体说就是实现“四个优化”，即：优化货车开行方案，实现货运班列化管理；优化机车交路和乘务交路，必要时组织乘务员在装卸站换乘；优化列检作业布局和作业方式，适应固定车底循环一周整备一次的要求；优化作业流程和劳动组织，取消或减少中间作业环节。

铁路围绕大秦线增量进行了集疏运一体化运输组织方式的有益探索，通过细化装车方案，明确作业时间标准，规范车底循环使用、优化技术站作业组织、调整机车交路，将大秦线任务量分解到每一个装车点、作业细化到每一个环节，并将大秦线从装车到卸车的全过程落实到运行图上，实现了班列化管理目标。

随着城际铁路和客运专线的建成投入运营，铁路运输能力将得到快速扩充，铁路客货运市场发展将发生变化。

铁路客运在继续巩固扩大中长途客运市场的同时，大力拓展中短途客运市场。积极开发适合社会需要的旅客列车产品，提高旅客运输的服务质量，加强品牌建设。

(3)设备保障创新：建立新的设备质量保证体系。新装备系统的使用促进铁路运输组织的不断创新，提高了运输生产效率和质量。同时，积极推广新工艺、新技术，努力提高养护维修质量，为运输发展提供了可靠的技术保障。

建立机务系统新的运用、整备、检修模式，是全路机务系统在新体制、新形势下特别是迎接装备现代化在思想观念和生产组织上的一次探索。“长交路、车循环、单司机、轮乘制”是新机车运用模式的基本要求，根据机务装备技术的进步，通过调整机车交路，统一调配机车运用，优化检修资源，推行修程修制改革，促进了机车运用效率的提高。

优化车辆检修生产和列检作业布局。改革车辆修程修制，客车按运行公里进行检修。动车组不进行客列检作业。在全面调整列检作业布局，提高长交路列车始发、到达列检作业标准，途中通过 TFDS 系统对列车进行不停车作业的基础上，实现货物列车列检互保区段与机车交路的一致，减少货物列车停车技术作业次数。对采取车循环、轮乘制、途中加油且运输组织要求途中不进行停车作业的超长机车交路，采取强化安全措施，确保列车运行安全。

SECOND

第2章 管理体制和运输生产力布局

早期的技术和管理水平下形成的中国铁路运输管理体制，严重制约了运输生产力的发展。随着国民经济的快速发展，站段数量多、规模小、技术保障区段短、信息化手段落后已难以满足现代化生产的需求。为有效解决体制性弊端，铁路先后实施了铁路局直接管理站段体制改革和大范围生产力布局调整。按照有利于提高管理效能，有利于提高运输效率，有利于安全生产的原则，努力推动运输站段撤并，生产资源整合，内设机构整合和劳动组织整合。大力优化调整车流径路，推行机车长交路，优化检修资源配置，改进修程修制，推进“两整合一建设”，坚持“按作业流程设置岗位，按生产任务核定定员，按定员组织生产”，进一步提高劳动生产率，为优化运力资源配置、调整运输生产结构、扩大运输能力、提高运输效率和效益，实现集约化、规模化经营创造了条件。

第二章
管理体制和运输生产力布局

2005年3月18日，全国铁路实施了铁路局直管站段体制改革：全国15个铁路局（含广铁集团、青藏公司）中设有分局的哈尔滨、沈阳、北京、郑州、济南、上海、广铁集团、成都、兰州和乌鲁木齐等10个铁路局撤销其下属的41个铁路分局。同时，增设武汉、太原和西安3个铁路局。全国铁路共设立18个铁路局（公司），所有铁路局（公司）实行直接管理站段的管理体制。

铁路局直管站段体制改革，解决了我国铁路长期以来存在的铁路局和铁路分局两级法人以同一方式经营同一资产的体制性弊端，构建了铁道部—铁路局—站段三级管理新体制，实现了运输生产管理的扁平化，为明晰管理层次，推进铁路建立现代企业制度，充分发挥路网整体优势，释放和发展运输生产力，提供了体制上的保证。

第一节　运输管理体制改革

一、管理体制改革的必要性

传统铁路组织模式委托—代理框架见图2-1。我国铁路组织结构按委托—代理层次分为两部分，一部分是为“所有者及其内部委托—代理关系”，另一部分为“经营者及其内部委托—代理关系”。在后者中，存在着“铁道部—铁路局—铁路分局—站段”四级管理体制，具有较长的委托—代理链条。

中国铁路长期的四级管理体制，造成结合部多，效率低，机构规模

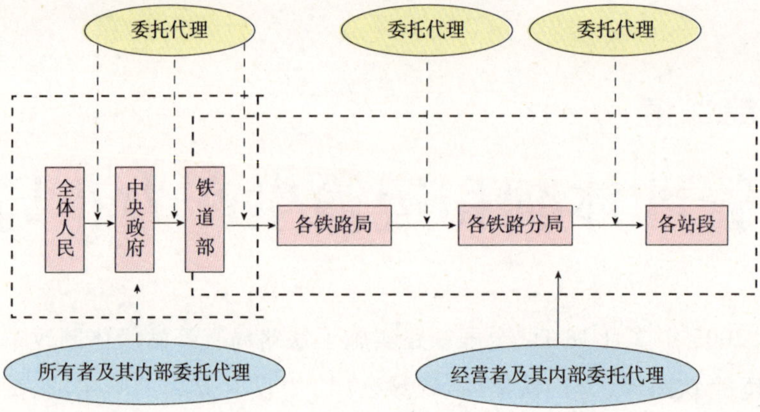

图 2－1　我国铁路传统组织机构及委托—代理关系

过大等一系列管理问题。

关于企业规模的研究有一个基本结论，即当企业的规模扩大到一定阶段就会出现规模的不经济，这种规模不经济的主要原因之一在于规模过大带来的管理成本上升和企业效率下降。用交易成本理论解释，就是企业规模扩大引起的市场交易成本的下降已不能补偿其内部交易成本的迅速上升（图 2－2）。所以企业规模界限从理论上讲应该定在总交易成本最小，即其管理范围扩展到内部交易成本与市场交易成本平衡的那一点。

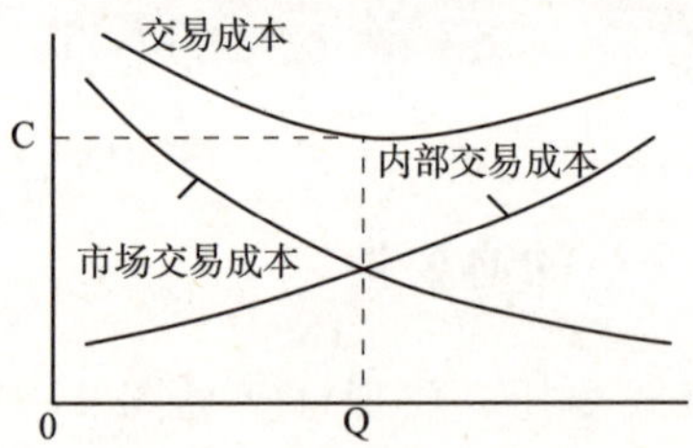

图 2－2　企业合理规模示意图

企业组织理论的研究表明，尽管铁路内部很少借用市场机制即利用合同之类的协议来组织生产，但铁路业规模也有其合理的效率边界。而且随着运输市场竞争程度的增加，随着管理理论和管理手段的进步，各国铁路的管理规模已发生了很大变化。当铁路运输企业的组织内部不能以更高的效率取代市场机制实际具有的效率时，其庞大的组织规模将是不合理的。如何精简企业规模，减少管理层次和职能交叉，降低由于铁路资产被分割而增加的交易成本是我国铁路管理体制改革的重点内容。

我国铁路长期以来存在的铁路局和铁路分局两级法人以同一方式经营同一资产的体制，存在以下弊端。

（一）多委托人与多重目标

铁路企业具有其独特的网络型产业特征，网络的规模经济特性、范围经济特性、网络的外部性与公益性特征以及网络的资产专用性特征等造成了铁路企业具有市场垄断、企业盈利水平较低、吸引投资困难等问题，从而使政府介入程度较深，造成铁路企业的委托人不仅包括财产所有者，而且包括政府。作为代理人的经营者不仅要实现企业盈利性目标，而且还要完成社会公益性目标。对铁路经营者产生激励与约束的主体不仅有所有者，市场，还有政府，而且政府的影响力十分关键。铁路企业的多委托人是造成铁路经营者具有多重目标的核心原因。

（二）委托人与代理人产权不清

产权不清往往造成政企不分、权责不清、多重目标混乱的问题。由于委托人与代理人身份的明确较困难，参与各方基本的初始性产权没有明确的界定，产权模糊的空间较大，使得委托人和代理人不能充分明确各自拥有的初始权力，不能依据双方信息、战略、支付函数等进行博弈并最终确定企业剩余支配权和剩余索取权的激励性分配，也使得最优内部激励约束机制难以形成。

（三）委托人与代理人均存在剩余索取权与控制权相分离的特征

多委托人问题的存在，使得责权不清，造成铁路企业中，不论是委托人还是代理人，普遍存在着剩余索取权与控制权相分离的特征，这往往容易弱化产权所产生的激励与约束作用。这也是我国铁路产权激励中的一个核心问题。

（四）企业业绩测量较困难，影响报酬机制的激励约束性

网络中的单个企业往往无法独立提供完整的运输产品，为有效完成运输生产任务，需要与网络中其他企业进行业务交易，复杂的业务量需要相互之间进行清算。由于网络的自然垄断性使得铁路企业之间的交易难以形成市场交易，而有效的交易清算机制仍未形成，所以铁路的业绩测量不准确，从而弱化了现代企业中激励机制所应发挥的关键作用。

（五）委托代理链条较长，造成信息不对称

铁路网络中的企业往往存在多委托－代理层次，这加重了信息失真，信息不对称问题。

生产力决定生产关系，生产关系必须适应生产力发展的要求。长期以来，铁路一直沿用铁道部—铁路局—铁路分局—站段四级管理的体制，铁路局和分局两级法人以同一方式经营同一资产，铁路局和分局两级法人管理重叠、职能交叉、相互掣肘等弊端突出，对铁路运输生产力的发展形成了束缚。改革我国铁路四级管理、铁路局和分局两级法人的体制，一直是铁路管理体制改革的重大课题，撤销铁路分局这一中间层次，实行铁路局直接管理站段，有利于进一步解放和发展运输生产力，而且也为实现铁路管理体制总体改革目标创造了必要的条件。

二、扁平化管理的优势

（一）有利于提高运输效率

运输效率是决定整体运输能力的重要因素之一。当前，我国经济持续快速增长，铁路运输能力紧张的问题十分突出。为缓解铁路运输对国民经济发展的“瓶颈”制约，在加快铁路建设的同时，必须坚持内涵扩大再生产，充分挖掘运输潜力，通过提高运输效率来不断提升整体运输能力。但在四级管理体制下，铁路局和分局两级法人都具有配置运力资源的职能，在运输组织指挥和经营管理等方面职能重复，限制了运力资源使用效率的提高。撤销铁路分局之后，由铁路局直接管

理站段，减少了运力配置的中间层次，减少了分界口，为在更大范围内整合优化运力资源创造了条件，可以更好地强化运输统一指挥，发挥路网整体功能，优化运输组织，提高管理效能，提高运输效率。

（二）有利于发挥新技术装备的作用

科学技术对推动经济社会发展起着关键性作用，先进的科学技术正以前所未有的广度和深度改变铁路运输的面貌，成为运输生产力突飞猛进发展的主导力量。近些年来，经过不断的技术创新，尤其是连续大面积提速后，我国铁路技术装备水平有了较大进步，线桥隧涵质量明显提高，通信信号设备更新换代，机车全部实现了内燃和电力化，客车和货车车辆技术也有了较大提升。随着客运专线等高等级铁路的建设和客车动车组、大功率货运机车、调度集中等先进技术装备的应用，固定设备和移动设备的安全可靠性和修程修制已发生重要变化。大量新技术装备的广泛应用推动着运输生产力的不断发展，同时也必然要求生产关系与之不断适应。这就需要对束缚运输生产力发展的现有管理体制作出相应的调整。通过打破管理层次多和管理跨度小对生产力发展的限制，为新技术装备充分发挥作用排除体制性障碍、开辟广阔空间，从而适应不断扩大运输能力的需要。

（三）有利于减少运营管理成本

创造良好的经济效益是铁路发展的重要物质基础，优化和控制运营成本，是增强铁路企业综合竞争力、不断提高运输经营效益的有效途径。铁路分局这一管理层次的存在，带来了运营管理成本的增加。这首先是由于两级法人职能重叠，相互掣肘，必然会降低效率，增加管理成本。其次是增加了管理人员。目前，我国铁路企业用人多、效率低的问题还没有从根本上得到解决。2003 年，我国铁路平均每营业公里用工 23.88 人，是德国的 3.5 倍，日本的 5.5 倍，法国的 6.5 倍，美国的 30 倍。管理人员过多，是我国铁路企业用人多的一个重要原因。撤销铁路分局，不仅可以精简机构，减少管理人员，更为重要的是可以减少管理层次，解决管理效率不高和增加管理成本的问题。同时，可以减少优秀管理人才的浪费。在铁路分局机关有一大批具有实践经验、熟悉运输业务、经营管理能力强的人才，由于过去机构设置重叠，这批人才的作用难以充分发挥。现在就可以把这批人才安排在适当的岗位上，为他们发挥聪明才智提供更好的条件。

(四)有利于加强铁路运输安全管理

确保运输安全是铁路一切工作的首要前提。铁路运输大联动机的安全运转，需要高效率、高质量的安全管理。铁路局作为运输企业，是铁路运输安全管理的主体，由于四级管理层次的存在，制约了铁路局安全管理主体作用的发挥，不利于铁路局及时了解运输一线安全工作的实际情况，不利于及时有效地解决安全生产中的问题。安全管理重点在基层，确保运输安全最终要靠加强站段、车间、班组的安全管理来落实。由铁路局直接管理站段后，既可以使铁路局安全管理主体的责任更加明晰，进一步提高安全管理的效率；也有利于更好地落实基层站段安全管理的职能，强化安全基础工作。

(五)有利于推进铁路管理体制创新

铁路改革的最终目标是要建立起适应社会主义市场经济的铁路管理体制和经营机制。铁路管理体制改革的基本走向是政企分开、政资分开、事企分开，建立现代企业制度。撤销铁路分局，有利于推进铁路运输企业建立现代企业制度。由于目前我国铁路运输能力严重不足，提高路网综合运输能力是当务之急，铁路改革必须坚持运输集中统一指挥和保持路网完整性等重要原则。实行铁道部—铁路局—站段三级管理的体制，既有利于运输的集中统一指挥和保持路网的完整性，又为未来铁路管理体制改革创造了有利条件，提供了广阔空间。因此，实行铁路局直接管理站段体制的改革，是向新的铁路管理体制目标迈出的必不可少一步。

三、扁平化管理的保障

(一)主辅分离的铁路改革

近几年，我国铁路精干运输企业的工作取得了显著成绩，为铁路局直接管理站段奠定了基础。铁路工程总公司、铁道建筑总公司、机车车辆工业总公司、通信信号总公司、中国土木工程集团公司相继与铁道部脱钩，部属3个勘察设计院、铁路局所属38家设计施工企业和铁路物资总公司、铁通公司、铁路所属学校、医院全部移交地方政府。

（二）运输生产力布局调整

通过调整运输生产力布局，运输站段管理跨度变大、数量减少，为优化运力资源配置，调整运输生产组织结构，扩大运输能力，为一定程度上提高运输效率和效益创造了有利的条件。

（三）运营管理现代化水平提高

铁路信息化建设取得较大进展，先后建设了运输组织指挥、客货营销、运输经营管理等信息系统。

通过网络信息手段，在客票发售，货运计划和审批，车站、机车、车辆、工务、电务运力资源管理等方面已经超越了原有分局的界限。特别是以“调度指挥智能化、客货营销社会化、经营管理现代化”为目标的信息系统建设，为铁路局直接管理站段提供更加有效的管理手段。

第二节　运输生产力布局调整

铁路局直管站段体制改革，构造了铁路运输的扁平化管理层次。

2003年8月～2006年3月，全路实施了大规模的运输生产力布局调整，取得了重大进展。我国铁路运输生产力布局发生了深刻而巨大的变化，改变了机、辆、工、电检修资源高度分散的状况，促进了设备检修的规模化；改变了过去由于站段分散而分割运力资源的状况，提高了资源使用效率和效益；改变了过去管理人员和部分岗位设置不合理的状况，优化了企业机构设置和劳动组织，提高了劳动生产率。

一、运输生产力布局调整的必要性

全路运输生产力布局大规模调整的目的就是为了适应运输生产力发展的需要，优化运力资源配置。原有生产力布局的局限性在于：

（一）不适应提高运力资源使用效率的要求

长期以来，在国民经济持续快速发展的形势下，一方面，铁路运输

“瓶颈”制约问题越来越突出，挖潜扩能的任务十分紧迫而艰巨；另一方面，铁路的增长方式并没有根本转变，粗放经营的问题十分突出，运力资源浪费比较严重。究其原因是原有的生产力布局不适应内涵扩大再生产的要求，制约了运力资源使用效率的提高。

近年来，中国铁路技术装备现代化已取得重大进展。我国铁路的技术装备已总体进入内电时代、重轨长轨时代、自动闭塞时代，但生产力布局很大程度上却仍然停留在蒸汽时代、短轨轻轨时代、（半自动）闭塞时代，不能适应生产力的快速发展，浪费了大量原本非常短缺的运力资源，加剧了“瓶颈”制约状况。

从整个铁路运输系统来看，各子系统都不同程度地存在生产力布局不适应运输生产发展的状况。

编组站布局。东北、华中、华东地区编组站设置过密，平均站距约为350 km，车流截流点相对多而分散。如哈大线哈尔滨—沈阳间，仅500多km就有哈尔滨南、长春北、四平、沈阳南4个编组站；京沪线1400多km，分布丰台西、济南西、徐州北、南京东、南翔5个路网性编组站和南仓1个区域性编组站。编组站的过密设置导致路网被人为分割成若干短区段，造成列车多次解编，制约了车辆周转效率的提高。

机务段布局。虽然我国铁路已实现了内电化，内燃、电力机车的续行能力都在1000 km以上，但生产力布局调整前，全路165个机务段，平均每个段仅覆盖360多营业公里，其中，有近1/3的机务段机车交路不足200 km，严重制约了机车运用效率的提高。

其他系统也存在类似的问题，迫切需要调整生产力布局，以适应内涵挖潜、提高运力资源使用效率的要求。

（二）不适应建设现代化检修基地的要求

建设现代化的检修基地，实现设备检修的规模化、专业化、信息化、自动化，是提高检修质量、确保设备安全可靠运行重要举措，也是提高检修效率、节约运营成本、形成规模效益的必然选择。

表 2－1 生产力布局调整前全路检修基地分布及其检修能力

检修基地	配属数量		检修台位		每台位检修能力	
	总量	平均每段	台位，配置段数	平均每段台位	每年	相当于
机务段	165	机车 94 台	144（中修），89	1.6 个	机车 33 台	11 天修 1 台
客车车辆段	44	客车 828 辆	378，42	9 个	客车 49 辆	<1 车/（台·周）
货车车辆段	101	其中 90 个检修段平均间距仅 326km	1 077，90	12 个	324 辆	<1 车/（台·天）

由于检修布局过于分散，对检修基地的投入难以形成规模，检修基地设备难以实现现代化；检修任务也只能分散安排，专业化集中修等先进的维修方式难以应用。因此，要想从根本上改变我国铁路落后的设备维修方式，大幅度提高设备检修质量，加强设备基础，就必须调整检修布局，集中检修资源。

（三）不适应运输企业减员增效的要求

人员包袱巨大，是困扰我国铁路发展和走向现代化的一个突出问题。近年来，虽然铁路在主辅分离、移交社会职能以及运输主业减员等方面取得了很大进展，但总体上讲，我国铁路用人多、效率低的问题还没有从根本上解决。到 2006 年年底，国家铁路仍有从业人员 209.9 万人，其中运输业从业人员是 147.8 万人，平均每营业公里用人是 33.1 人。减员增效的任务依然相当繁重。如果仍然延续原有的生产力布局，仍然实行传统的劳动组织方式，冗员就减不下来，通过这次大规模的生产力布局调整，在很大程度上为运输主业的减员增效创造了条件。

（四）不适应建设发达完善铁路网的要求

根据《中长期铁路网规划》，“十一五”期间，铁路计划修建新线 17 000 km，其中客运专线 7 000 km，既有线增建二线 8 000 km，电气化改造 15 000 km。建设北京—上海、北京—郑州—武汉—广州—深圳、哈尔滨—大连、天津—秦皇岛、上海—杭州—宁波、石家庄—太原、济南—青岛、徐州—郑州—西安—宝鸡客运专线，沪汉蓉、甬厦深快速客运通道；建设长三角、珠三角、环渤海经济圈以及其他城镇密集地区城际轨道交通；结合既有线电化、扩能，实施既有干线提速改造，继续扩大提速网络覆盖面，使13 000 km既有主要干线客车最高时速达到200 km。届时，一个发达完善铁路网的框架将基本形成。与此相适应，形成全新的、现代化的运输生产力的布局，成为发达完善铁路网的有力支撑，也将成为其重要的组成部分。因此，在展开大规模铁路建设、加快技术装备现代化的同时，必须同步考虑生产力布局，使铁路的新网建设与旧网改造统一，以满足铁路发展的需要，而且能够与未来发达完善的铁路网相对接，与先进的铁路运输生产力相适应。

二、运输生产力布局调整的实践

运输生产力布局是一项带有战略性和前瞻性的复杂系统工程，必须用系统论的观点，站在全局的高度来认识和把握，不断开拓创新。必须在对原有运输生产力布局充分调研的基础上，反复论证，统一规划，自上而下，循序渐进，逐步实施。制定科学可行、易于操作的调整规划方案。

铁路运输生产力布局调整的目标是：(1)适应我国铁路快速发展的要求，适应客运高速、货运重载和行车密度的需要，适应技术装备现代化的发展；(2)提高运输能力，提高资源利用率，提高劳动生产率；(3)减少管理机构，减少成本支出，减少人员占用。

运输生产力布局调整的原则是：市场导向、内涵发展，立足长远、统一规划，新路新制、技改制改，分类指导、上下互动，强化专业管理、确保安全稳定。

大规模的运输生产力布局调整，经历了两个阶段。第一阶段为2003年6月~2005年3月，也就是实施铁路局直接管理站段体制改革以前，这一阶段各铁路局的布局调整是在有分局的情况下进行的。第二阶段是2005年4月~2006年10月，这一阶段生产力布局的调整，打破了原分局的限制，在铁路局范围内实现了新布局。

(一)第一阶段生产力布局的调整

从2003年开始,铁道部开始对全路运输生产力布局进行了第一次调整。根据运输生产力布局调整的目标和原则,规划了全路运输生产力布局调整方案,将全路运输生产站段数规划为942个,其中直属站198个(含编组站)、车务段161个、机务段107个、客车车辆段36个、货车车辆段60个、轮轴段5个、工务段168个、工务大修大机段34个、电务段49个、电务大修段5个、水电供电段64个。本次调整规划方案未涉及55个客运列车段。

2003年下半年,运输生产力布局的调整率先在沈阳铁路局试点,随后于2004年上半年,哈尔滨、郑州、兰州等铁路局跟进,从2004年11月各铁路局全面启动运输生产力布局调整工作。至2005年3月全路站段数量减至1021个,减少了505个站段,减幅达33.1%。第一阶段规划方案和推进情况详见表2-2。

表2-2 第一阶段规划方案和推进情况

系统	2003年6月底数	2004年规划数	2005年3月底数	第一阶段减幅
直属站	302	198	209	30.8%
车务段	216	160	169	21.8%
支线公司	39	1	9	76.9%
客运列车段	56	55	55	1.8%
机务段	165	107	114	30.9%
客车车辆段	44	36	37	15.9%
货车车辆段	100	60	77	23.0%
轮轴段	14	5	9	35.7%
工务(桥工)段	249	168	178	28.5%
大修、大机段	71	34	37	47.9%
电务段	132	49	53	59.8%
电务大修段	7	5	5	28.6%
水电、供电段	131	64	69	47.3%
全路计	1526	942	1021	33.1%

（二）第二阶段生产力布局的调整

2005年3月，铁道部实行了路局直接管理站段体制改革，铁路运输管理体制的创新为运输生产力布局的进一步调整创造了条件。铁道部在2005年4月将2004年规划的942个站段进一步优化为849个，主要对车工机辆四大系统进行了优化，各局继续深入进行了生产力布局调整的工作。2006年3月18日，本着"东部先行，西部有别，存量一次到位，增量统盘考虑"的原则，铁道部规划了全路运输生产力布局微调整合方案。将全路运输生产站段数规划为621个。各系统调整原则如下：

1. 机务段

(1)客运机务段仅在客运中心设置，货运机务段主要在编组站和大煤运通道设置；

(2)六大干线和煤运通道以路网性和区域性编组站为起止点设置机车交路，取消半循环机车交路；

(3)全面整合生产车间，取消分段管理模式，提高其生产组织能力；

(4)改革机车修程修制，整合检修能力，形成专业化、规模化检修。

2. 车辆段

(1)客货车辆段分设，实行专业化管理，将混合车辆段的客车部分划归整合后的客车车辆段；

(2)客车车辆段的设置与客运专线和四大检修基地建设相集合，部分客车车辆段逐步过渡为动车检修基地或检修所；

(3)一个铁路局一般只设一个客车车辆段，客运量大且跨省的铁路局可适当增加1～2个客车车辆段；

(4)管理跨度较小的铁路局设一个货车车辆段，较大的铁路局可适当增加1～3个货车车辆段；

(5)调整检修布局，在改革修程修制的基础上形成专业化、规模化检修；

(6)全面整合优化生产车间，取消分段管理模式，加强车间技术管理力量及生产组织能力；

（7）撤销全部轮轴段，并入货车车辆段，作为货车车辆段的轮轴车间；

（8）将现有货车列检所与站修所合并，成立货车运用车间。

3. 车务站、段

（1）全路规划的编组站、客运中心（大型客运站）及省会客运站、口岸站、较大城市货运站均纳入直属站范围；

（2）直属站可以管理邻近少量车站，有车务段的中等城市一般不再设置直属站；

（3）减少车务段数量，扩大车务段规模；

（4）没有运价政策的支线公司全部撤销，就近并入直属站或车务段。

4. 电务段

（1）减少规模较小铁路局的电务段数量；

（2）取消原来段与车间之间的管理层次，全面整合优化生产车间，加强车间技术管理力量及处理问题能力；

（3）在编组站、区段站分设值班和检修工区，实行值、检分离；

（4）撤销电务大修段，就近并入电务段。

5. 客运列车段

（1）撤销规模小、担当列车少的客运列车段，保留始发、终到旅客列车比较多的客运站所在地的客运列车段；

（2）结合客运专线建设和铁路客运中长期发展规划，统筹规划客运列车段布局；

（3）调整旅客列车的乘务担当段，将边远地区整备始发客车尽量调整到较大城市整备始发。将全路客运列车段调整为 33 个，减少了 20 个。

6. 水电、供电段

（1）供水系统按市场化方式运作，逐步与运输主业分离；

（2）水电段的电力部分并入供电段，无供电段时整合后改称供电段；

(3)新建或改造电气化铁路，牵引供电设备推行市场化维修模式，设计、建设应与维修体系改革同步实施。

7. 工务段

(1)实行养修分开，线桥大、中修由大机段负责，工务段主要负责养护工作；

(2)工务段内部实施检、修分离，加强车间技术管理力量及处理故障能力，实行车间直接组织维修作业；

(3)扩大工务段规模，双线地区工务段管辖正线一般不低于1 000 km，单线地区管辖正线一般不低于600 km；

(4)调整撤并桥工段，桥工段与就近工务段合并；

(5)新线原则上不设工务段，调整既有工务段时对近期即将开通的新线一并考虑；

(6)大修段、大机段整合，每个铁路局原则上只设置一个。

三、运输生产力布局调整的效果

(一)减少站段数量

实施全路大面积运输生产力布局调整以来，各站段积极精简机构，生产力布局调整取得了明显成效，见表2－3。

表2－3　运输生产布局调整前后站段情况对比

	调整前	调整后	减幅(%)		调整前	调整后	减幅(%)
车务段	255	131	48.6	工务机械段	71	17	76.1
直属站	302	139	57.3	电务段	132	42	68.2
客运段	56	33	41.1	供电段	131	42	67.9
机务段	165	57	65.5	轮轴段	14	0	100
车辆段	144	51	64.6	电务大修段	7	0	100
工务段	249	115	53.8	累　计	1 526	627	58.9

注：2006年5月份数据。

调整后，全路运输站段由1 526个减至627个，减少899个，压缩

58.9%，为优化运力资源配置，调整运输生产组织结构，扩大运输能力，提高运输效率和效益创造了有利的条件。运输生产力布局调整前，站段数量多、规模小，作业区段及管辖范围短，机车车辆周转慢；调整后，站段数量减少，站段规模变大，作业区段变长，管辖范围变大，这些效果综合起来发挥作用，最终使全路运输效率有了一个大幅度的提升。

（二）延长作业区段

六大干线机车交路基本打通，机车交路得以延长，见表2-4。

表2-4　运输生产布局调整前后机车交路情况　　单位：km

	调整前	调整后	增加
客运机车交路	498	905	407
直通货运机车交路	282	519	237
列检安全保证距离	183	424	241

注：2007年“4·18”图数据。

（三）为直管站段体制改革奠定基础

生产力布局调整前，全路运输站段数量达到1 526个，当时15个铁路局平均管理站段超过100个，沈阳铁路局达到224个。在这种情况下，铁路局直接管理站段是不可能的。经过调整，全路运输生产站段数量大幅度减少，为铁路局直接管理站段提供了有利条件。目前18个铁路局管辖站段数量大致分为三个档次：50个左右的有哈尔滨、沈阳、北京、上海、成都5个局，30个左右的有太原、郑州、武汉、西安、济南、南昌、广州、兰州8个局（公司），20个左右的有呼和浩特、南宁、昆明、乌鲁木齐、青藏5个局（公司）。

（四）为深化内涵扩大再生产提供了保证

生产力布局调整初步解决了运力资源过度分散的问题，并在一定范围内通过加大挖潜提效力度，不断创新运输组织方式，进一步释放和发展运输生产力，运输效率和效益大幅度提高。2004年与2006年年运输对比情况见表2-5。

表 2－5　运输生产布局调整前后运输效率和效益对比情况

	2005 年	较 2004 年	备　　注
货车周转时间	4.92 天	压缩 0.02 天	相当于节省 2300 辆/日
日均装车	104809 车	增幅 5.5%	
旅客发送量	110651 万人	增长 3.1%	
货物发送量	23.18 亿 t	增长 6.6%	
运输收入	2019.1 亿元	增长 12.5%	

第三节　站段内部整合

站段内部整合，就是在运输生产力布局调整的基础上，通过优化生产资源配置、规范站段内设机构和整合劳动组织，充分发挥生产力布局调整后的综合优势。这有利于人力资源的合理利用，有利于保证运输安全生产，有利于企业效率效益提高，有利于职工队伍技能素质提升，有利于建立与铁路生产力发展水平相适应的劳动组织结构。

紧紧抓住释放运输生产力这个根本，以确保安全稳定和满足运输生产需要为前提，立足当前，着眼长远，坚持系统谋划、有序推进、动态优化，深入推进生产资源整合、站段内设机构整合和劳动组织整合，实现资源集约化、组织扁平化和管理精细化。

一、生产资源整合

按照有利于提高资源使用效率、提高运输效率、强化专业管理、保障运输安全的原则和专业化、规模化、集中化的要求，对生产资源进行优化配置。

1. 按照“减少作业环节、提高资源利用效率、扩大运输能力”的要求，贯通机车长交路，按线路和交路统一、牵引定数衔接，优化技术作业站分工，整合运力资源。

2. 按照“满足需要、适度集中、合理分工”的要求，整合机务检修资源，结合机车交路延长撤销业务量较小的检修点，着力建设规模化、高水平的机车检修基地。

3. 按照“强化源头控制、资源集中利用”的思路，实行客货分设，整合车辆检修资源，提高枢纽和主要装车地检修能力。

4. 按照适应检养修分开、提高施工作业能力和效率的要求，整合工务、电务和供电检修资源，对检修设备、施工机具和专业技术力量进行整合，组建专业维修队伍。

二、站段内设机构整合

1. 按照“扁平化管理、精简机关、加强一线、提高效能”的原则设置站段职能科室，突出强化专业管理，适当分设站段专业科室，提高专业技术人员在站段机关中的比例。

2. 按照“有利于加强站段专业技术管理、强化现场安全控制、提高站段自我管理能力”的原则和实施“站段—车间—班组”三级管理的要求，整合车间班组。对车间采取区域管理、集中管理、专业管理的模式设置，对班组按照“作业集中、规模适度、专业相近、流程合理”的原则进行整合，既解决好车间班组过多、管理分散的问题，又防止管辖幅度过大、对现场管理弱化的问题。

3. 坚持党政同步，在车间对应设置党总支（支部）、配专职，在班组对应设置党支部（小组）、配兼职，并按照“专兼适宜、交叉任职”的原则设置政工岗位。

三、劳动组织整合

按照科学合理、实事求是，有利于保证运输安全和提高劳动生产率的要求，坚持“按作业流程设置岗位、按生产任务核定定员、按定员组织生产”的原则，对站段岗位进行优化配置。

1. 岗位设置与新技术、新装备的应用，与修程修制改革，与资源整合、流程再造紧密结合；

2. 统筹考虑岗位性质、劳动强度、劳动效率、作业方式、工作时间以及线路繁忙程度等多种因素核定生产定员；

3. 坚持主业精干、不设冗员，机关、一线和后勤部门同步精简；

4. 针对近期新技术装备应用、工作量变化等情况对技术工种适度储备；

5. 稳妥地做好富余人员安置工作，使每一名职工都有岗位、每一名职工都基本满意。

THIRD

第3章

运输通道能力的优化

车流组织是铁路运输组织理论的重要内容，车流径路的选择与确定是铁路车流组织的核心内容，它决定着路网干线负荷分配，对运输效率的提升有重要影响。

中国铁路长期以来客货共线运输采用了最短径路的车流径路选择原则，只有少量的车流不按车流最短径路运送而经由特定径路，此外，因特殊原因在调度运输工作中也采用迂回径路的方式。

铁道部根据六次提速的实践经验，创造性地提出了“一主两翼、两线三区域”运输组织战略，其实质是世界铁路史上首次在客货共线铁路，为谋求平行多通道方向系统通过能力最大化进行的有益实践。

“一主两翼”、“两线三区域”车流调整理论表现为该方向通过能力的整体提升，而不是某条线路能力的提高，体现了传统车流特定径路在一定线路条件、车流条件下的新内容，并且赋予了车流迂回径路全新的定位，它是常态的而不是临时性的；它是综合的而不是局部的；它不属于最短径路，但它属于整体最优或整体优化的径路，属于内涵扩大再生产的范畴；常态非最短车流径路的实践，为全面提升铁路路网整体运输能力，促进铁路内涵式扩大再生产注入了新的思路。“一主两翼、两线三区域”车流调整理论是以系统最优化理论为指导，从路网的全局运输组织优化着眼，指导全路运输组织水平上升到了一个新的高度。

第三章 运输通道能力的优化

中国铁路在“十一五”期间，铁路网建设步伐大幅度加快，八纵八横的铁路网框架将逐步形成，铁路网密度日益加大。长期以来，由于我国铁路运输能力紧张，特别是主要繁忙干线能力利用率饱和，运输组织工作的高强度堪称世界之最。在此复杂路网基础上，按照货流和客流O-D情况组织高密度行车，若无科学规范的车流组织，将出现干线拥堵、支线不畅、通道能力受制、运输效率低下等严重局面。“一主两翼、两线三区域”运输组织战略和可视化车流分析软件应运而生，前者对于整个路网效率的发挥起到指导作用，后者则提供了车流径路调整的技术支持。

“一主两翼”车流径路调整理论即主要提速干线“以客为主、以货为辅”，主要干线两翼平行线路实行“以货为主、兼顾客运”的战略，为全面提升铁路路网整体运输能力，促进铁路内涵式扩大再生产注入了强大的推动力。

“两线三区域”区域增量战略的核心是“区域车流战略”，即抓好大秦线、侯月线的重载列车，实现两线增量运输；加强西南地区、西北地区、东北地区三个区域内铁路局相互间的协调，增加区域内的货物交流，把区域增量作为新增长点。

从计算机运用于车流组织系统的角度，利用车流径路优化的数学模型，在进行系统需求分析和系统总体设计的基础上，确定了系统数据结构流程，设计了系统的功能模块，内容主要包括基础数据和车流数据管理、车流径路管理、重车车流量计算、专家决策支持、方案的联动优化、专家干预与人工调整等，铁路信息技术为支撑车流组织创新提供了基础保障。

第一节　车流径路的基本理论

车流径路是编制货物列车编组计划主要依据之一,也是车流推算与车流调整和路局完成运输清算和统计分析的依据之一,对发货人核收货物运费等也都要以车流径路为依据。

因此,车流径路的管理和车流径路的选择一直是铁路运营和调度工作备受关注的问题。

一、车流径路管理内容

我国铁路现行的车流径路管理体系是 20 世纪 50 年代初期全面实行计划运输初期逐步建立起来的。以往通常由人工制定全路的车流径路方案,每隔 4 年或当有新线修建,或形成新的环状铁路线时,在原有方案的基础上经修订、补充形成新的径路方案。

我国铁路近年来在车流径路管理信息化、现代化方面开展了很多工作,其中主要包括运用计算机确定全路车流径路方案的算法研究;全路车流径路管理信息系统的开发;车流径路计算软件在车流推算、运输计划编制及精密统计等运营管理工作中的应用;车流迂回径路的合理确定、车流径路的动态管理等。

车流径路的管理主要包括两个方面,一是确定全路的车流径路方案、文件,即确定输送各支车流的正常径路;二是在日常运输工作中认真地执行车流径路文件的基础上,根据车流量和通道能力的变化及时调整车流径路保证路网上车流的平稳有序流动。

二、车流径路及选择的影响因素

现行车流径路是在路网不完善的情况下构建的,通常分为车流最短径路、车流特定径路和车流迂回径路三种。

1. 车流最短径路:当只有一条路径时,连接发和到两点间的径路为最短径路；当铁路线构成闭合的环状网络时，环上任意两个发到站间存在的多条径路中运输距离(时间、费用)最短的一条径路为最短径路。

2. 车流特定径路：如果路网上的车流都按最短径路输送，会因为车流分布不均匀而导致某些铁路线路或区段所承担的运量超过其运能(通过能力或改编能力)的容许范围，而另一些铁路线路或区段又会造成所承担的运量偏低，因此在实际工作中，常常需要将繁忙线路或区段的部分通过车流调给指定相关的另一些平行线路输送。

为了充分发挥新线，合资、地方铁路线路通过努力能力，或者缓解某一个瓶颈区段(或编组站)的能力，而将部分车流指定到某些线路输送；为了利用临管线或地方铁路输送部分车流，或者为了充分利用某些平行线路上的通过能力发挥路网的整体通过能力规定了某些车流的特定径路。

3. 车流迂回径路：指在日常运输工作中，由于某些铁路线运营条件发生临时性变化而临时指定的一些车流径路。例如，由于水害、塌方、施工封锁、行车事故等导致中断行车或通过能力下降，而且短时间内不能恢复正常行车时，对于按最短径路或特定径路输送的在途车流或紧急待运物资，以颁布调度命令采用绕道运输的方法迂回转送到目的地。

最短径路作为车流径路的基本部分，特定径路作为车流径路的补充部分两者构成车流输送的正常径路。迂回径路是在日常调度指挥工作中进行车流调整时临时指定的经由线路，属非正常径路。按规定的正常径路输送车流有助于路网上运用车的合理分布及铁路线上车流的动态均衡，是建立稳定运输秩序的必要条件。贯彻“一主两翼”运输组织战略，要根据两翼径路运输能力，规定一日能够输送的车数及有关技术站列车编组计划的调整，增加方向的通过能力，并尽量减少对运输秩序的干扰。

影响车流运行径路选择的主要因素有：

1. 货车经由铁路线路的运输距离，可根据《货物运价里程表》公

3

布的里程加算。

2. 货车经由铁路线路运输所需的时间 T,可按下式计算:

$$T = \sum \frac{L_{区段}}{v_{旅}} + \sum t_{无} + \sum t_{有} \quad (h) \qquad (3-1)$$

式中 $v_{旅}$——旅行速度,km/h;

$t_{无}$——经由技术站无调技术作业时间,h;

$t_{有}$——经由技术站有调技术作业时间,h;

$L_{区段}$——区段长度,km。

3. 各区段的通过能力、各技术站的改编作业能力以及能力的利用程度,可通过能力查定来确定。

4. 货车经由铁路线路所需的总费用,其中与行车量直接有关的费用 E 可按下式计算:

$$E = N(\sum e_{运行} + \sum e_{中转} + \sum Me_{单机}) \quad (元) \qquad (3-2)$$

式中 N——计算车流量;

$\sum e_{运行}$——每车所分摊到的途径区段的运行费用;

$\sum e_{中转}$——每车所分摊到的技术站无调和有调中转总费用;

$\sum Me_{单机}$——单机运行总费用,其中 M 为途径区段相应于车流 N 需要增加的单机台数,$e_{单机}$ 为每台单机的运行费。

第二节　车流径路理论的创新

在铁路现有线路和运输设备的条件下,优化运输组织的内涵就是通过铁路运输各环节,即通过车流→径路→技术站、列流→运行线→机车间相互衔接的优化来提高铁路运输的效率和效益。

车流和车流径路是运输链的基础,优化车流径路和车流组织可以带动后续环节质量的全面提高,是铁路路网整体运输能力全面提升见效最快的重要技术组织措施。

在实际运输生产中,综合考虑各种复杂因素的非最短径路运输的方案是客观存在的。这种车流组织方案,对传统车流组织理论的创新提出了迫切要求。它强调的是整个通道方向的通过能力最大化，而不是某条线路通过能力的最大化；它属于车流特定径路，也是在一定线路条件下，一定车流条件下的径路选择问题，同时也为车流特定径路注入了新的内容；它是一种综合性的车流布局战略，而非临时性和局部性车流调整，“一主两翼”车流战略的实践为中国铁路车流组织理论创新提供了宝贵的经验。

一、常态非最短车流径路的产生

“一主两翼”、“两线三区域”车流组织实践，是常态的非最短车流径路。在平行多通道方向上，这种非最短车流径路能实现系统通过能力最大化，它的产生有其合理性。

(一)主要通道能力严重不足

对于某个铁路方向或铁路区段，如果由于通过能力或改编能力不足，全部通过车流不可能都由最短径路输送时，就需要考虑利用平行径路进行分流。

在某些能力利用程度本来就比较高的线路上，随着运量的增长，行车量的激增，列车在区段内交会、越行停站的次数增多，停站时间延长，并由于行车量的增加，车辆在技术站停留时间延长；而且当能力利用程度达到饱和时，还会使方向上运输组织工作丧失机动性，以至于遭受不应有的损失。

在这种情况下，改变一部分该线路通过车流的运行径路，将它们调配给比较空闲的方向或区段来负担，不仅可以综合发挥铁路技术设备的潜力，而且还可以提高整个路网货车送达速度。由此来确定各支车流的输送径路，优化车流径路管理应该更为合理一些。

(二)两支点间存在平行多通道

当区段的通过能力发生较大变化或当新线连通时，车流量去向分布会发生较大改变，车流径路选择所涉及的相关因素将更为复杂，届时会出现人为选择非最短径路的方案。

中国铁路网投入长期不足，致使运能与运量之间不协调的问题长期存在，部分繁忙铁路通过能力利用率长期处于饱和状态，是世界上少有的客货运量大、客货共线的国家。每当节假日客运紧张时，常常被迫采用停货（减货）增客的措施。因此在车流径路选择时，必须考虑存在多通道的平行线路的运量再分配的问题。

平行多通道径路的运量再分配之所以必须，是因为最短车流径路无法满足运量需求。它与经常带有局部性的特定径路所采取的方法不同，平行多通道径路的运量再分配是在客货共线的繁忙干线，客车持续增加而货运供给面临越来越大缺口情况之下，经由两翼非最短径路运送，利用平行径路增加运量的方式。在发达的铁路网建立之前，这一情况会继续存在。

（三）距离最短径路并不一定是最优径路

在具有环状径路的区域性铁路网上，有时最短径路并不一定是最优径路。因为须考虑在选定车流径路上运输时间和改编次数，以及要减轻能力紧张通道的负荷所衍生的整体能力。

例如在陇海线郑州北站与京沪线、沪杭线乔司站的局部区域内，南下、东去的车流实际上均存在数条运送径路，导致了网格状（或棋盘式）平行线路运量再分配。同样，在上海、济南、南昌、武汉、郑州铁路局范围内，在京沪、新长、二通道、京九、京广线这五条南北向干线与陇海、宁西、武九、宁芜、沪昆线等几条大体上呈东西走向的干线之间，均存在平行线路运量再分配的问题。

目前，这种现象尚无成熟的运输组织理论指导，但它具有普遍性和合理性。常态非最短车流径路的实践与理论，是一种超越传统车流组织理论的全新的车流组织方法。在研究网格状（或棋盘式）平行线路运量再分配时，直通客货流的分配应以各线的技术设备的发展水平为基础，各线的技术发展水平又要以客货流分配的变化情况为依据。传统的车流组织理论有一定的局限，迫切地需要进行理论上的创新。

（四）线路上都运行着两种性质的客货车流

当旅客与货物运输的发到点之间在路网上存在着多条可供选择的车流径路时，每条线路（尽头线除外）都运行着两种性质的客货车流:一种是本线流,即在本线产生或消失的车流,是该线路必须承担且不能转移经由其他线路运行的客货流,另一种是非本线到发的车流,即通过流,是需要通过该线路去其他线路的客货流。通过流具有多径路选择性,一般经由最短径路运送,当本线通过能力不足时也可规定按经由其他径路的运输距离、时间、各线的通过能力(技术装备水平、运营条件)等因素进行客货流分配和再分配。

因此,区域路网通道综合能力的加强,不能孤立于某条线路的局部,或拘泥于某单一车流,而应从路网或局部路网整体通过能力的角度进行优化,对方向上各支车流作系统考虑。研究区域路网能力的优化协调发展,不能孤立地确定每条线路的最优方案而不考虑区域线网各线路之间的相互联系,也不能单独对某支车流作优化。直通客货流可以在平行线之间选择不同的径路,所导致线路的运量发生的变化,既受到该线路本身客货流构成及其自然增长规律的影响,还要受非本线到发的直通客货流再分配的影响。

二、常态非最短车流径路的内涵

按照构建和谐铁路的要求和先后六次大提速的实践经验,铁道部创造性的提出了"一主两翼"、"两线三区域"战略(以下简称战略),其实质是在客货共线的铁路上为谋求平行多通道方向系统通过能力最大化的实践。这在世界铁路史上尚属首次,为全面提升铁路路网整体运输能力,促进铁路内涵式扩大再生产注入了新的思路。

(一)战略提出的必要性、可行性

1. 主要通道能力严重受限

2003 年以来,铁路客货运量大幅增长,运能与运量的矛盾日益突出,主要通道运能全面紧张。铁路全行业旅客发送量从 2002 年的 10.6 亿人,增加到 2006 年的 12.6 亿人,增加了 2 亿人,增幅达到 19% 。如图 3-1 所示。铁路全行业货物发送量从 2002 年的 20.4 亿 t,增加到 2006 年的 28.7 亿 t,年均增运 2.1 亿 t,年均增幅 8.9% 。如图 3-2 所示。铁路全行业日均装车数连续实现历史性突破:2003 年突破10万车，2004年突破11万车，2005年突破12万车，2006年已接近13万车。如图3－3所示。

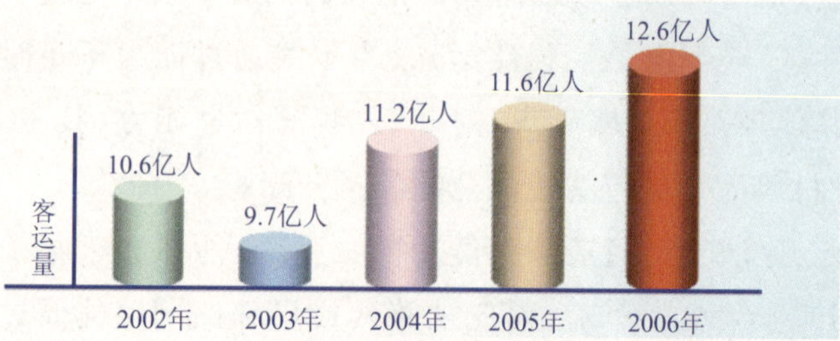

图3－1　2002～2006年旅客发行量增长示意图

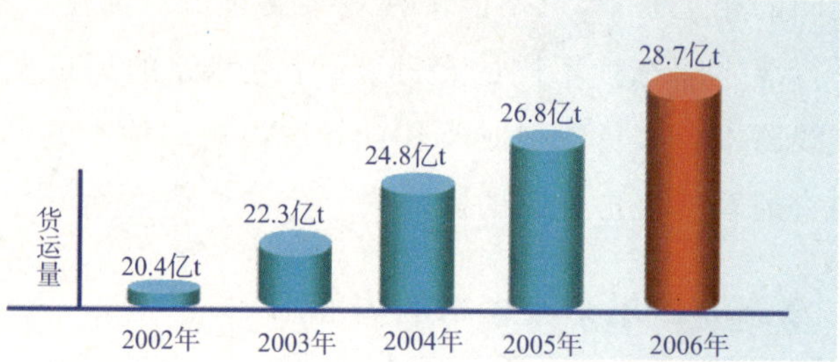

图3－2　2002～2006年货物发送量增长示意图

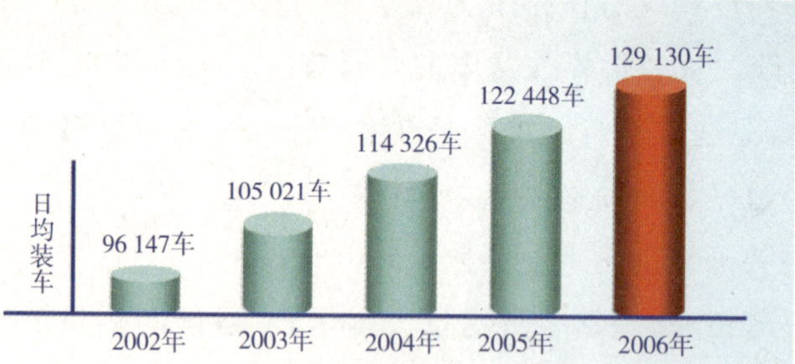

图3－3　2002～2006年日均装车量增长示意图

在铁路客货运量大幅增长的同时，路网能力增加十分有限，从2002～2006年铁路营业里程仅增加了5 100 km，年均增幅只有3.4%，远低于同期客货运量增幅19%和8.9%。虽然通过深入挖潜提效，加强运输组织，大幅提高了运输效率，但是主要通道能力紧张的状况日益突出，不能满足国民经济持续快速增长的需要。

局间分界口能力利用率超过 90% 的已达到 25 个，占到全路分界口总数的 34.2%。京沪、京广、京哈、陇海、沪昆等主要繁忙干线运能与运量的矛盾突出，通道能力紧张。

2. 六次大提速对车流优化调整提出了更高的要求

铁路现行的车流径路管理体系是在实行计划运输时期逐步建立并发展起来的。随着铁路不断进步和发展，特别是自 1997 年以来实施的六次大提速，深刻地改变了传统铁路运输格局。全路主要运输干线客车对数不断增加，速度不断提高。每一次提速，都带来主要干线货运能力的进一步紧张。虽然运输生产资源不断调整，技术装备水平不断提升，仍然满足不了社会运输需求，为充分发挥各线能力，客观上提出了“一主两翼”“两线三区域”的车流调整和货运增量战略，同时，铁路在基础设施的改造上也为该战略的实施创造了条件。

（二）战略的主要内容

“一主两翼”“两线三区域”战略以提高路网通过能力和创造新的经济增长点为主要目标，其内容分为两个部分。

1.“一主两翼”战略，即经由主要通道的车流，由于运量大于运能，采用部分车流向两翼迂回分流。按照“打满繁忙干线、用足两翼线路”的思路，充分利用繁忙干线两翼的平行线路，对车流现有径路进一步优化调整，同时，统筹运用合资、地方铁路的能力合理分流，实现干支线运能、运量的有效匹配，整体提高路网运输能力。具体包括以下四方面的内容：

（1）主要提速干线“以客为主，以货为辅”；

（2）主要提速干线的货运能力主要保证本线重点物资运输；

（3）主要干线两翼平行线路实行“以货为主、兼顾客运”的战略；

（4）科学规划、统筹运用各条通道，对纵向、横向繁忙干线，以及主要煤运通道实施了两翼分流或合理分工，全面提升路网整体运输能力。

2.“两线三区域”战略，即把两线和三区域增量作为运能的新增长点，在区域运输组织方面，加强区域内各铁路局相互间的协调，增加区域内的货物交流。

(1)加大全路直达运输组织力度，实现大宗货物直达化，散装货物班列化，跨区直达无改编，区内循环短频快，构建以直达运输为基础的运输新产品。

(2)充分利用非提速车辆，在西南、西北、东北三区域内组织非提速车辆循环运输，保证三区域主型运用车保有量，满足三区域运量大幅增加需求。

“一主两翼”“两线三区域”战略，形成了指导中国铁路内涵式扩大再生产的车流运输组织战略。

第三节 “一主两翼”“两线三区域”战略

一、车流调整战略的实践

(一)纵向主要通道向两翼分流调整战略

京沪线本线以客为主，增开客车，货运能力主要保证本线重点物资运输。

两翼分流是指东翼将京沪线以东地区原经京沪线互装的重车改经胶新、新长线运输，如图 3－4 所示。西翼将东北、华北地区原经京沪线装到华东地区的重车全部改经京九和华东二通道运输，如图 3－5 所示。两翼分流整体提升了进出华东地区的通道能力。

京广线本线以客为主，继续加开客车。两翼分流是指东翼将东北、华北与华南、西南地区间原经京广线互装的重车，改经京九线运输，如图 3－6 所示。西翼将山西、河南西部、陕西东部与西南地区间原经京广线互装的重车改经焦柳线运输，如图 3－7 所示。京广线东西两翼分流，整体提升了南北通道能力。

京哈线本线以客为主，加开客车。西翼分流是指将东北地区原经京哈线哈大段互装的重车改经通让、平齐、大郑、沟海线通道运输。京哈线西翼分流，整体提升东北西部与辽东地区间的通道能力，如图3－8所示。

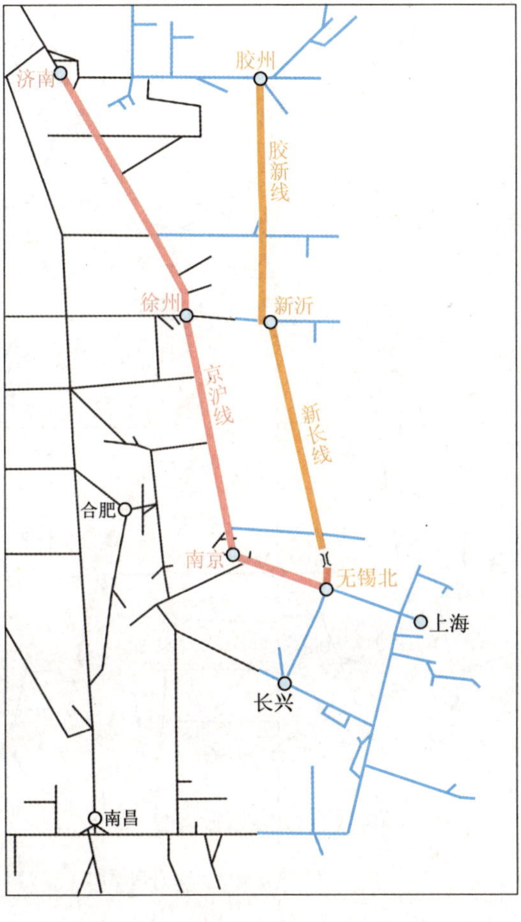

图3－4 京沪线东翼分流示意图

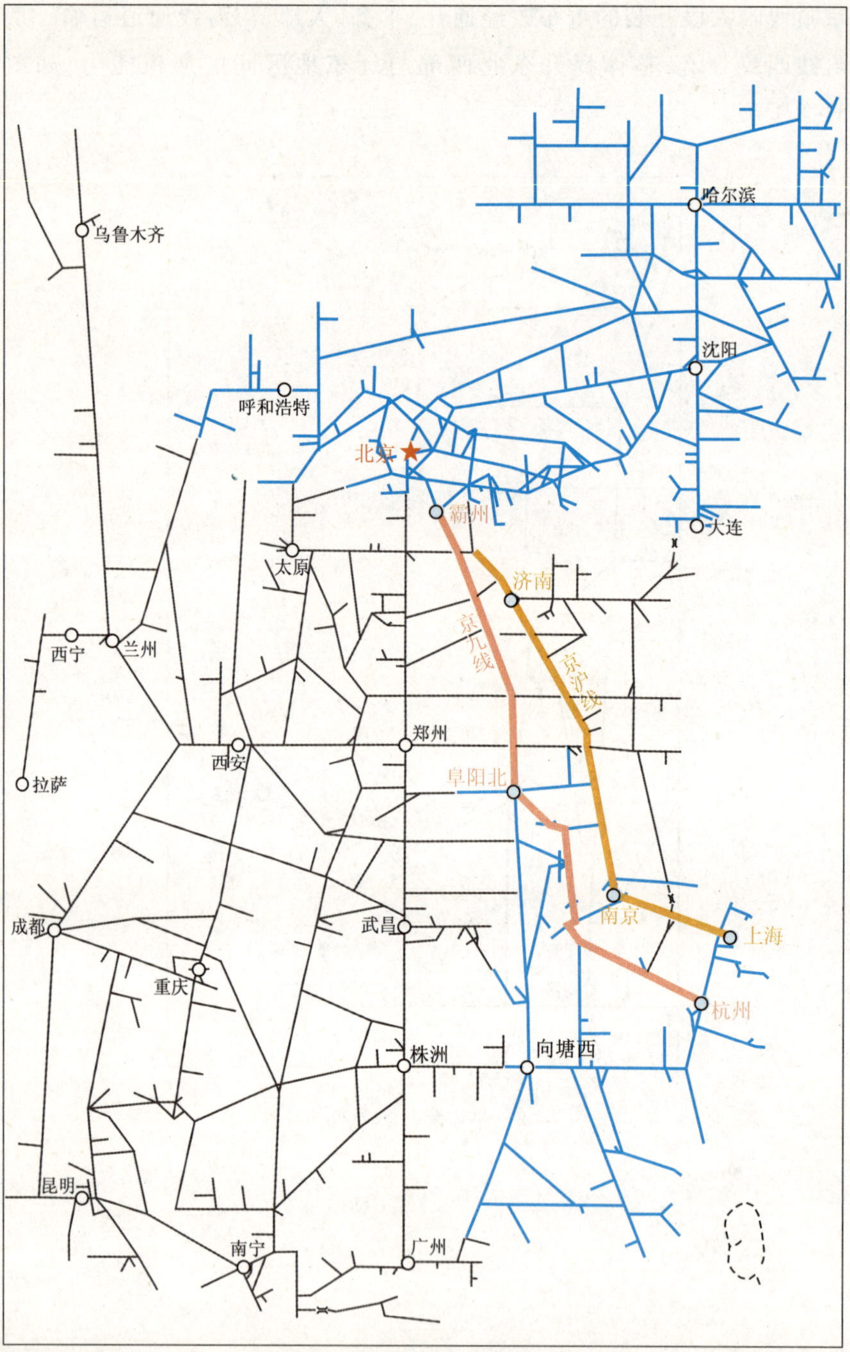

图 3－5　京沪线西翼分流示意图

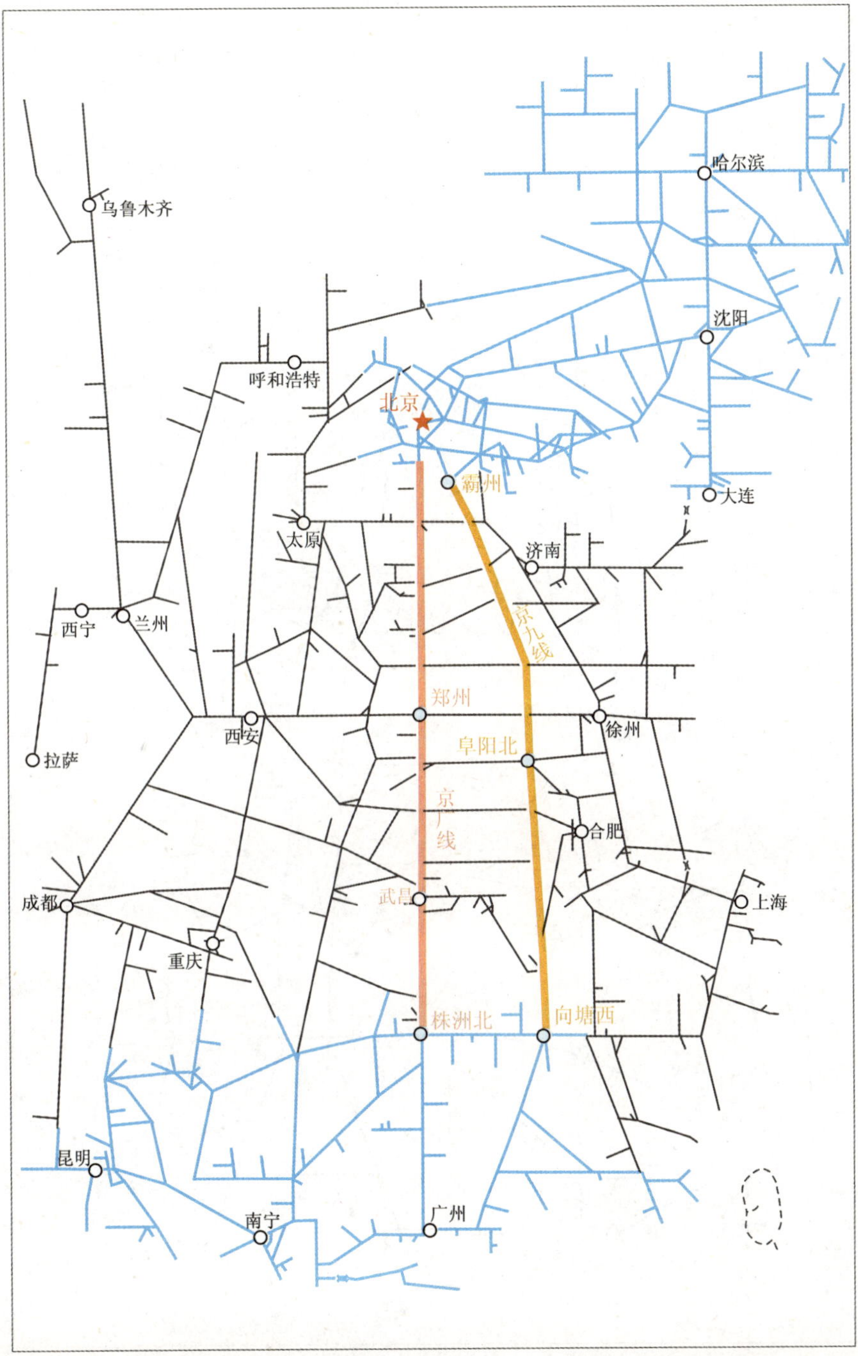

图 3－6　京广线东翼分流示意图

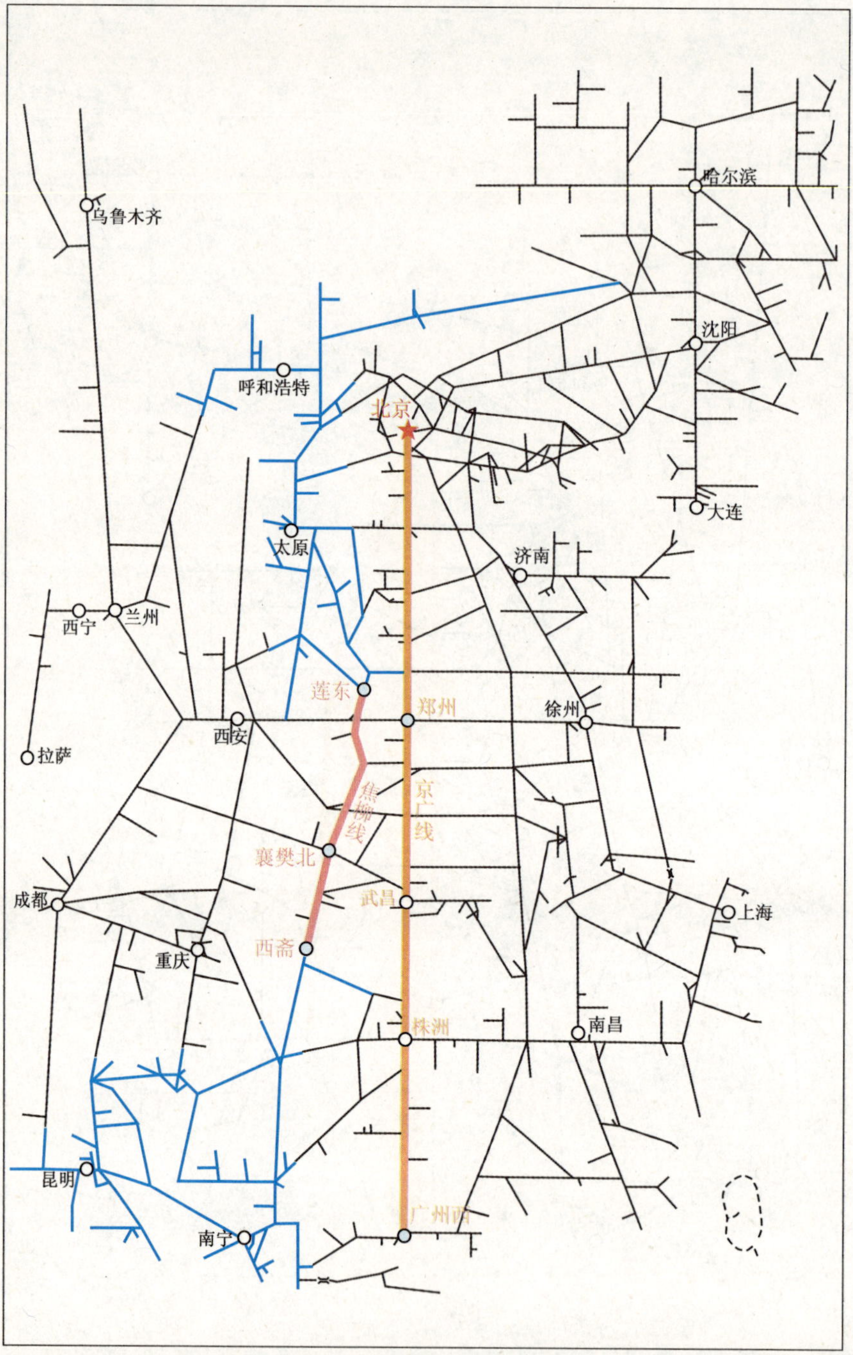

图 3－7　京广线西翼分流示意图

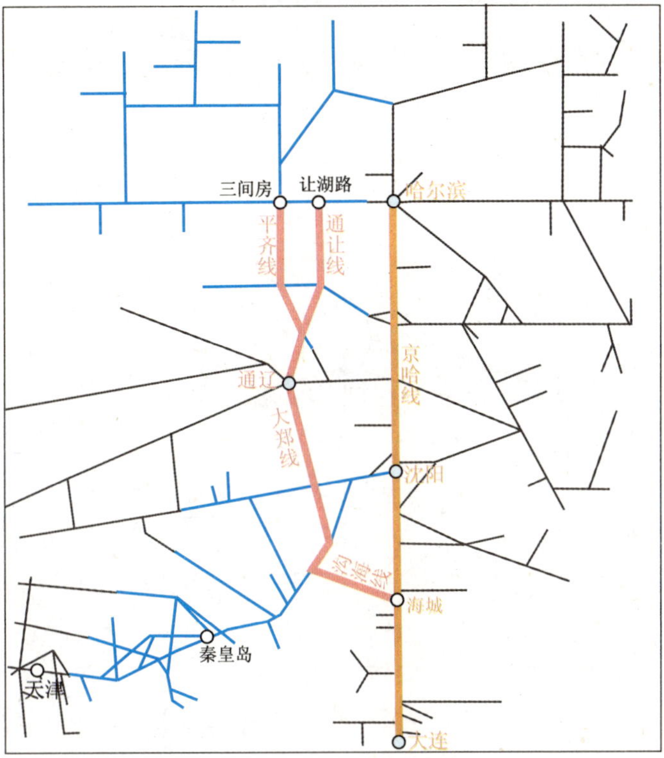

图 3－8　京哈线西翼分流示意图

（二）横向主要通道的车流分工调整战略

集通线与京哈、京承线：为充分利用集通线通道运输能力，将东北与西北地区间原经京哈、京承线互装的重车改经集通线运输。集通线分流以后，整体提升西北与东北地区间的通道能力。如图 3－9 所示。

陇海线与宁西线：合理利用平行通道能力，陇海线分流后仅承担陇海线以北车流的运输，宁西线分流后仅承担陇海线以南的车流运输。陇海线和宁西线分流之后，整体提升了东西部地区间的通道能力。如图 3－10、图 3－11 所示。

襄渝—汉丹—武九线与京广—陇海线：福建、江西与四川、重庆、陕西间原经京广、陇海线互装的重车全部改经襄渝、汉丹、武九线运输。襄渝—汉丹—武九线和京广—陇海线分流之后，整体提升了西南与华东地区间的通道能力。如图 3－12 所示。

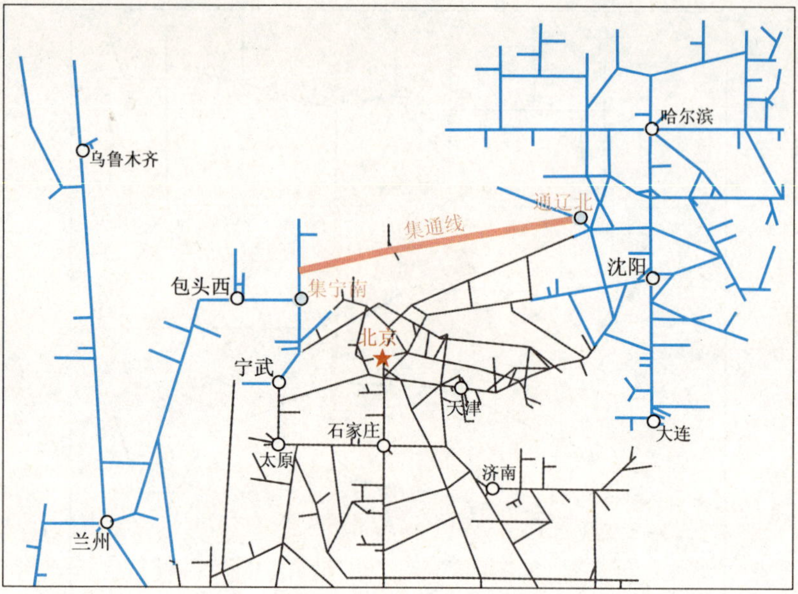

图 3－9　分流后的集通线运输示意图

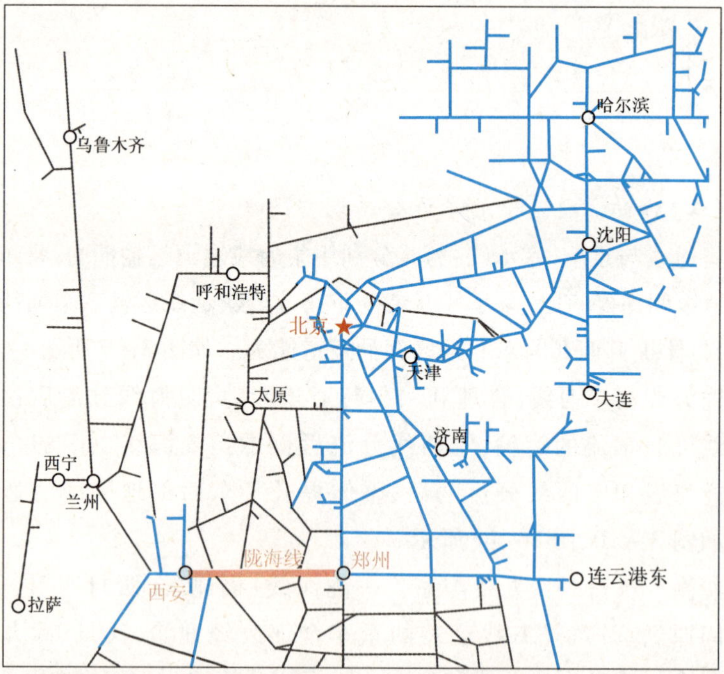

图 3－10　分流后的陇海线示意图

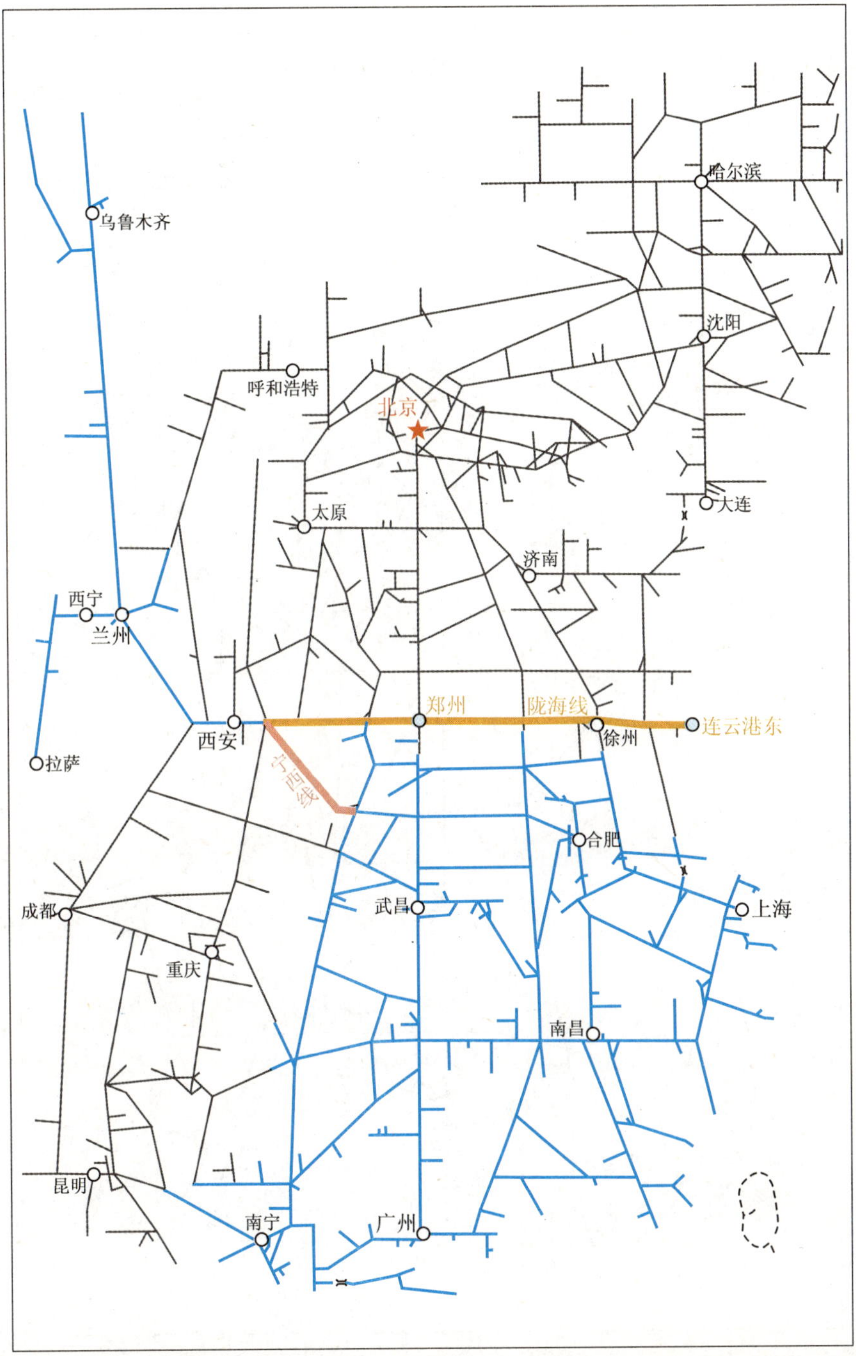

图 3－11 分流后的宁西线示意图

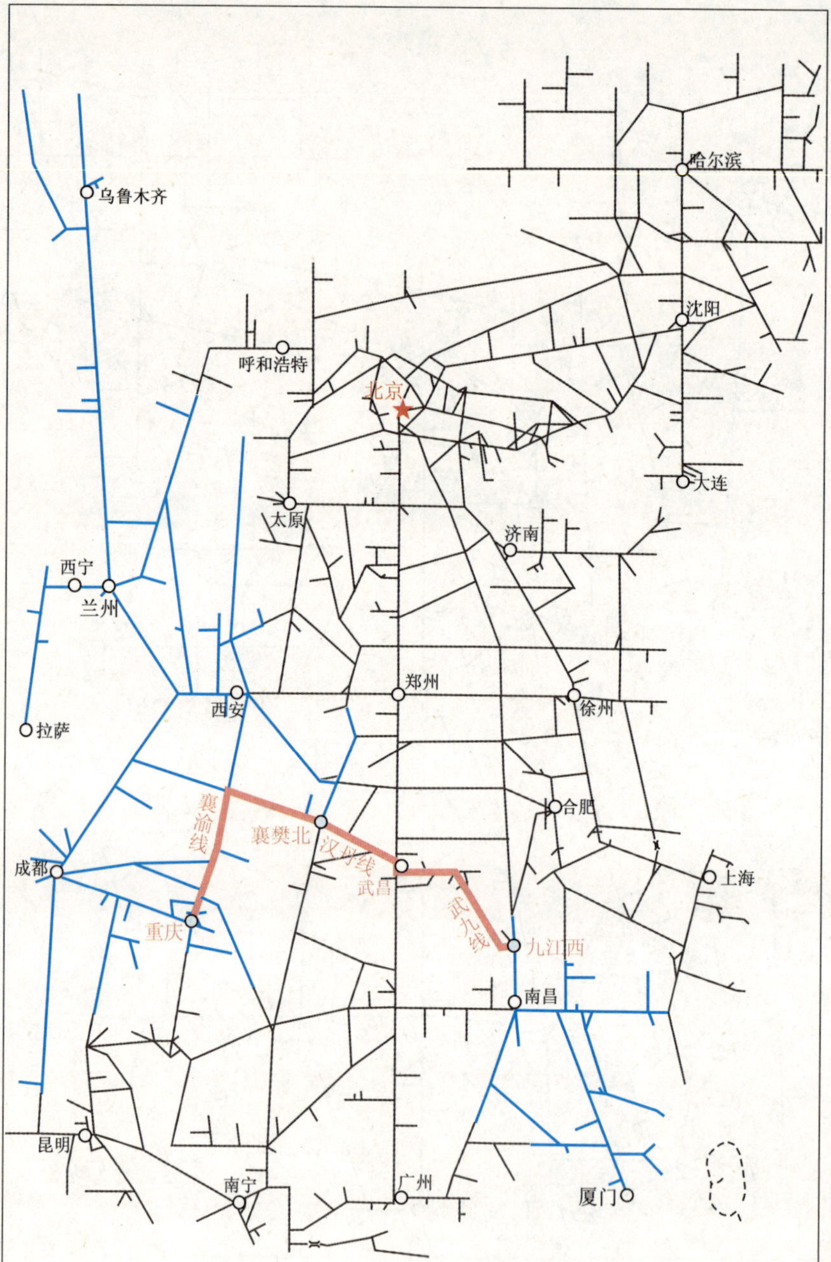

图 3－12　分流后的襄渝—汉丹—武九线示意图

沪昆线：西南与华东地区间互装的重车全部经沪昆线运输。沪昆线分流之后，整体提升西南与华东地区间的通道能力。如图 3－13 所示。

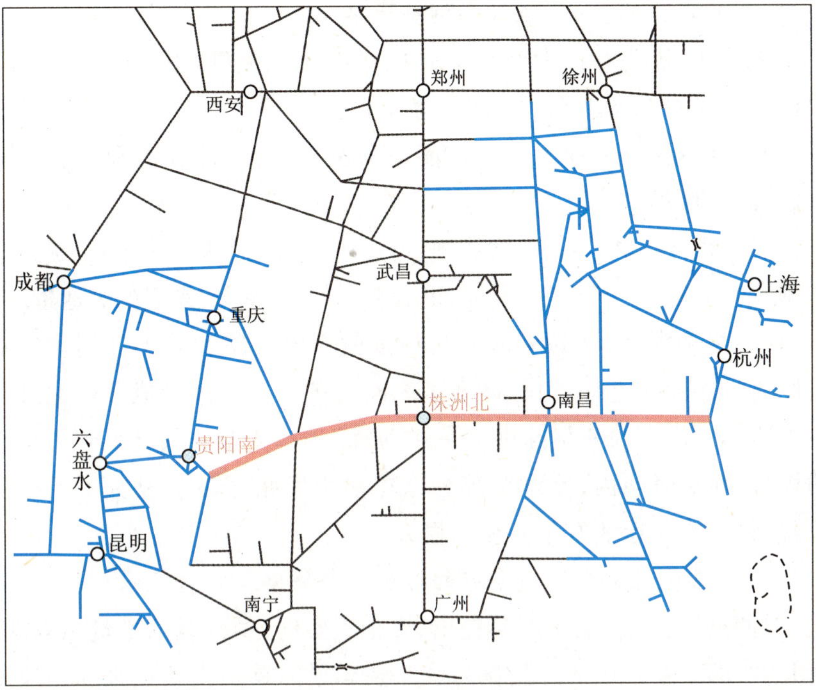

图 3－13　分流后的沪昆线示意图

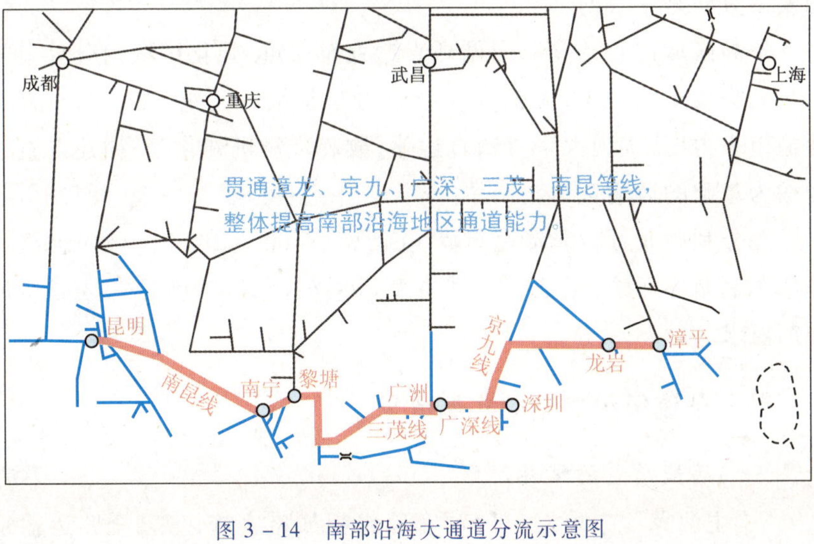

图 3－14　南部沿海大通道分流示意图

南部沿海大通道:贯通漳龙、京九、广深、三茂、南昆等线,整体提高南部沿海地区通道能力。如图 3－14 所示。

(三)煤运通道的车流综合调整战略

大秦线:优化并扩大经大秦线运输的车流范围,形成山西、内蒙、陕西地区煤炭东运出海的超级大通道。

石太线:在充分利用石太线能力的基础上,将部分饱和车流北移京原线、南移侯月线。

侯月线:横向与新石等线相连,形成西煤东运出海的大通道;纵向与焦柳、京广、京九、津浦等线贯通,形成晋煤、陕煤南运、东运的大通道。

"一主两翼"车流调整战略指导下的车流径路致力于规划研究对路网通过能力作整体优化,体现了内涵式扩大再生产的成效。尤其是在铁路第六次大面积提速中,"一主两翼"的车流调整战略得到了全面的体现,在短时间内,使全路部分运输能力紧张区段状况有了明显的改善,整体路网运能有了明显的提升。

(四)煤运通道和区域车流的综合调整战略

"两线三区域"战略明确提出,要把大秦线,侯月线的增量和东北、西北、西南三个区域的增量作为全路装车量的首要增长点来抓。通过铁路网内部的挖潜,来实现铁路经济效益的增长,这与我国和谐社会的发展方向是一致的。

提高区域内直达和双向循环直达列车比重、强化区域内分界口的邻局间交接车流组织,大幅提高区域内互装车流比重,加大全路直达运输组织力度,实现大宗货物直达化,散装货物班列化等,构建以直达运输为基础的运输直达新产品。

充分利用 8 万辆非提速车辆,在西南、西北、东北三区域内组织非提速车辆循环运输,保证三区域主型运用车保有量,满足三区域运量增加需求。

二、车流组织战略的实施成果

(一)运输质量的提升

"一主两翼"、"两线三区域"车流组织战略实施以来,全路运输组

织质量的得到全面提升,主要体现在:

1. 提高了货物列车直达比重,加速了货车周转。在车流径路梳理、调整的同时,对可开行始发直达、基地直达、循环直达以及技术直达的车流进行了梳理和径路的优化,组织了739条始发直达,1 479条技术直达,合计2 218条直达列车方案线,并向列车编组计划分层次提供了发到站、车数、经由站等货物列车开行建议方案,其中80%纳入到了新图和新编组计划方案,使全路的货物列车直达比重由46%提高到60%,提高14%。

在车流径路的优化调整中,优化到达同一方向的车流强度,加速列车周转。如沈阳西到达沪宁地区的货物由原来经南仓、济南西、徐州北站的3次改编,改为一站到达,中转时间压缩11.8 h,也大大压缩了货车周转时间。仅此项措施每天就节省运用车近300辆,年节省运用车约11万辆。

2. 增加了无调中转车数,压缩了中时。始发、大宗货物直达,五定班列,远程直达车流的优化组织,使全路更多的有调车转变为无调车,节省了货车在技术站的作业时间。2007年5月上旬与4月上旬相比,全路有调中转车数减少、无调中转车数增加。按日车折算,全路日均节约运用车1 297辆。由于压缩了中时,全路日均节约运用车2 940辆。车流的优化组织,提高了路网的整体通过能力和使用效率,车辆周转明显加快。货车周转时间5月上旬完成4.97天,较4月上旬5.07天压缩0.1天。其中日均可节省敞车11 300辆。

3. 路网能力利用率趋于合理。车流径路优化调整后,路网能力利用率更加趋向合理,干支线、平行线之间车流量和运能的匹配合理,路网能力的利用率提高。仅以主要通道计算,全年可增加货运量6 200万t,增加运输收入25亿元以上。

(二)“两线三区域”的货运增量显著

“两线三区域”战略的具体实施以来,2007年,大秦、侯月两条线路实现了增运7000万t目标,大秦线实现运量超3亿t。同时,加大了对东北、西北、西南三大区域内空车调整力度,提高区域内互装比重,组织固定车底循环运输,加大双向重车直达的运输组织力度,充分利用新增通道能力和既有线新增能力,2007 年三大区域可实现货物增运近 6 000 万 t 的目标。如图 3－15 所示。

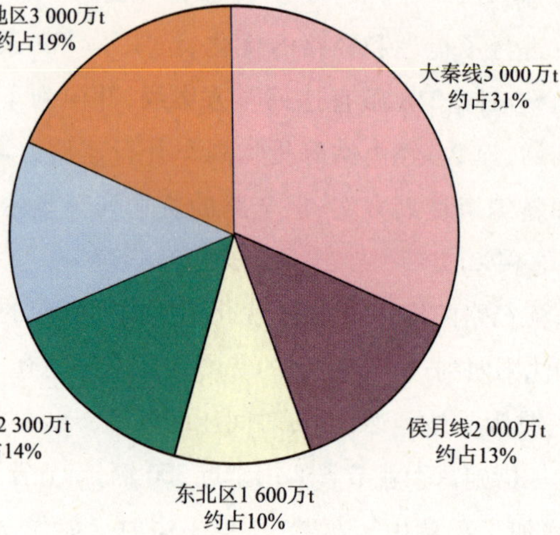

图 3－15　2007 年国铁增量 1.6 亿 t 分布图

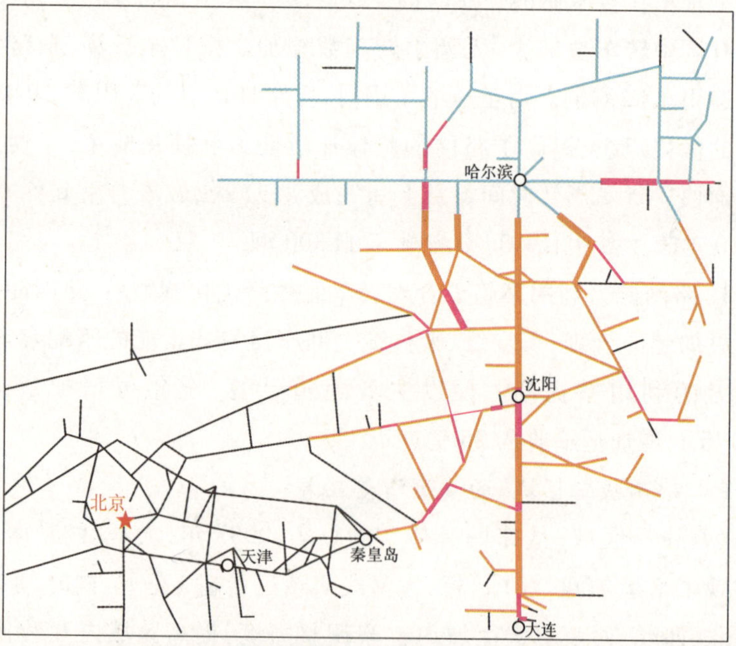

图 3－16　哈尔滨局装车、卸车、通过示意图

1. 东北区

东北地区包括哈尔滨局和沈阳局。东北地区的车流特点是，区域内南下运量较大，到东北港口的物资较多。

在车流径路安排上，东北区域充分利用集通线能力，安排区域直达 242 列，双向列车直达 6 对。其中，哈尔滨局装区域内运量占局总量的 83.3%，如图 3－16 所示。沈阳局装区域内运量占局总量的 82.2%，如图 3－17 所示。

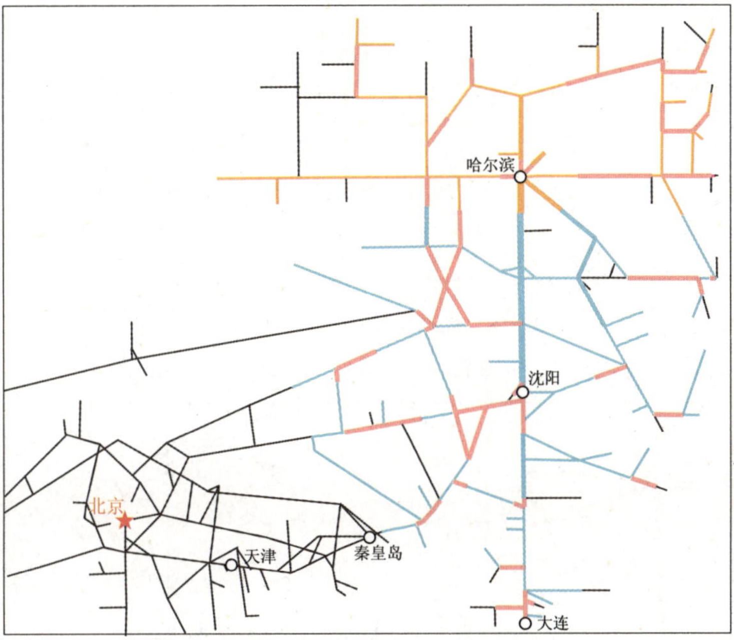

图 3－17 沈阳局装车、卸车、通过示意图

2. 西南区

西南地区包括成都局，南宁局和昆明局。西南地区的车流特点是，区域内互装运量较大、直达比例高。

在车流径路的安排上，西南区域充分利用广元、秀山分界口能力，实施平移分流，缓解达州分界口能力紧张状况。安排区域直达 131 列，双向重车直达 7 对。其中，成都局装区域内运量占局总量的 70.7%，如图 3－18 所示。

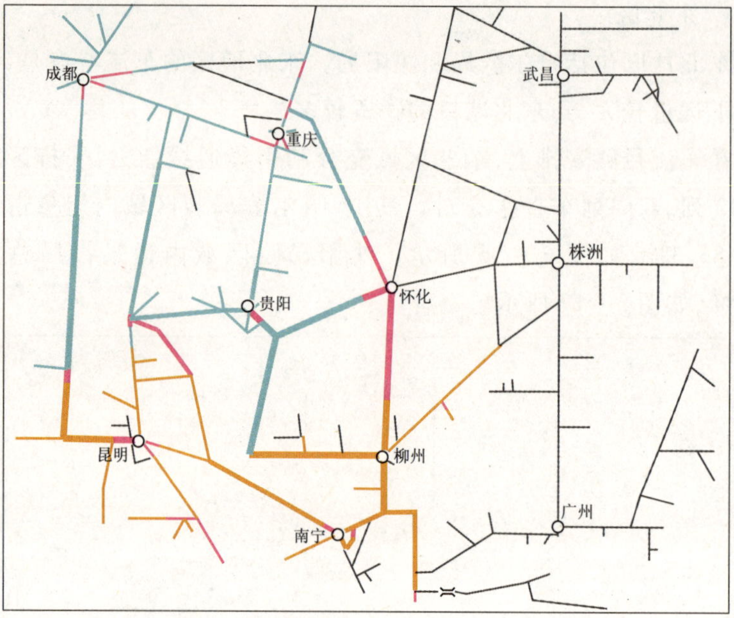

图 3－18　成都局装车、卸车、通过示意图

南宁局装区域内运量占局总量的 73%，如图 3－19 所示。

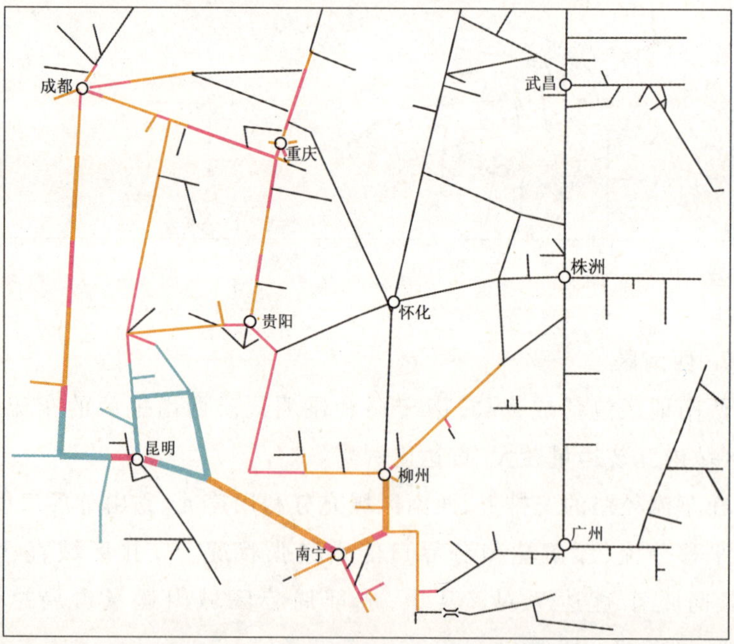

图 3－19　昆明局装车、卸车、通过示意图

昆明局装区域内运量占局总量的 71.6%，如图 3－20 所示。

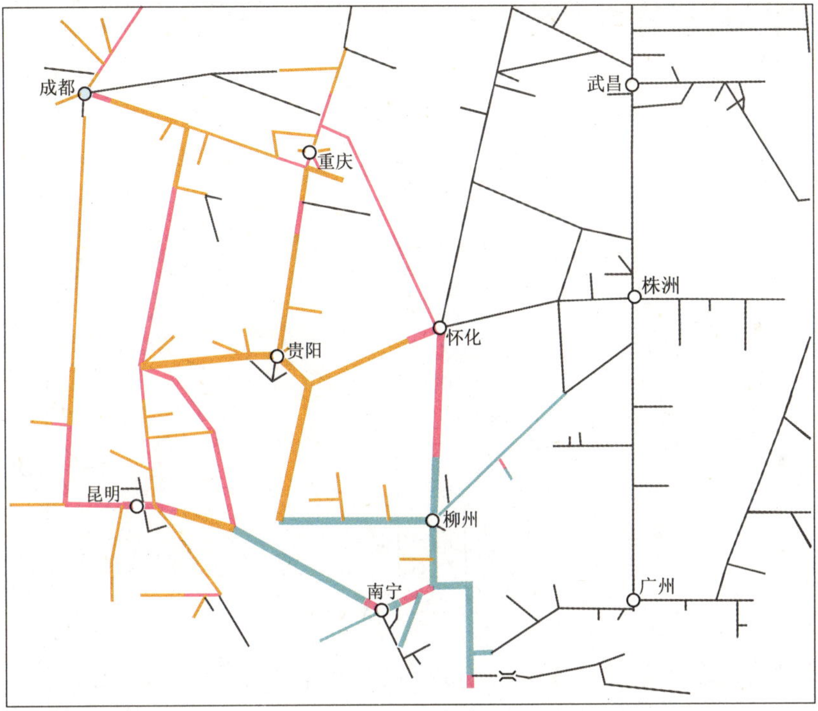

图 3－20　南宁局装车、卸车、通过示意图

3. 西北区

西北地区包括乌鲁木齐局、青藏公司、兰州局。西北地区的车流特点是，乌鲁木齐局装到区域内运量较多，兰州局和青藏公司装到区域内运量较少，货源流向主要集中在东南方向。

在车流径路的安排上，西北区域充分利用陇海线兰天段新增能力，优化宝中线、陇海线进出西北车流径路，强化跨越编组站的远程车流强度。乌鲁木齐局装区域内运量占局总量的 63.3%，如图 3－21 所示。

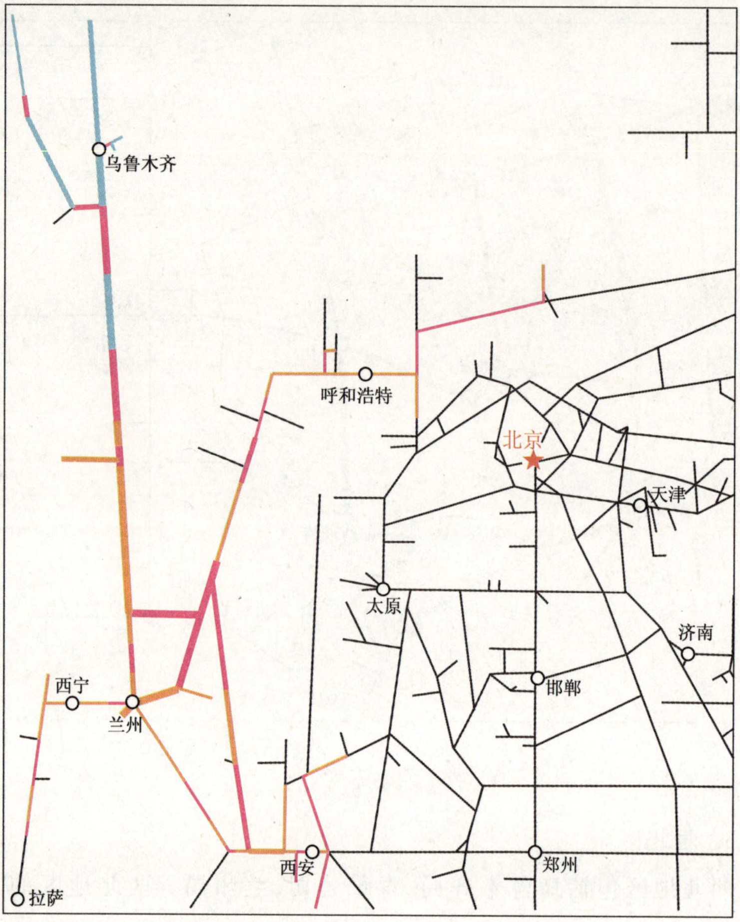

图 3－21　乌鲁木齐局装车、卸车、通过示意图

青藏公司装区域内运量占局总量的 43.1%，如图 3－22 所示。

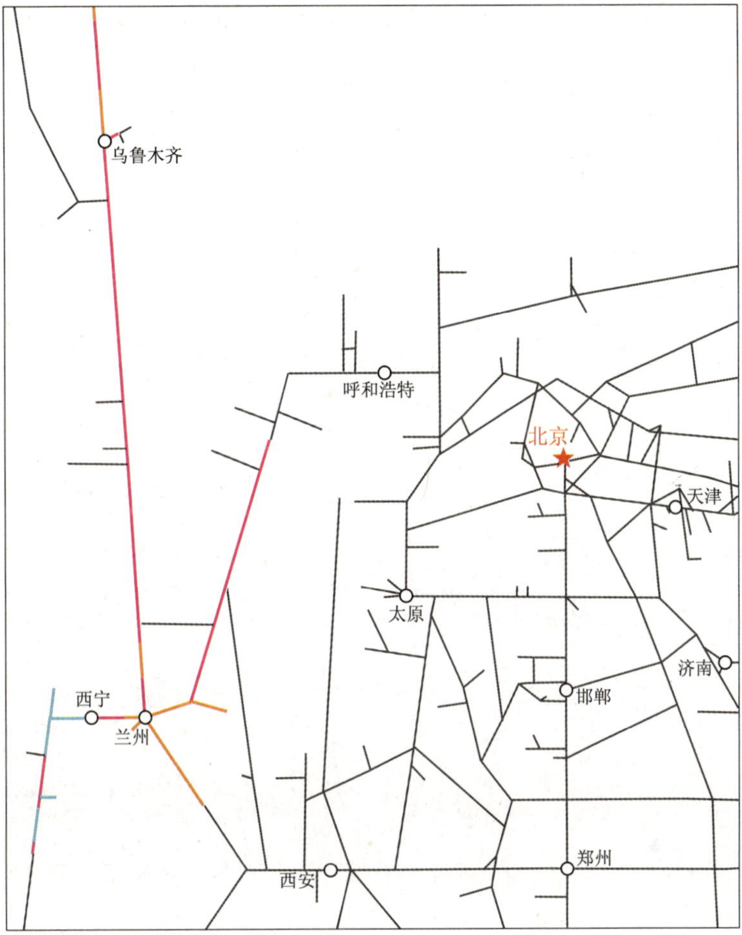

图 3－22　青藏铁路公司装车、卸车、通过示意图

兰州局装区域内运量占局总量的 52.0%，如图 3－23 所示。

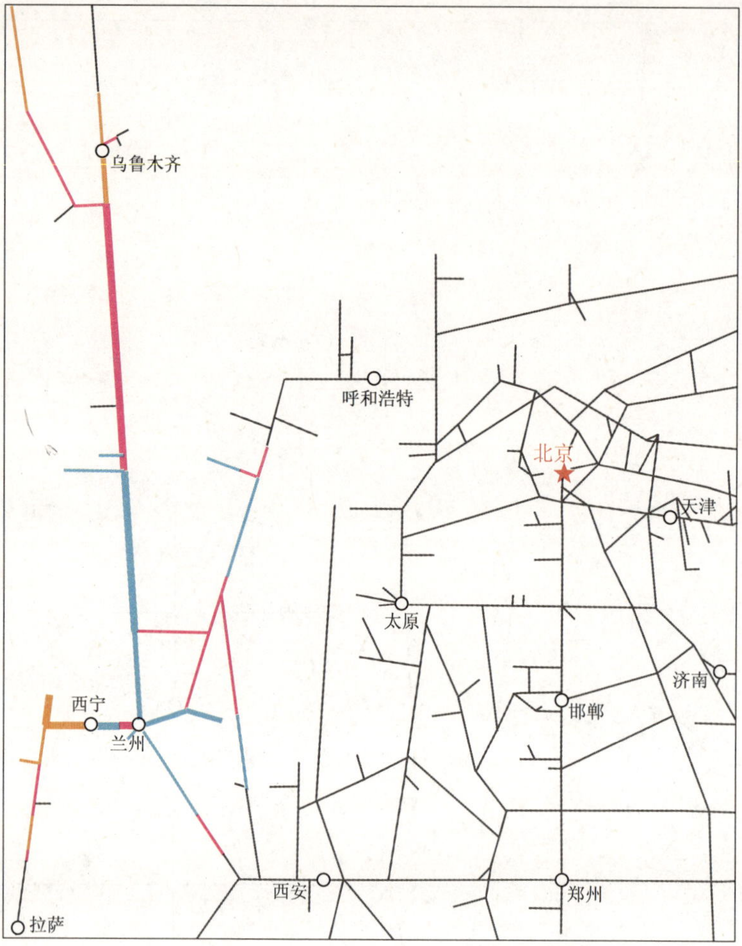

图 3－23　兰州局装车、卸车、通过示意图

通过“两线三区域”战略的实施，挖掘了铁路内部的增长空间，通过优化区域运输组织，加强了区域内铁路局相互间的协调，增加了区域内的货物交流量。

第四节　车流径路调整的技术支持

在既有路网运能与运量矛盾未得到根本缓解，点线能力不协调的情况下，要充分发挥铁路运输大动脉的作用，保证路网的畅通和高负荷运转，利用科技手段，开发车流径路调整的技术支持软件，对于提高全路路网整体通过能力至关重要，也是实现铁路内涵挖潜提效的最主要措施之一。

《可视化铁路网货流车流分析系统》是采用信息技术组建路网能力分析模型，对路网通道能力与车流量进行优化匹配，全面梳理与优化全路重车车流径路，合理分配各线车流量。车流径路的调整，最大限度地释放了运输能力，标志着我国铁路实现车流径路判定分析智能化已进入了一个新阶段，运输径路管理向智能化辅助决策支持跨上了新台阶。

可视化路网货流车流分析系统能为调整车流径路、编制编组计划和统一通道能力提供强有力技术支持。

1. 支持车流径路调整

(1)路网利用率分析图：以可视化的形式宏观掌握全路铁路网的利用率(颜色)及流量(宽度)。

(2)流量查询：查看任意支点间流量，点到面，面到点流量，节点接入交出流量。

(3)径路查询：具有点到点、点到面、面到点、面到面、最短环状径路等查询功能。

2. 为编组计划的编制提供了技术支撑

支点间车流梳理功能可以为编制直达列车方案提供依据。

3. 为统一机车交路提供直观的技术支持

系统可提供任意发到站间经由、车流量、里程、牵引定数等信息，可根据以上信息拉长交路，提出线路统一牵引定数的建议。

4. 为营销战略制定提供有力技术支撑

根据品类货源的流量及装卸量分布情况，寻找区域内运量增长战略支撑。

在编制第六次提速的“4・18”运行图过程中，采用该软件对全路车流资料和区段能力，干支线运能运量实现有效匹配；梳理全路车流径路并提出优化调整方案，为列车运行图、列车编组计划提供编制依据；统筹运用各条通道，对纵向、横向繁忙干线，以及主要煤运通道实施了两翼分流，路网点线能力矛盾得到有效缓解；梳理并优化双向重车直达列车、制定五定班列等货运产品的运行径路，对客货产品开行质量进行了优化与提升，其中货运方案铺画跨局直达及双向重车直达列车运行线406条，比2004年图增加226条，增长125.6%；铺画五定班列运行线121条，比2004年图增加30条，增长33.0%，实现了最大限度释放运输能力的目标。

FOURTH

第4章 编组站工作

铁路编组站是铁路枢纽内组织货车车流的专业车站，负责所衔接方向的车流的到达、中转交换和出发作业，它是路网中大宗车流的集散点，是枢纽及干线畅通的关键环节。

按照中长期铁路网规划："十一五"期间，铁路建设大规模展开，特别是随着大批客运专线、城际铁路的建成投产，我国铁路路网结构和运输组织模式将发生重大变化。同时，动车组、大功率机车、大轴重货车等新型技术装备相继投入运营。这些都带来车流结构和运输组织方式的巨大变化，对编组站的定位和作业方式势必产生深远影响。编组站工作必须适应这一重大变化，实现同步发展。

第六次大面积提速调图后，"速密重"发生了较大变化，特别是受新图客车对数增加，客车速度提高，客货列车速差大，预留综合施工天窗，通过能力紧张等多种因素影响，对运输组织工作提出了更高的要求。这些变化对编组站的列车到发、车流组织、机列衔接、解编能力、编车质量、货检列检等，都产生了很大的影响。特别是新图中主要干线客货列车不均衡程度进一步加剧，编组站很容易出现列车集束密集到发，造成能力阶段性紧张的情况。实施内涵扩大再生产的一系列措施，对编组站的功能作用、生产组织、作业方式、管理效率等方面都提出了新的要求，编组站工作必须主动适应，满足运输持续增量的需要。

第四章

编组站工作

编组站是在铁路网上办理货物列车解体、编组作业,并设有比较完善的调车设备的车站(图4-1),它是铁路运输的基本生产单位,是路网中大宗车流的集散点,因此被形象地称做“制造货物列车的工厂”。编组站的工作质量,对加速铁路货物送达、加速机车车辆周转、降低运输成本、提高运输效率等都十分重要。编组站的运输组织工作在整个铁路运输组织过程中举足轻重,直接关系到路网的安全畅通、生产效率和经营效益。

图4-1 编组站

第一节　编组站工作特点与面临的挑战

编组站是铁路运输的重要生产基地，主要任务是根据列车编组计划和《技规》的要求，办理各种货物列车的解体和编组作业，并且按照列车运行图规定的时刻正点接发列车。编组站拥有较多的技术设备，作业量大，作业过程也较复杂，铁路车辆在编组站的停留时间约占车辆周转时间的1/3。

一、编组站作业系统

铁路编组站由到达场、驼峰、调车场、牵出线、出发场和机务、车辆等设备组成，共同完成车列的到达、解体、集结、编组和出发作业，其系统构成如图4－2所示。

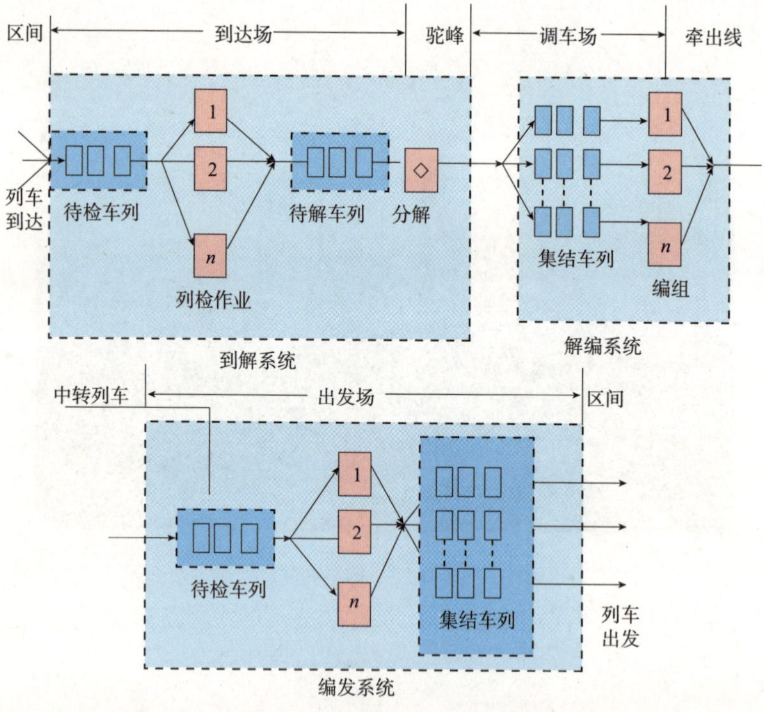

图4－2　编组站作业系统构成图

编组站作为一个系统，具有系统的共性。如其目的性表现为在一定投资额的条件下，使编组站改编能力和通过能力达到最大；通过编组站的建立和发展使资源得以开发，地区间经济得到相互沟通；其整体性表现为编组站系统的能力，该能力并不是其各个子系统能力之和，而是受其中能力最小的子系统限制。因此，其各个子系统只有相互协调才能充分地发挥效益。

编组站是典型的离散事件动态系统，它的技术作业牵涉多环节、多部门、多系统。在制定编组站作业计划的同时，不仅要考虑负荷平衡等问题，还要根据优化目标进行作业的动态调度，实现对车流、调机、线路以及各作业子系统的协调控制。系统具有大量的信息集成和复杂的控制结构，要求具有调度和监控上的实时性以及功能上的并发性。

二、编组站运营工作影响因素

在保证生产作业安全的前提下，编组站运营效果的评价指标通常有3类：①作业总量，包括办理车数、有调车数和无调车数；②中转货车在站平均停留时间，包括中时、有调中时和无调中时；③车站作业系统的可靠性，主要包括车站的生产作业安全性和车站及时接发列车的可靠性。

编组站是铁路系统中的一个子系统，系统的生产运作主要受系统内部和外部各种因素的影响。

编组站作业能力与组织水平由车站技术设备条件、作业组织的平台与组织管理水平等决定。

铁路运营效果在预期的作业组织能力与水平下，基本上是由系统的环境因素决定的。车站作业系统的可靠性主要受制于点线能力的协调性。对于整个系统来说，只有点线能力协调，才能保证车流的接续与疏解。由于运输能力与运输需求局部结构性失衡，旅客列车数量的增加和密集到发等原因造成铁路货物运输的不均衡。为了保证密集到发期间列车的及时接发，车站作业过程的连续稳定越来越刚性化。为了实现这种连续稳定，要求车站全面优化生产作业计划，要求每一个作业环节及时可靠且高效率。

三、编组站工作面临的挑战

编组站作为一个复杂的大系统，是铁路枢纽及干线畅通的关键环节。要想使编组站充分发挥作用，应根据系统运能的要求，对系统的能力进行协调，使编组站形成最佳的综合能力。

铁路路网线路的分工调整、货物列车数量的增加和密集到发等因素，对编组站的适应性与运输组织优化提出了严峻的挑战，急需有针对性地采取技术改造和运输组织措施，以满足铁路运输需求。

（一）路网线路的分工调整

随着运输生产力布局调整的不断深化，铁路多次大面积提速调图后，机车交路、列检保证距离不断延长，车流结构发生了变化，原有的编组站布局已不适应新的运输形势要求。特别是由于路网规模的扩大和路网线路的分工调整，使得位于提速干线上的编组站所衔接线路方向的到发列车结构变化很大，及时应对这一变化就需要对全路的编组站进行重新定位和分工，在主要干线的节点上重新对路网性编组站进行优化配置。

（二）货物列车到发的不均衡性加大

编组站货物列车到发的不均衡性，造成编组站到发能力的阶段性紧张，而且随着不均衡性的增加，编组站的车辆在站停留时间、咽喉和到发线占用时间的不均衡性以及驼峰和牵出线调机运用的不均衡性都呈增大的趋势。车站各作业环节的作业负荷高。高负荷的作业条件，一方面要求车站作业组织与计划要有效地调整各环节的作业分工，尤其是上、下行系统的分工和解编作业的安排，尽量实现各环节作业协调，有效降低局部作业过程的高负荷状态；另一方面，技术设备的高负荷作业造成了货车在中转过程中的非生产等待时间增加。货物列车密集到发，使车流中转的接续关系恶化，增加了集结车小时消耗。同时，引起运用机车的使用不均衡，在繁忙时出现机力不足，延误列车出发，增加中转车流的停留时间，有时甚至引起车站堵塞。

（三）对设备稳定性、管理水平和人员素质的要求更高

随着编组站装备的现代化以及信息化步伐的加快，编组站的技术设备越来越先进，作业自动化程度不断提高。车站运输管理水平以及生产作业人员的素质都有待进一步提高，同时，车站技术设备的稳定性直接影响车站作业的持续稳定。

第二节　编组站工作创新实践

一、编组站工作目标

铁路运输发展的新格局对编组站产生的影响是：编组站有调车数相对有所下降，但解编作业总量持续增加；车流波动和不均衡性增加；列车解编质量要求提高；对路网车流的调节作用的要求增强。作为铁路系统的一个重要组成部分，编组站应朝着以下几个目标努力：

1. 保证编组站畅通无阻，确保整个路网的均衡畅通运输。

2. 实现枢纽主要编组站能力有富余，对主要编组站和相邻编组站进行合理分工，使有调作业车向主要编组站集中，提高枢纽其他技术站的无调作业车比重。

3. 提高主要编组站直达列车、远程直达列车比重，优化编组站劳动组合，使得车、机、辆等部门工作围绕一个共同的目标和计划，在同一个作业过程下能够协调衔接，减少结合部的空费等待时间。

4. 加强调度统一指挥和信息化建设，使编组站内部的所有信息在各个部门、工种间实现共享，消除编组站各部门、各工种之间的信息不对称。

5. 运用系统工程的理论，在路网大系统和编组站小系统中寻求编组站工作的动态平衡和协调。

二、编组站工作优化思路

目前，国外铁路编组站发展模式主要有强化和弱化两个方向，强

化主要体现在建设功能强大的编组站，代表的国家有美国、俄罗斯等；而弱化则是逐渐取消编组站，日本就是典型的代表。

从中国目前的国情来说，照搬国外编组站的发展模式并没有实际意义。编组站的发展应根据其在路网中的位置以及主要干线的分工调整进行优化。

针对目前编组站工作现状，其优化思路概括起来可以从以下几个方面进行。

（一）优化布局调整

根据国家经济发展方向和布局，结合路网、车流结构变化和车流组织调整，对既有编组站的布局进行调整，强化西部地区编组站发展，同时调整东中部地区部分编组站分工，弱化或取消部分小型编组站。

新建编组站应强调以区域经济发展为基础，根据区域经济发展水平和产生的货源及车流情况，结合路网整体布局规划来建设。配合国家大开发战略，铁路新建编组站应以中西部地区为重点，在建设中控制初期规模，根据远期需要适应预留发展空间。

编组站设置要按照“布局合理、站型规范、能力适应、功能完备”的原则，做好布局调整。

布局合理：根据路网构成，编组站要位于干线的自然截流点，与车流结构相适应，要与技术装备水平相适应，编组站站间距原则上不小于500 km。结合技术作业优化，对编组站重新分类定位，将编组站分为路网性和区域性编组站，取消原地方性编组站定位，实现编组站、区段站功能协调配合。

站型规范：区域性编组站站型一般为单向三级三场（或二级四场），路网性编组站一般按双向三级六场布置。

能力适应：编组站要有足够规模的作业能力，作业量要达到有调作业车5000辆以上，或出入车辆数10000辆以上水平。

功能完备：强化编组站作为车流主要集散地的功能，机务和车辆等主要技术设施要与之配套。

（二）优化编组计划内容

在全面优化路网车流径路的基础上，结合战略装、卸车点及物流中心的建设，以加强"五定"班列、直达货物列车特别是双向重车直达列车以及重载列车开行为重点，综合考虑车流密度、编组站设备能力、不同区段牵引定数和换长等因素，以减少解编次数、压缩中转时间、加速车辆周转为目标，合理调整编组站分工，优化编组计划。

（三）编组站系统管理

各编组站应围绕列车解体、编组、折角车转场、"天窗"作业及机车运用等关键环节，加强车站系统管理，优化作业方式，使作业过程衔接更加紧密，作业组织更为科学，提高编组站作业效率，确保编组站畅通。

1. 运用车流动态信息，实现调度指挥的整体优化

编制好编组站到开列车计划，切实提高计划的兑现率，尽量保持编组站到发作业的均衡稳定，使编组站机车与列车的紧密衔接。

2. 统筹安排运输设备运用方案

（1）线路运用优化方案。车站到发线能力在某个阶段可能出现能力紧张，造成列车等线。对制约到发线能力的主要因素进行分析，找出设备能力利用紧张的阶段，有针对性地制定优化方案。

（2）机车整备优化方案。对影响机车整备能力的诸因素进行分析，从设备能力与整备作业量相适应的角度，制定出最佳匹配方案。

（3）调车机作业优化方案。车站应将所有调车机视为一个整体，在繁忙阶段，为保证列车正点，在确保安全的情况下，统筹安排，必要时可安排空闲调机越区作业。这样，既增加了调车机有效工时，又保证了列车正点。

3. 加强编组站工作日常分析

编组站工作日常分析的内容包括对日班计划、技术作业过程、列车运行图和列车编组计划进行总结分析，找出运输生产的薄弱环节。编组站运输生产分析内容主要有以下几点。

（1）运输生产主要指标完成情况及对比分析：

①列车工作完成情况：货物列车日均到发列数、正点率、晚点情况；

②调车工作完成情况：日均解编列数、日均办理辆数、有调辆数；

③中、停时指标完成情况；

④分阶段运用车保有量；

⑤装卸车完成情况。

(2)编组计划执行情况及主要方向车流分析。

(3)运输组织工作及安全生产情况。

(4)存在问题、解决方案及建议。

4. 运输生产组织关键问题攻关

根据各个编组站不同的情况，找出编组站工作的薄弱环节，提出有针对性的强化措施。

(1)对编组能力不足的编组站，精细化设计驼峰作业，确保调车机车在繁忙期间有效作业、高峰期间不下峰、同步交接班，并增加辅助调车机车协助解编作业以提高解体和编组作业能力，保证车站及时接发列车，加速车流中转。

(2)合理安排列车到解作业和本站作业车的取送作业。

5. 加强设备养护，加快设备更新

(1)加强设备日常养护，特别是驼峰设备的养护，提高作业的安全和效率，压缩有调作业车的待解与待编时间，缩短有调中转时间；

(2)加强各部门的协调，编组站同设备管理部门之间要加强协调，共同制定设备养护计划；

(3)加快设备更新，先进设备的应用对提高生产效率起着至关重要的作用，铁路运能紧张在一定程度上是由于编组站作业效率不高，所以铁路设备改造的投资应向编组站倾斜。

6. 规范编组站的管理

(1)规范组织机构设置

依照“按作业流程设置岗位，按生产任务核定定员，按定员组织生产”的原则，构建编组站组织机构，规范科室、车间、班组设置，优化劳动组织。大型编组站要统一设立调度车间，全面掌握车站作业计划(包括日班计划、阶段计划和调车作业计划等)的制定与下达，实现车站调度集中统一指挥。

(2)完善考核激励机制

为充分调动运输部门挖潜提效的积极性,编组站应强化激励制度,建立健全考核制度,改变单一的工作量考核办法,增加效率指标考核内容。特别应加强对中时等反映编组站作业效率指标的考核,通过考核进一步强化作业过程控制,实现全路编组站中时大幅压缩目标。

(四)推进管理现代化

编组站作业技术设备的现代化和自动化是提高生产作业安全性和效率的根本性手段,既可以减轻职工的劳动强度,又可以提高车站作业系统的综合效率。对编组站既有设备进行现代化改造,推进编组站信息化建设,使各管理信息系统互联互通,信息资源综合利用,实现编组站技术作业管理信息化,优化编组站运输作业流程,提高运输效率和管理水平。使全路主要编组站逐步向综合自动化编组站过渡,同时推行先进的管理经验,确保技术优势的充分发挥。

三、实践与成果

经过近年来实践探索,编组站工作取得显著成绩,在推进铁路内涵扩大再生产方面发挥了重要作用。

(一)编组站分工不断优化

编组站在配置路网系统中,按照不同编组站在路网中所处的位置,分别起到截流、组流、分流、调流的功能。按照"强化两端,弱化或取消中间"和一个枢纽只设一个主要编组站的原则,根据各编组站所处的位置和所起的作用,调整编组站功能,优化编组站布局,加强和完善西部地区编组站布局。

进一步明确既有编组站的分工和定位。编组站在数量减少的同时,整体布局使其更为合理。同时,在主要干线的节点上重新对路网性编组站进行优化配置,并通过开行直达列车打通部分编组站的限制节点,大幅增加全路范围内无调车辆数的比重。

2003～2006 年全国 49 个编组站运输生产完成情况，如表 4－1 所示。自 2003 年起，虽然货车日均出入总辆数并不是逐年增长，但是无调中转车辆数和无调比重却在逐年增长，无调比重已经从 2003 年的 31.15% 增长到 2006 年的 36.33%，增长了 5.18%。

表 4－1　2003—2006 年全国 49 个编组站部分运输生产指标统计表

年份	货车日均出入总辆数(辆)	其中		
		有调中转车出入辆数(辆)	无调中转车出入辆数(辆)	无调比重(%)
2003	517 984.2	343 550.1	155 408.9	31.15
2004	544 574.3	350 669.9	174 350.0	33.21
2005	526 924.0	338 106.8	181 352.6	34.91
2006	563 832.4	351 883.7	200 777.4	36.33

(二)编组计划质量整体提高

编组站之间点到点直达列车的开行，有效减少了中间作业环节，提高了运输效率。由于做到定时、定点、定编组、定装车及卸车时间，把装车和卸车时间压缩到较低水平，提高了货车使用效率，避免了编组站内列车集中到达产生的压车现象。

1. 组织远程技术直达列车

为加快车辆周转，提高车辆运用效率，全路第六次大面积提速调图的列车编组计划在牵引定数基本统一的基础上，对车流强度达到 3 列的编组去向全部单独组织技术直达列车；并且通过优化技术直达开行方案，合理安排各编组站分工，积极组织主要编组站开行跨多个编组站、运行距离800 km以上的远程技术直达列车，特别是大力组织跨 3 个编组站以上的远程技术直达列车，如：

(1)新丰镇—乌西，新丰镇直接编组到乌西及其以远的远程技术直达列车，途中跨越宝鸡东、迎水桥、武威南编组站，运距2 550 km，如图 4－3 所示。

(2)沈阳西—南京东，沈阳西编组到南京东及其以远的远程技术

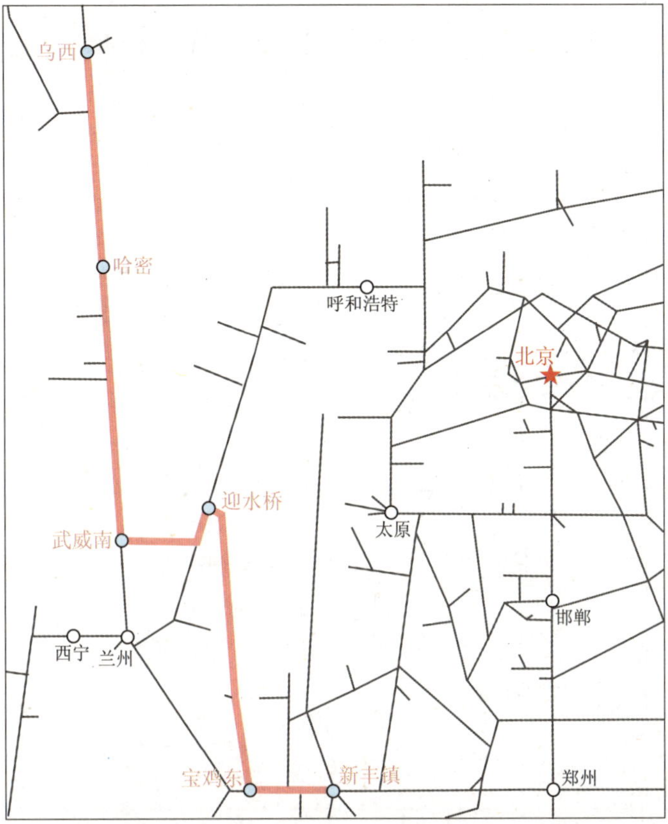

图 4-3 新丰镇—乌西超远程直达列车

直达列车，途中跨越山海关、南仓、济南西、徐州北 4 个编组站，运距 1 734 km，如图 4-4 所示。

2. 提高空车直达比重

编组计划加强主型空车的排空组织，在主要卸车站和卸车地区尽可能组织整列排空。

对排空量大的铁路局，原则上由编组站集结零散空车，分界口整列排空。如上海局向太原、郑州、济南局的排空，实现了编组站整列集结，分界口整列排空。

3. 贯通机车交路

铁路经过提速调图，机车交路距离大幅增加。特别是第六次大面

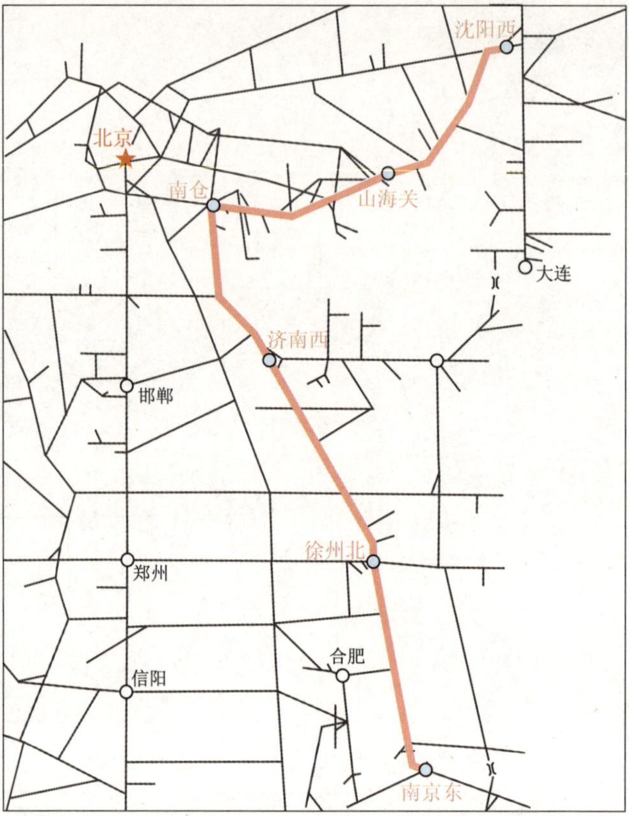

图 4－4　沈阳西—南京东超远程直达列车

积提速调图后，铁路六大干线货运机车交路平均距离达到523 km，较第五次提速的415 km增加108 km，提高 26.0%；全路干线货运机车交路牵引距离达到318.1 km，较第五次提速的237.8 km提高80.3 km，提高 33.8%。

充分利用机车交路延长的作用，制定了哈尔滨南编开济南西（图 4－5），沈阳西编开济南西、南京东、阜阳北（图 4－6），济南西编开沈阳西，南仓编开沈阳西等技术直达列车，贯通沈阳西—南仓机车交路。

安排编开兰州西—郑州北、合肥东，郑州北—兰州西技术直达，贯通兰州西—新丰镇机车交路。

安排侯马北编开徐州北、阜阳北，徐州北、阜阳北编开侯马北技术

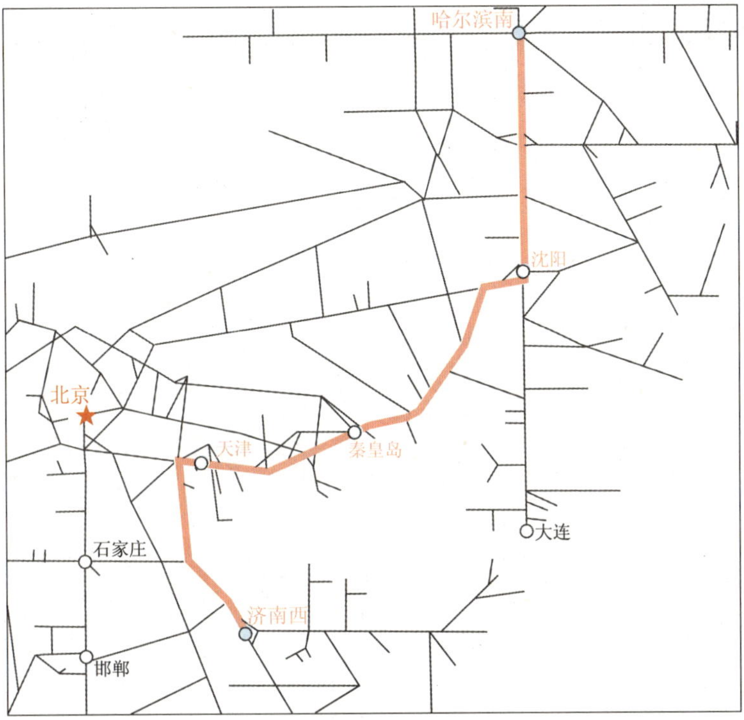

图 4－5 哈尔滨南—济南机车交路贯通示意图

直达,贯通新乡—徐州北、阜阳北机车交路。

安排太原局编开至胶济线东风以远的始发直达,贯通石家庄—东风机车交路。

全路以“机车适应车流,将车流放在第一位,机车起配合作用”的理念为指导,在部分铁路局管内率先推行机车全局通,使机车超越原来固定作业区段,与车流同步,减少直达列车的换挂作业,进而减少车辆在编组站的停留时间,加快车辆周转,提高编组站的作业效率。

4. 打通路网瓶颈节点

通过加强点与线的协调组织,缓解主要节点,如新丰镇、阜阳北、兰州西等编组站能力紧张状况。

新丰镇:组织郑州北编开成都北、兰州西、迎水桥技术直达列车,兰州西编开郑州北、合肥东技术直达列车。缓解新丰镇压力,如图 4－7 所示。

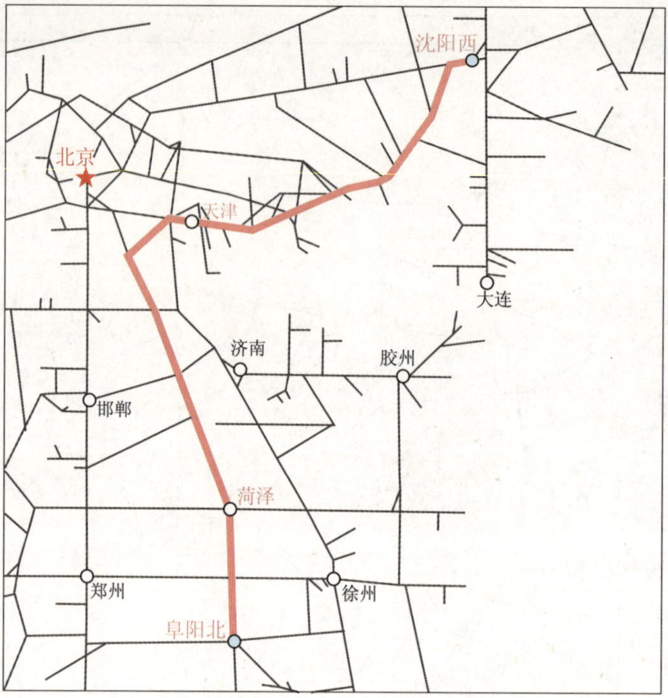

图 4－6　沈阳西—阜阳北机车交路贯通示意图

阜阳北：组织太原、郑州局煤炭直达列车通过阜阳北站。增加郑州北编开芜湖东、丰台西编开向塘西、徐州北编开向塘西的技术直达列车，通过阜阳北站，缓解该站的解编压力，如图 4－8 所示。

兰州西：对宝鸡东、兰州西、武威南、乌西等编组站合理分工，增开新丰镇—乌西、乌西—宝鸡东技术直达列车。

（三）站机一体化管理

为提高调车作业效率，优化调车作业组织，调动调车作业人员的积极性，部分编组站实施了站机一体化管理，对调机乘务人员和车站调车组人员实行调度统一指挥、作业组织、劳动效率、计件工资分配的统一管理和考核。

在昆明东站，实行专用调机一体化管理改革。主要思路是，专用调机配属不变，机车乘务员调入昆明东站，接受昆明东站的领导和指

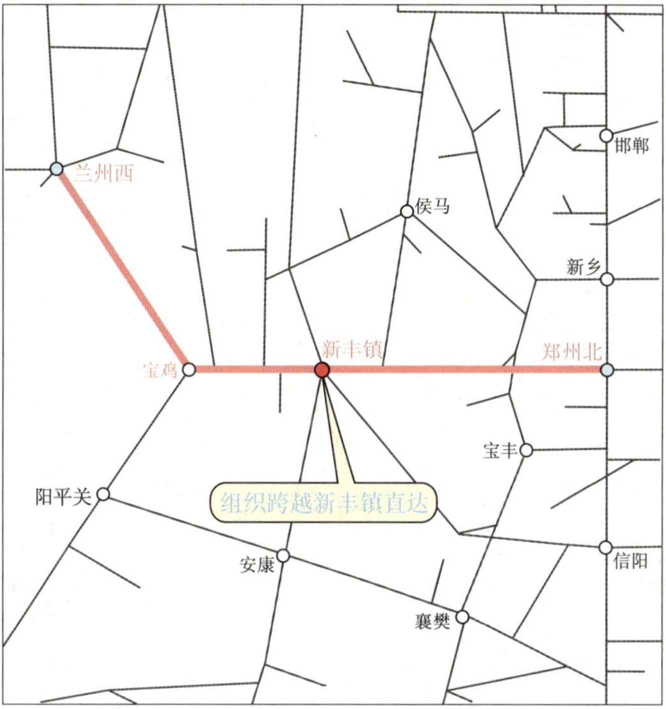

图 4－7　组织跨越新丰镇直达列车示意图

挥，同时，按照专业管理的要求，铁路局专业部门对调车安全负有检查、监督和管理责任。通过制定昆明东站站区挖潜提效奖励办法，对调车作业人员、专调机车乘务人员以及其他直接涉及提高车站作业效率工作的人员实行单列考核。站机一体化改革后，机车乘务员和调车组人员积极性提高，调车作业效率明显提高。

（四）提高信息化管理水平

将信息技术广泛应用于编组站生产经营的各项活动中，提高了劳动生产率和管理水平。

在哈尔滨南站，采用由铁道部信息技术中心开发的编组站管理信息系统 2.0 版，该系统涉及岗位包括车号员、助理调度员、调车区长、车站值班员、站调、总站调、18 点统计、货调、站务分析、商检、列检等，实现了数据的共享与交换，每一步操作均有轨迹可查，保证了数据的准确性，提高了作业效率，完善了管理流程。成都北综合自动化系统已实现管控一

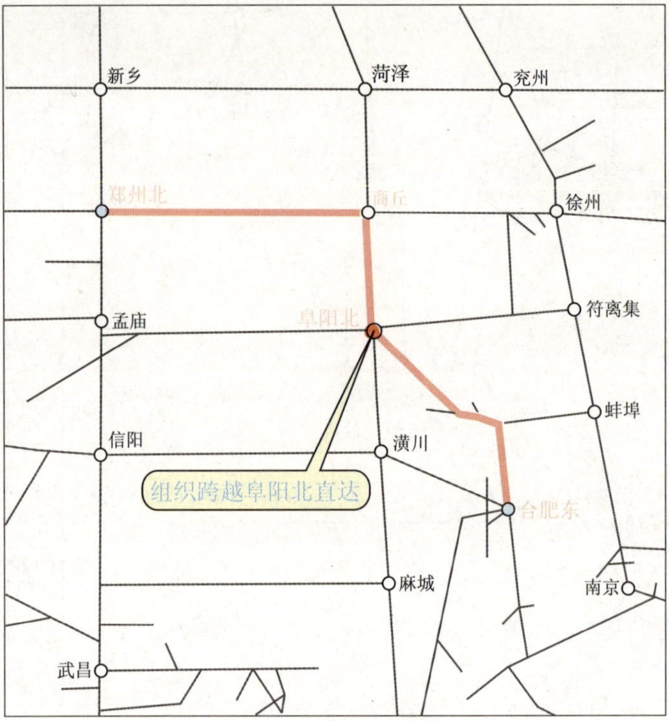

图 4－8　组织跨越阜阳北直达列车示意图

体化,推进了全路既有编组站管理信息系统升级改造工作。

依靠货检安全集中监控系统,提高货运安全的控制能力,实现编组站货检作业安全管理的全程监控。

通过系统整合,实现信息系统整体合力的充分发挥。将车辆部门 5T 系统、货检安全监控系统、调度指挥系统(TDCS)等信息进行有效整合,实现信息共享,建成功能完备的编组站管理信息系统,提高编组站管理水平和作业效率。

四、哈尔滨南站编组站工作优化实践案例

(一)车站概况

1. 车站性质

哈尔滨枢纽位于京哈、滨洲、滨北、滨绥和拉滨五大干线的交汇

点，哈尔滨南站为枢纽主要编组站，也是哈尔滨局唯一路网性编组站，担当哈尔滨枢纽衔接各方向的列车改编作业及枢纽内车流改编作业，承担着全局60%的货车中转任务。

随着生产力布局和运输组织方式的大力度调整，哈尔滨南站先后承担了哈尔滨站办理的滨洲线部分车流；承担了绥化站、南岔站办理的通辽及其以远车流的中转任务，解决了该方向车流分散集结的矛盾；承担了长春北站办理的长春北及其以远车流范围的部分编组任务，车流范围延伸至四平以远。通过技术站分工优化，合理利用哈南站的改编能力，充分发挥路网性编组站设备及地理位置的优势，有效地节省了运输成本，实现了编组站运输能力运用的最大化。

4

2. 主要行车设备

(1) 站场设备

站场布局为双向纵列式三级六场，上下行系统到达场、出发场设备相同，分别具有12条到发线、1条正线。上、下行两个调车场分别有32条和24条调车线，上下行驼峰均采用驼峰自动化系统。

(2) 调车机车

车站现配备9台调车机。

(3)编组站管理信息系统

编组站管理信息系统共设置23处46个作业终端，实现了编组站作业全过程管理信息化。

(二) 编组站运输工作

1. 编组站办理量逐年攀升

哈尔滨南站自建站以来，随着站场的设备更新、扩能改造，车站的办理量逐年攀升。详见表4－2和图4－9。

表4－2　哈尔滨南站日均办理量统计表

年　份	1992	1999	2001	2003	2005	2006	2007
办理车数	5583.7	9860.0	10758.5	12676.9	15656.6	16456.9	17890.1

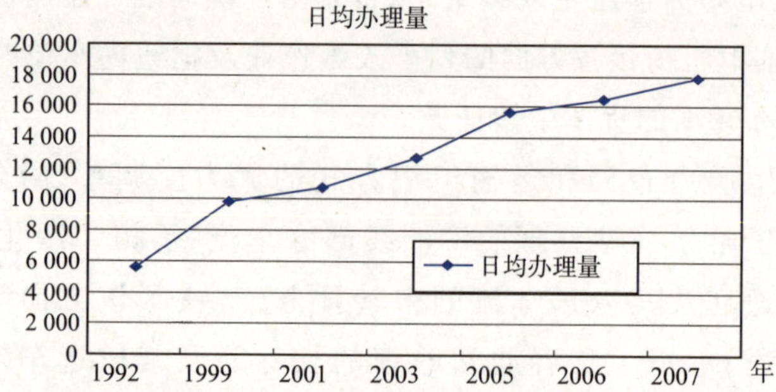

图 4 - 9　哈尔滨南站日均办理量示意图(2007 年 1 ~ 9 月数据)

4

2. 编组站能力利用

哈尔滨南站各场到发能力利用、驼峰利用情况(含折角)、折角车流情况分析见表 4 - 3 ~ 表 4 - 5 和图 4 - 10。

表 4 - 3　哈尔滨南站各场到发能力利用情况表

场　别	二　场	六　场	一　场	五　场
设计能力(列)	144	144	144	120
实际到发(列)	94.0	68.1	96.2	89.2
利　用　率(%)	65.3	47.3	66.8	74.3

表 4 - 4　哈尔滨南站驼峰作业情况表项

项　目	解体列数(列)	解体辆数(辆)	设计能力(辆)	利用率(%)
上行驼峰	95.1	4 798.2	5 184	92.6
下行驼峰	76.6	3 176.2	4 839	65.6

表 4 - 5　哈尔滨南站折角车流情况表项

项　目	上行系统(转往下行)		下行系统(转往上行)		全站日均	
日　均	26.3 列	1 020.3 辆	6.4 列	242.9 辆	32.7 列	1 263.2 辆

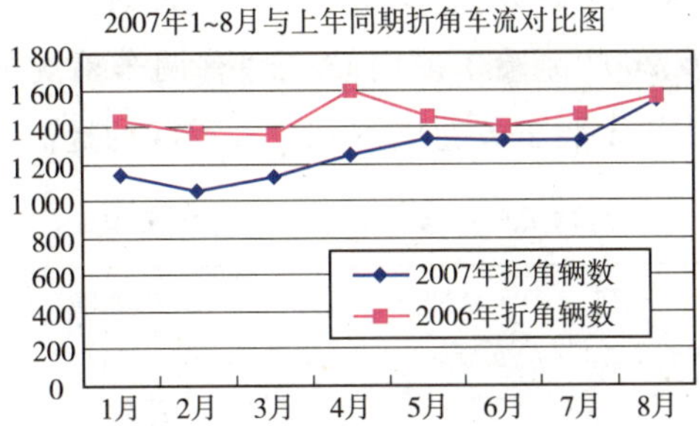

图 4 - 10　哈尔滨南站折角车流变化示意图

4

(三) 存在的主要问题

随着铁路生产力布局和运输组织方式的大力度调整，尤其是对邻近后方编组站实施调整编组计划和开行重载货物列车以来，车站的办理辆数持续增长，使哈尔滨南站上行系统运输压力不断增大，上行系统能力不足和驼峰设备老化在日常的运输组织和安全生产中凸显出来，成为运输畅通的“瓶颈”。

(四) 优化目标和措施

为适应运量增长需求，发挥哈尔滨南路网性编组站的作用，哈尔滨南站进行了扩能施工，新建上行调车场增设第四线束 8 条调车线及 1 条迂回线，改建信号设备及信号楼，上行调车场调车线达到 32 条，解决上行调车场分类线的不足的问题。

哈尔滨南站编组站工作优化措施主要有以下五个方面，即有调作业向主要编组站集中，大力组织开行技术直达列车和远程技术直达列车，优化站内作业天窗，实现车站、调机一体化考核，以及对编组站的三个子系统的作业优化。

1. 大量开行技术直达列车、远程技术直达列车

哈尔滨南站立足于全路，结合运输市场的变化，大力组织技术直达列车的开行，多开编组站间的技术直达列车。哈尔滨南站开行技术直达列车的情况如表 4 - 6 所示。

2. 调整和优化枢纽编组站分工

做大主要编组站、弱化相邻编组站，即调整和优化哈尔滨铁路枢纽

邻近及其后方各编组站的分工，使得有调作业向有较大编组能力的哈尔滨南站集中，2006、2007年哈尔滨南站办理有调车情况如表4－7所示。同时，相邻编组站的无调车数的比重有很大程度的提高。

表4－6　哈尔滨南站技术直达列车开行情况表（日均）

时间	技术直达列车数 $N_{直}$（辆）	列车总数 $N_{总}$（辆）	$N_{直}/N_{总}$（%）	其中山海关以远直达列车数 $N_{远直}$（辆）	$N_{远直}/N_{总}$（%）
2007年1～4月	4581	7509	61.06	791	17.3
2007年5～8月	4833	7165	67.46	564	11.7

表4－7　哈尔滨南站办理有调车数情况

时间	办理车数 N（辆）	有调车数 $N_{有}$（辆）	有调比 $N_{有}/N$（%）
2006年1～8月	16432	14495	83.1
2007年1～8月	16992	15446	92.8
增减数	+560	+952	+9.7

3. 优化编组站站内天窗作业

站内“维修天窗”作业干扰运输、易造成停轮等待影响效率的问题，车站采取协调工务、电务等部门共同研究的方法，根据电务联锁图表，将咽喉区“维修天窗”对应划分为若干个联锁区，按联锁区组织维修作业，使接发列车、调车作业与维修作业在同一咽喉区内平行进行。

4. 车站、调机一体化考核

与机务段协调，调整交接班地点，压缩交接班及停轮吃饭时间。改进调车机辅助生产时间，将调车机每48 h回库整备调整为96 h，使调车机每班生产时间平均增加了67.5 min。对车站调车人员、调机乘务员实行与调车作业量挂钩计件考核机制。

5. 编组站作业子系统优化

（1）“到解子系统”：提高驼峰作业效率

①缩短预推车列停车后推峰走行时间

为提高解体能力，针对推峰间隔时间长限制驼峰效率的问题，对既有设备进行改造，把车列预推停车位距驼峰主体信号机的距离由原来的186 m前移92 m，使预推车列停车后推峰走行时间由1.6 min减至0.7 min。

②优化本务机出入库径路

实行上、下行两个到达场本务机回库分别走桥上、桥下平行径路，本务机出库走下行调车场、下行外包正线平行径路，减少了本务机出入库站内等待时间，加速了机车周转。

(2)"解编子系统"：分类线使用的精细化

①计划超前、优化使用分类线

在驼峰"双推单溜"的作业方式下，采取"半场溜放"的作业方法，通过阶段计划超前组织、分类线优化使用，实现了驼峰正常解体与机车下峰挂车或送禁溜车的平行作业。

②减少堵门车数量

采取把同一线路空重分钩的作业方式调整为空重合钩溜放，减少了解体钩数，降低了堵门车数量，提高了解体效率。

③调整三部位缓行器调速修正量

针对编组线处理"车组天窗"影响编组效率的问题，根据不同季节气候变化情况，与电务部门协商，适时调整三部位缓行器调速修正量，提高编组线车组连挂率。

④减少折角转场车占用分类线的时间

邻近后方编组站调整编组计划后，使哈尔滨南站上行系统折角转场车由原来日均900辆增至1 600辆，导致占用编组线和调车机时间延长、重复解编增多，影响上行系统的作业效率。为解决这一问题，采取上行到达场接入的牡丹江方向整列折角转场车，直接经下行调车场转至下行到达场，改变了在上行系统解体、编组再转至下行到达场的作业方法。

⑤调整"维修天窗"作业时间

"维修天窗"作业时间，避开调车作业紧张时段，尽量安排在调车机"吃、交、整"辅助生产时间内进行，最大限度地减少对运输的干扰。

⑥减少调车场两端作业的相互等待

调车场两端作业相互等待产生分类线使用的浪费，通过调研、论证，制定了“调车线两端同时作业办法”，组织调车场两端同时进行作业。

⑦改进摘挂列车编组作业

调车摘挂列车作业时间长、占用分类线多、对调车场尾部咽喉影响大，采取对集结的摘挂车流向空闲线路优先解入、向已成车列线路后部解入等方法，为调车场尾部平面调车作业编组摘挂列车创造条件。

⑧减少调车机的场间往返及下峰次数

将上行编组场尾部向下行到达场转场的牵引定数，由原来单机牵引4 000 t增至5 000 t，将上行驼峰调车机下峰挂车牵引3 200 t增至4 000 t，减少了调车机场间往返次数及下峰次数，提高了调车机运用率。

(3)“编发子系统”：提高接发车能力

①安排减轴车组直接转线

调车机对减轴车组直接转线、与待解车列合并推峰解体的作业方法，使减轴车组在哈尔滨南站每批作业节省10 min。

②改变出发场发车方式

为减轻哈尔滨南站上行系统能力的不足，对上行到达场接入开往滨洲线的补轴列车，充分利用下行系统能力增加的有利条件，改变在上行出发场发车的方式，由上行到达场直接接入下行系统，补轴后在下行出发场发车，压缩了转场补轴列车的站停时间。

③调整线路使用

兼用电力机车的机车走行线与外包正线，相当于五场增加了一条到发线。五场接发车能力由原来日均接发列车的120列增至132列。

第5章 货运集约化经营

货物运输实现集约化经营、规模化生产，是铁路企业提高效率与效益的重要发展方向。“两整合一建设”战略是铁路加强自身结构调整，适应当今经济发展趋势的具体表现。

铁道部“两整合一建设”就是整合货运量小的货运站、专用线，整合零担货运业务，建设战略装（卸）车点。随着铁路改革实践的深入，“两整合一建设”战略具体内涵也在不断丰富和发展。

加快整合铁路货运量较小的营业站，对年到发运量 10 万 t 以下的铁路货运站、运量较小的专用线货运业务进行整合，提高运输效率。

加快整合铁路零担货物运输业务，进一步优化零担货物运输组织方式，实现铁路零担货物运输升级换代，更好地释放运能，满足市场需求。

加强铁路战略装车点建设，同步建设铁路战略卸车点，促进铁路发展大宗货物直达运输，提高运输组织规模化水平，加快铁路车辆周转，进一步挖潜提效。在战略装车点的建设上，要按照具备隔开设备，不切割正线作业，接轨地段信联闭设备统一贯通，装车能力实现6 000 t系列等要求进行建设；同时，通过制定战略装车点整列配空、直达运输方案，明确运力保障政策，战略装车点货物发送总量提高到全路 45% 以上。

铁道部“两整合一建设”战略的实施，提高了产业集中度，促进了铁路货运的集约化和规模化经营，通过资源的优化组合和运输管理组织方式的系统改进，促进了运输生产力的释放，使运输效率和效益大幅度提高。

第五章
货运集约化经营

集约化经营、规模化生产是世界经济发展的一个共同趋势，集约化和规模化以提高效益为最终目标。我国铁路根据自身的运输生产特点，提出了“两整合一建设”战略，即整合货运量小的货运站，整合零担货运业务，建设战略装车点。它是铁路加强自身结构调整，适应经济发展，在实践中自觉运用集约化、规模化理论发展铁路运输的表现。该战略提高了产业集中度，实现了铁路货运的集约化经营和规模化生产，通过资源的优化组合和运输组织管理方式的系统改进，促进了运输生产力的释放，使运输效率和效益大幅度提高。

“两整合一建设”工作按照“稳定货源、方便客户、建整结合、重在建设”的原则，在规划建设中，结合地理环境、地方经济现状和长远发展条件，因地制宜，立足长远，坚持改、扩建与新建并重，细分阶段层次，统筹考虑，稳步推进。进一步密切铁路与重点企业间的合作，为地方经济发展提供强有力的支持。

第一节　铁路的集约化规模化经营

实现集约化和规模化经营就是要通过集中生产要素，优化生产资源配置等措施，不断提高效率和效益。它是世界经济发展的共同趋势，无论是运输生产力布局调整还是“两整合一建设”战略，都是铁路加强自身结构调整，适应当今经济发展趋势——集约化、规模化发展的表现。

一、铁路的集约化

（一）集约化的内涵

集约化的基本内涵有本义和现代意义两种解释。《辞海》解释其本义为:“集约”是指农业上在同一面积投入较多的生产资料和劳动进行精耕细作,用提高单位面积产量的方法来增加产品总量的经营方式;现代意义“集约化”的内涵,则是从前苏联“引进”的,解释其义为:指在社会经济活动中,在同一经济范围内,通过经营要素质量的提高、要素含量的增加、要素投入的集中以及要素组合方式的调整来增进效益的经营方式。简言之,集约是相对粗放而言,集约化经营是以效益(社会效益和经济效益)为根本对经营诸要素重组,实现最小的成本获得最大的投资回报。

集约化的“集”就是指集中,集合人力、物力、财力、管理等生产要素,进行统一配置,集约化的“约”是指在集中、统一配置生产要素的过程中,以节俭、约束、高效为价值取向,从而达到降低成本、高效管理,进而使企业集中核心力量,获得可持续竞争的优势。

(二)铁路货运集约化的基本思路

铁路货运集约化是指对路网上的货运站、零担业务和部分运输线路的布局进行调整,停办货运量小的车站、专用线的货运业务,把货运作业集中在较大的货运中心站办理。对于运量特别大的站点建立整列直达装卸基地。

铁路实施集约化发展不仅是铁路资源合理配置的必要,同时也是从铁路整体效益和长远效益出发实现资源有效配置的科学途径。

1. 铁路集约化的体制保证

铁路管理体制改革为铁路集约化的发展提供了体制保证。实施集约化发展必须加大政策引导力度,促进路内外各级领导和管理人员思想观念转变,取得社会的广泛理解和政府、企业的大力支持配合。

2. 以业务流程改革为核心

铁路集约化的实施过程其实也是铁路调整其生产布局、优化生产结构的过程。我国铁路生产布局分散,严重地影响了区段运输能力,降低了车辆周转效率;技术设备利用率和劳动生产率低,作业成本高,无法集中投资加强货运设备更新改造,阻碍了铁路的现代化进程和发展。因此,做好生产力布局调整,优化生产结构是铁路集约化的必然选择。

3. 以科技创新为动力

科学技术是第一生产力。依靠科技进步和科学管理手段,优化铁路经营管理，形成覆盖全路的计算机网络，使计算机管理成为经营管理的重要手段，不断提高生产作业效率和安全性，减少作业层次，压缩生产人员，使铁路生产、管理走上正规化、标准化、科学化的轨道。

4. 对外部环境的判断

稳定的大宗货源是实施铁路集约化运输的重要基础。铁道部实施的大客户运输战略，特别是战略装卸车点的建设，为实施集约化运输提供了基础保障。同时，加强对实施铁路集约化外部环境的分析，是解决好实施过程中存在问题的重要前提，重点要做到两个结合，一是货主利益与铁路利益相结合，二是地方政府利益与铁路利益相结合，以此实现多方共同发展的目标。

二、铁路的规模化

从经济学角度，规模经济是指企业经济规模的扩大（总量的扩大或要素的局部集中）导致产品成本下降的现象。规模化则是指为实现规模经济而扩大经济总量或集中生产要素的这一过程。

针对铁路规模经济的研究早在 20 世纪 60 年代即已开始，诺贝尔奖获得者福格尔对美国规模经济特性进行了分析，通过建立社会节约量的数学模型，得出“铁路对于美国经济在 19 世纪的增长并非绝对必要”的论断。针对福格尔理论的局限，通过把较为粗糙的绝对数量指标修正为相对数量指标，对铁路规模经济问题进行了重新认识，铁路具有一定的路网规模经济特性。

铁路的规模经济是指随着网络上运输总产出的扩大，平均运输成本不断下降的现象。铁路的规模经济首先是比较多的体现在运输密度经济特别是线路通过密度经济方面。例如，线路通过能力不断加大，效率也越来越高，平均成本则不断下降。

运输组织形成了不同的运输结构，关键在于是否或如何实现足够的列车实载率。由于沿途摘挂或有调中转货物列车的结构形式，会造成在运送时间等效率方面的一定损失，因此铁路应尽可能组织直达运输。

在我国铁路运输能力全面紧张，铁路还需承担部分政府指派任务的状况下，铁路欲改善服务，满足客货需求，途径之一就是利用其规模经济特性，扩大线网经营规模，改进机车交路，提高直达列车比重，优化跨局直达运输组织等。

三、集约化和规模化的特性

集约化和规模化具有以下三个主要特性:

1. 生产要素相对集中和局部生产要素集约化、规模化。

2. 重视内涵扩大再生产。集约化、规模化并不是放弃“外延式扩大再生产”,它不追求粗放式增长模式,而是更加强化内涵。

3. 追求效益效率。集约化、规模化以提高效益为最终目标,在这个过程中采取的集中生产要素、优化生产资源组合等措施,都是为了实现这个目标。

铁路集约化和规模化特性突出图 5－1 为铁路大型编组站车场图和集装箱堆场图。

“两整合一建设”战略就是要改变生产要素过于分散、生产规模偏小的局面,实现资源的优化组合,进一步释放铁路的运输能力,提高运输效率。

“两整合一建设”战略不是主要通过购买新设备、兴建新设施、投入新运力的外延方式来扩大生产规模,而是通过生产要素的适度集中、运输管理组织方式的系统改进和资源的优化组合来增强运输生产能力,实现内涵式扩大再生产。

大型编组站车场

集装箱堆场

图 5－1

第二节 “两整合一建设”战略

全路运输生产力布局调整有力促进了“两整合一建设”战略。该战略是对铁路资源的优化组合以及运输管理组织方式的系统改进，具体包括整合小的货运站、专用线，整合零担业务和建设战略装、卸车点。其具体内涵是随着铁路改革实践的深入不断丰富和发展的。

一、战略提出背景

规模化生产、集约化经营是世界经济发展的一个共同趋势，不论是工业生产还是商业经营，只有做大做强，才能利用更低的成本、更高的效率，取得更好的效益。

铁路是公共交通基础设施，是大众化的交通工具，有其自身的运输生产组织特点，也应不断改革，在运输结构调整上取得新突破，实现集约化经营和规模化生产，扩大市场份额。铁路货运集约化和规模化是运输资源优化配置和运输组织方法改革的重要措施和有效途径之一，有利于铁路挖潜扩能提效、提高货运服务质量和市场竞争力。

(一)货运站整合的背景

1. 国内外铁路货运站布局状况

美国早在20世纪70年代开始，就关闭了8 000多个货运站，并关闭了年均运量在9 000 t以下的专用线。法国铁路到1980年就将4 549个客货运站减少到2930个。原联邦德国在1950~1970年的20年间，在将6 000多个零担货物的办理站减到400多个的同时，关闭了3 600多个日均装车小于2车的货运站，减幅50%。前苏联铁路在20世纪中后期共关闭约4 500多个车站，把全路的货运作业集中到2 800个货运站，在700个货运站重点装备高效率的机械化装卸设备。日本国铁将原有3 515个车站逐步合并减少，目前日本铁路货运公司在全国有323个货运站，其中140个为集装箱货站。

2006年我国铁路共有货运站3 283个，规模偏小，布局分散，效率不高。平均站间距不到11 km，京广、京山(沈山)、京沪(京津、津浦、沪宁)、陇海、浙赣等主要干线的平均站间距只有8~9 km，其中个别线路的部分区段平均站间距仅有4~5 km。铁路货运营业站分布过密，增加了摘挂列车对数和摘挂列车在中间站的停站次数和时间，影响了铁路运输能力的发挥，降低了运输效率，不利于行车安全。而且，大部分中间站货运设备简陋，运量分散，设备利用率低，难以集中使用。

全路年发到量5万t以下的货运站约1000个，按照平均60t静载重计算，日均装卸车仅2.2车。2006年占货运营业站总数30%的车站，发到量仅占全路的1%，这对干线通过能力、机力、车辆、土地、人工成本等运力资源的占用带来了很大的负担，也降低了运输效率。因此，应结合区域经济发展和交通建设的实际情况，以提高运输效率和效益为目标，加快货运站整合，优化运输组织，妥善处理好铁路和各地经济发展的关系。

2. 铁路货运站整合的意义

整合货运量较小的车站，通过对路网上车站或部分线路的布局进行调整，将分散在各个运量较小车站的货运业务集中到规模较大、设备较完善的车站办理，增大办理车站间平均距离，通过停办和限办小运量车站的货运业务，封闭运量小且能力虚糜的专用线，实现货运站的集中化和专业化分工。有利于集中货源和优化运输组织方案，提高货物送达速度和运输服务水平，有利于提高货运设备的使用效率和线路的运输能力，充分发挥铁路中长途运输优势，增加经济效益。

对铁路货物运量较小车站进行业务整合，能发挥铁路局直管站段体制的优势，挖掘运输潜力、提高运输效率，创新货物运输组织方式，实现货运的集约化经营和规模化生产。

整合不仅是铁路自身发展的需要，同时也是社会发展的必然要求。通过增强运输能力，优化运力资源，可以集中运力保证国家经济建设物资的运输。通过扩大集约规模，增加货物运量，在铁路运输整体效益提升的同时，有力地促进地方经济建设，更好地为国民经济发展服务。

（二）零担货运业务整合的背景

本世纪初以来，铁路零担货物运量逐年萎缩。2005年零担货物发送量为442万t，比2003年减少176万t，下降28%，比1993年减少2962万t，下降87%，仅占总货运量的0.19%。铁路零担办理站共有

669 个，均办理普零业务，其中办理笨零的车站 95 个，办理危零的车站 4 个，办理军运的车站 95 个，办理 1 t 集装箱的车站 353 个。日均装车不足 1 车的车站 543 个，日均装车不足 2 车的车站 594 个。

全路直接从事零担运输组织的货运人员 10 901 人（2005 年年底 12 172人），占货运人员的 17.4%；装卸路工 10 526 人（2005 年年底 25 439 人），占全路装卸路工的 23.0%；投入的装卸机械叉车 2 718 台，门吊 367 台；占用仓库 6 281 座，总使用面积 1 268 492 m^2，所占固定资产 55 995 万元。

零担货物运输占用了大量货运资源且利用率低下，运输时限长、效率低，严重浪费运能，安全事故多，货运理赔增加，2005 年零担货物运输保价理赔 1 516 万元，占货运总保价理赔的 11%，服务质量难以保证。因此，整合零担货物运输势在必行。

5

通过零担货物运输业务整合，进一步优化零担货物运输组织方式，使零担货物运输更加方便、快捷，实现零担货物运输升级换代，更好地释放运能，满足市场需求。

（三）战略装车点建设的背景

1. 建设战略装（卸）车点的必要性和可行性

我国目前货运站数量多，布局分散，规模小，装卸车效率低。2006 年，全路装、卸车时间约占车辆全部周转时间的 1/4。有些装车点技术设备相对落后，装、卸车时间长，影响了运输能力发挥，有必要向规模化和集约化方向发展。

加快战略装、卸车点的建设，提高装、卸车效率，有利于促进铁路发展大宗货物直达运输，提高运输组织规模化水平，是全路加快车辆周转、进一步挖潜提效的重要措施。

同时，我国铁路货源的结构是大宗货物的比重高，这为战略装（卸）车点的建设提供了良好的条件。2005 年全国铁路五大支柱货物品类分别是：煤炭（12.9 亿 t、占货运量 48.1%）、金属矿石（2.4 亿 t、占 9.0%）、钢铁（1.78 亿 t、占 6.6%）、石油（1.53 亿 t、占 5.7%）、粮食（1.18 亿 t、占 4.4%），如图 5－2 所示。五大品类运量占全路货运量的比重高达74%。以煤炭运输为例,按照2005年上半年的统计,全路共有煤炭办理站1 140个,其中日装煤炭5车以下的有524个,占煤炭办理站46%;日装50车以下的共926个,占煤炭办理站高达81.2%;日装50车以上煤炭办理站仅为214个。如果将5车以下的车站全部合并起来,就能减少500多个煤炭装车站。这无论对运输效率还是成本效益,必然会得到一个大幅度的提升。通过战略装(卸)车点的建设,压缩装卸车时间,提高铁路运输生产作业效率。

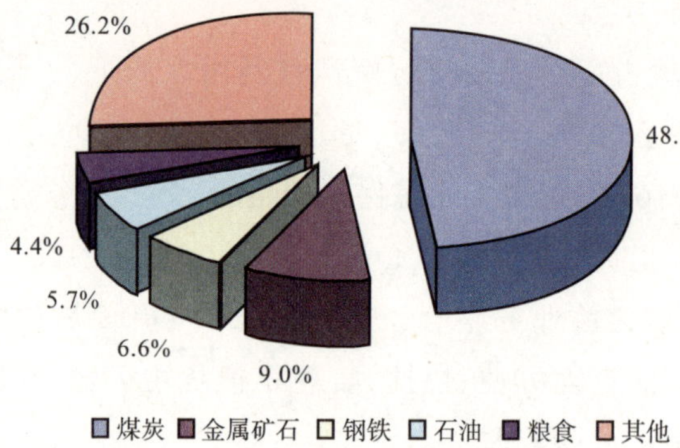

图5－2　2005年铁路货运量结构

2. 建设目的和意义

战略装车点的建设能有效提升我国货运组织水平。通过战略装车点,将同一区域内的发货人集中、货源集中、装车地集中、同一到站和去向集中,使铁路运力资源得到优化组合和运用,运输生产效率大幅提高。战略装车点实施规模化生产,集约化经营,精细化管理,能够促进铁路货运生产由单车、小批量运输向整列、大批量装载运输转变,从而推动我国铁路货运向重载化、直达化、快速化方向发展。

战略装车点的建设能进一步释放铁路运输生产力,更好地服务国民经济发展。建设战略装车点,有利于解决目前装车点布局不合理、规模偏小、运输能力不能得到有效释放等问题;有利于整合运力资源,充分挖掘运输生产潜力,提高运输组织效率;有利于发挥铁路在规模、速度和效率等方面的技术经济优势,适应铁路货运长远发展需要;有利于密切铁路与国家重点行业和企业间的合作，提高铁路保障重点运输的能力；有利于提高产业集中度，进一步释放运输生产力，为我国国民经济协调健康发展提供更强有力的运输支持。建设战略装车点是铁路立足现实、放眼未来、高瞻远瞩的战略性发展规划，对今后铁路货运生产力布局和运输组织方式将产生深远影响。

二、战略的原则、目标和内容

“两整合一建设”战略是我国铁路为了满足货运集约化、规模化生产需要，在货物运输中不断挖潜提效，进行内涵扩大再生产的创新实践，其内涵随着实践探索不断丰富和完善。

“两整合一建设”战略应与集约化经营的总体要求相结合，整合货运量小的货运站、专用线，整合零担业务与战略装(卸)车点的建设相结合，统筹规划，实现规模经济，提高运输效益。

(一) 整合货运量较小的车站

整合货运量较小的车站，就是考虑到各个车站运量、所在线路和经济环境等不同情况，调整货运营业办理限制，分别采取停办货运业务、只办专用线业务、保留办理业务等方式，通过运力倾斜，将运量转移集中到相邻较大车站办理。

1. 整合的原则和目标

由于我国区域经济发展的不平衡，货运量较小车站的整合本着“结合实际，增加运能，合理规划，协作地方，精心组织，稳步推进”的原则进行。

货运站整合的目标是：2007 年组织实施对发到货运量小于 10 万 t 车站整合，逐步实现货运办理站年发到运量 20 万 t 以上的规模。

2. 整合的方案和措施

(1) 货运站整合方案

①货运站整合方案比选

根据不同地区不同车站的实际情况，做好货运站整合方案比选。核实货源，确定货物装卸集中车站，不流失既有运量，不放弃潜在运量。着力整合对行车干扰大、运量便于集中的车站，提高运输效率。调整与优化枢纽地区货运站的布局，枢纽内货运站作业要按方向、货物种类进行分工，逐步建立集中办理、在指定车站装车的制度。结合信息系统建设，对不具备联网条件的要优先考虑停办。注意在确定拟停办货运营业站时，防止重发送轻到达的情况。充分发挥路局直管站段体制优势，创新运力整合后的运输组织方式，加强货运组织管理，强化管理制度。

②优化运力资源配置

根据整合后运量集中的情况，调整运力安排，满足货物集中后的运输需要。停办货运业务后的运量应能转移到附近具备条件的货运车站；通过与拟停办货运站的主要客户协商，做好货运组织和货运服务工作，在计划、装车上给予倾斜；相应调整货运人员，提高服务质量，在货位安排、货物保管、到货通知等方面提供便利，保证货物运输安全；加强货运设施的建设和装卸作业的管理，保证货物及时装卸，加快车辆周转。

(2)货运站整合配套措施

①与地方政府的协调。铁路发展与地方经济的发展息息相关。整合方案注意与地方经济发展相结合，与地方经济发展规划相衔接。要积极与地方政府沟通，向地方政府介绍实施整合的目的和意义，说明整合后的运力调整措施和对当地经济发展的积极意义，广泛听取和重视地方政府的意见，做好协调工作，取得地方政府对铁路货运整合的支持。

②慎重整合专用线。对铁路货运量较小车站内的专用线，通过计划、配车和服务的倾斜，吸引其到相邻有能力的车站办理，促使其关闭。严格审查专用线的协议，严格专用线办理货物品类，并按规定品类办理货物发到。对专用线有一定运量，但站内运量很小的车站，可以仅办理专用线货运业务。要做好专用线产权单位的工作，严格专用线管理，促进专用线运量转移，不强行关闭专用线。对于有专用线的车站，应提出专用线的处理意见。

③加强与驻局军代处的沟通和协调。对有军运货物到发和有军

事专用线车站的整合，听取军代处的意见，区别不同情况，按照需要采取多种形式：保留货运业务；常年不发货，可停办货运业务，必要时按区间作业办理；有军事专用线的车站，可只办专用线业务；已经停办货运业务的车站有军运需要时，可临时办理军事运输货物发到。

3. 专用线整合的基本思路

专用线整合应按照内涵扩大再生产和精益生产的要求，结合专用线作业性质和能力进行。

(1)减少专用线数量。对年运量不足或不符合危险货物办理要求的专用线，采取"关、停、并、转"的方式，严禁危险货物与普通货物办理共用，逐步减少专用线数量。与地方政府和企业的协调，确保整合工作平稳进行。

(2)推进专业化分工。对各条专用线办理量及品类进行细分统计，并与相关专用线产权单位协商沟通，开展专用线专业化装车点、卸车点的建设。协同地方政府，对在车站具有同一接轨点并使用同一调车机进行取送车作业的专用线进行资源重组，按照专业化、品类化、集约化、货场化的原则对线路及货位分工进行调整，使其满足成组、成列装车条件。同时在专用线实行分方向装车，减少调机运行里程，为加快编组站解编创造条件。

(3)加快车辆周转。协同地方政府，对专用线装卸车效率进行联合考核，压缩车辆在专用线、专用铁路内停留时间，杜绝以车代库现象，引导企业更新改造落后的装卸作业设施，改进装卸作业办法，优化专用线运输组织，提高专用线作业效率。对装卸作业效率高、停时指标较好的企业在装车计划及兑现率上给予优先保证，对较差的企业，适当控制直至取消装车计划。

(4)建立专用线信用等级制度。根据日常检查及各专用线日常管理及安全运输情况，对发生超载、匿报品名、停时超标、制度不健全、违反专用线安全管理有关问题进行实时记录，建立各专用线的信用档案，并按年度进行考评。对考评结果优良的，授予"标准化管理专用线"称号，并在装车、专用线共用等方面进行优先；对考评结果一般，在装车、共用等方面进行限制;对考评结果不合格的,暂停装卸车作业进行整顿。

(5)控制专用线新建和改扩建审批。对新建、改扩建专用线,按有关规定严格控制,接轨方案要有利于优化运输组织,要从运量、线路有效长、装卸设备能力等方面重点把关,尽可能使专用线的线路设施和装卸设备与成组、成列装卸车条件相匹配。

(二)整合零担货物运输业务

1. 整合零担货物运输的原则和思路

整合零担货物运输业务本着"方便客户,稳定货源,统筹协调,精心组织,先立后破,破立结合,区别对待,稳步推进"的原则进行。在零担货物运输业务整合的过程中,引入现代物流理念,进一步优化零担办理站布局,改革零担货物运输内部作业组织;既要确保国家重点物资运输,又要兼顾欠发达地区的零散货源;同时应与全程物流相结合,使零担货物运输更加方便和快捷,适应社会需要。

整合零担货物运输业务的基本思路:

(1)对全路669个零担办理站进行整合,调整与优化零担办理站布局,使既有零担货源向较大零担办理站集结。

(2)停办零担货物中转业务,取消危零运输,笨零以整车方式运输,普零逐步以整车(拼车)、集装箱(拼箱)、行包运输和一站直达整零方式替代现有的零担运输组织方式。承运前、交付后以物流方式运作。

2. 整合方案和措施

(1)调整与优化零担办理站布局。仅保留基本具备拼车、拼箱、行包运输和一站直达整零组织条件的零担办理站。

(2)优化零担货物运输组织方式。零担中转业务停止办理后,笨零货物以整车方式运输,以拼车、拼箱、行包运输和一站直达整零组织方式替代既有传统的零担货物运输组织方式,做好在途零担货物的运输和交付工作。承运前、交付后应采取多种营销方式和灵活多样的物流运作,扩大营业站零散货物运输服务的辐射范围,积极推行零散货物上门接取和送达门到门服务,重点抓好发、到站与物流公司之间的衔接工作，确保零散货物安全、快捷、准确无误地送达收货人。办理一站直达整零业务应向社会公告去向、装车日期，实现当日受理，当日承运，当日装车，当日挂运。

(3)充分利用既有设施设备。结合战略装车点的建设和货运站的布局优化，合理规划，充分利用零担货物运输的设施设备，有条件的建设物流中心。

(4)加强宣传和引导工作。各营业站重新向社会公告零担货物的服务内容和服务方式，加强与地方政府的沟通与协调，征得地方政府的理解和支持；充分考虑货主的实际需求，向货主做好宣传和引导工作。整合工作要兼顾欠发达地区的零散货源，确保国家重点物资和“三农”物资运输。

(三) 建设战略装、卸车点

1. 建设战略装车点

铁路战略装车点是在全路货物发送和生产效率具有重要影响和重大意义的装车点，通过采取智能化的装载系统，大容量的仓储能力，高效规模化的作业方法，实现集中存储，整列配车、整列装车、整列始发。

战略装车点是新时期铁路现代化的装车作业场所。一站可建有多个战略装车点，一个装车点可建多条整列装车线，每一战略装车点至少具备一条整列装车线，装车线可以是专用线、专用铁路，或车站货场装车线。战略装车点能够进行高效作业，快速装车，以煤、石油、焦炭、矿石、钢铁等大宗物资为主，具有较好的货源基础和较强的货源吸引能力。大宗货物战略装车点如图5－3所示。

太原局煤炭战略装车点　　沈阳局石油战略装车点　　沈阳局粮食战略装车点

图5－3　大宗货物战略装车点

(1)建设的原则

①以货源基础和客户需求为前提。铁路规模化装车组织应与企业现代生产模式相适应,提高铁路运输服务能力和水平,有效降低客户储运成本,满足企业运输需求。

②与路网建设规划和地方经济发展相适应。装车点既要满足当前运输需要,更要与路网长远规划能力和有关技术标准相适应,与当地重点企业和行业发展规划相适应。

③按区域实际情况统筹规划战略装车点。战略装车点的改扩建与新建并重,在充分利用现有条件和设备设施,改扩建一批装车点的同时,按高标准新建一批现代化的装车点。

④与“货运站整合”和“大客户战略”的实施统筹考虑。通过战略装车点将被整合车站的部分大宗货源吸引过来,实现整合与建设相结合。对装车地和去向比较集中的大客户装车点,优先规划和建设战略装车点。

⑤按货物品类确定建设标准。对不同品类的货物装车点,确定不同的建设标准和达到的效率水平。

(2)建设流程和内容

战略装车点建设要紧紧围绕线场硬件建设和运输组织创新两方面进行。按“调研选点、技术论证、落实投资、组织施工、验收开通、强化运输组织管理”的步骤开展。先易后难,逐步建设,硬件建设与运输组织创新交叉同时进行,保证战略装车点能力得到充分利用,促进运输组织方式不断转变,带动整体运输组织水平的提升。

①科学选点与布局

战略装车点的选定以稳定的货源条件为基础,采取不同的措施,其操作原则如表 5－1 所示。

表 5-1　战略装车点选点与布局原则

情形	货运品类或对象	运量规模	战略装车点
1	大宗物资	日均1列以上	全部纳入全路战略装车点
2	单一品类	年运量150万t以上的装车点	
3	单一品类	近期不大、但具有增长潜力	纳入规划,后期建设
4	单一品类	目前货源量虽较大,但处于萎缩状态	暂不考虑
5	单一品类	对货源充足、去向集中的点	将与之相连的专用铁路和专用线进行规划、改扩建
6	品类不一、货源相对分散	总运量较大的点	由车站货场改建而成
7	同一区段内多站发送同一品类货物	本区段选一吸引力较强的点	规划并建成;关闭相邻站同一品类货物的货运业务

满洲里、绥芬河、二连、阿拉山口四大铁路口岸站和大宗物资发送量较大的港口站,应规划为全路战略装车点。发挥战略合作优势,与大客户共同制定好大客户战略装车点规划,鼓励大客户将大的作业点全部建成战略装车点。同一区域内的战略装车点,布局规划应与出入本区域相关线路的通道能力相匹配,避免过于集中分布,超线路能力规划。

②场站的高标准建设

线路布局:地理条件允许的,煤炭装车点尽可能建设环形装车线;其他装车点尽可能建设贯通式装车线。地理条件确有困难的,装车线必须能够整列取送车和装车,保证整列装车时间有大幅压缩。装车线有效长达到能存放整列车的条件,与装车点所连车站到发线和所在线路牵引定数以及列车换长等技术标准相匹配。

仓储堆场:战略装车点日均一次动态仓储或堆存能力必须大于整列车装载量。

装载机械:根据货物品类选择不同类型的装载设备,但必须保证快速、安全装车。煤炭(焦炭)装车点尽可能采用筒仓(发送塔)或装载机（铲车）装车；石油装车点使用鹤管装车，一车一管；金属矿石及磷矿石装车点，结合实际，配备现代化的装载机械；其他品类货物，根据各自特点应采用高效率的装卸机械。装车线应同时配备自动计量和超偏载检测设备。

通信信号等：装车点行车信号纳入车站联锁，保证能够进行整列到发作业。装车点应设立相关信息系统输出端口，实现电子票据传输；同时配备必要的通信系统，保证信息畅通；加强检车作业，保证车辆处于良好状态和行车安全。

③运输与管理模式创新

计划方案：铁路局根据战略装车点年度运量和货源去向情况，统一战略装车点发货人名称，制定一站直达和同方向整列直达运输方案，特别重视大宗物资整列重车循环运输方案的制定。编制月度运输计划时，按直达运输方案，制定战略装车点计划，并按先直达后一般的原则编制旬方案、日历装车计划。对战略装车点在运力配置上给予倾斜，特别是运能紧张地区，在计划安排上要重点保证，提高战略装车点对周围货源的吸引能力。

日常组织：对战略装车点按照"单批计划、旬定方案、日历安排、整列装运"的原则进行货运组织。日常调度运输组织中，争取做到整列配空、整列装车，直达运输。尽可能组织同一到站的整列装车；尽可能组织同一去向的整列装车，避免整列货源分割为零散车组。

取送发运：取送车和装车过程中，在条件允许的情况下，打破传统组织方法组织本务机车牵引，装车点重车直接始发。若本务机作业确有困难的，应协调好机力调配与衔接，避免等机、等线，延误发车时间。

管理模式：装车点若是单一发货人，将发货人纳入铁路大客户进行管理。确定年运量和直达运量，铁路局与发货人签订运输互保协议，确定货源组织和装车效率等考核指标。装车点若有多家发货人，组织成立统一的协调与管理机构，协调不同发货人组织同一到站或同一方向的整列装车，或保证单一发货人组织整列直达装车，避免人为分割装车线和货位。

④建立多渠道融资机制

战略装车点建设需要投入大量资金，铁路局应根据有关规定制定装车点建设投融资办法和收益分配办法。按照“谁投资谁受益”的原则，积极吸引国有、民营企业及铁路多经企业投资建设战略装车点。加强与铁路大客户协调沟通，鼓励大客户企业积极投资建设本企业装车点。对专用线和专用铁路，组织产权单位和使用单位投资进行改扩建。

2. 同步建设战略卸车点

战略卸车点是战略装车点的对应配套工程，可保证及时卸车排空和装车。为适应集中装卸车和整列到发的需要，铁路局应加强卸车设备设施、劳力组织、能力安排、应急预案等工作的组织，完善战略卸车点的建设。在建设过程中，借鉴部分铁路局经验。济南局为扩大港口、钢厂和电厂的接卸能力，先后建成青岛港前湾公司、连云港中云港区、济南钢铁集团等战略卸车点。上海局配合专用线企业进行扩能改造，扩大专用线的接卸能力，稳步推进战略卸车点的建设。西安局重点进行专用线战略卸车点的建设，对管内卸车大站和卸车量在100 万 t 以上的专用线，联合企业，形成战略装卸一体化作业的新布局。

三、战略实施效果

铁路货运结合生产力布局调整和先进技术的大量采用，整合货运量较小的货运站、专用线，整合零担货运业务，重点建设战略装(卸)车点，推进运输集约化经营，取得了显著成效。参见表 5－2。

表 5－2　2006 年国铁全路货物完成情况

	发送量	换算周转量	日均装车	日均卸空车	运输收入	货车周转时间
实　绩	24.44 亿 t	26 675 亿 t · km	109 537 车	112 745 车	2 364 亿元	4.87 天
同比增加	1.35 亿 t	1 496 亿 t · km	4 718 车	4 946 车	318 亿元	－0.05 天
增　长	5.9%	5.9%	4.5%	4.6%	15.6%	－1.0%

(一)整合货运量较小的货运站

2005 年撤并铁路分局后,全路对小货运站和零担业务大力实施了整合,到 2006 年年底共停办货运营业站 1 008 个,其中年发到运量 5 万 t 以下的 932 个车站货运业务基本停办。

2006 年年底,年到发量在 5 ~ 10 万 t 的小货运站仍有 243 个,专用线、专用铁路多达 11 863 条,这些作业点运量小、分布散,运输效率低下,安全隐患突出。

2007 年,各铁路局结合自身情况,对年运量不足 10 万 t 的货运办理站,采取调查、规划、分步实施、有序推进的办法,确保在 2007 年年底整合完毕,逐步实现货运办理站年发到运量 20 万 t 以上,将专用线整合到9 000条左右。

通过整合运量较小的货运站,提高了运输效率,缓解了运能与运输需求的矛盾。

1. 提高线路通过能力,增加货物发送量,减少摘挂列车停留时间,提高旅行速度,加速车辆周转等。

以陇海线的商丘—连云港段实施货运站整合为例,货物输送能力增加 675 万 t,摘挂列车平均停站次数和时间都降低了 50% ,摘挂列车旅行速度从13. 9 km/h 提高到 21. 8 km/h。

2. 提高了资金使用效率。将有限资金用于战略装车点建设,避免了盲目、低效投资,提高了资金使用效率,减少了大范围撒网造成的资金浪费。以陇海线商连段为例,实施货运集中化增加了铁路运输企业经济效益 345 万元。

3. 改善运输组织和技术设备运用,提高运输质量。绝大多数中间站没有牵出线和调车机车,只能利用正线和本务机车进行调车作业。干扰正线行车,不利于行车安全。改善区段运输组织和技术设备运用有利于提高铁路运输工作质量,有利于实行货运集约化。

(二)整合零担货物运输业务

1. 零担办理站布局进一步优化

通过整合,全路零担货物运输办理站大量减少,由 2005 年年底的

669个减少到2006年年底的129个,减少540个,如表5-3所示。减幅达80.7%,形成了零担货源向较大办理站集结的趋势。

表5-3 零担办理站整合情况汇总表

局别 \ 站数	2005年年底	2006年6月底	2006年年底
哈尔滨	101	11	9
沈阳	82	27	8
北京	70	26	12
太原	28	13	3
呼和浩特	24	7	7
郑州	22	17	6
武汉	22	12	2
西安	34	18	3
济南	44	25	9
上海	45	33	25
南昌	38	21	8
广州	32	11	7
南宁	25	24	6
成都	49	47	17
昆明	7	7	1
兰州	25	18	5
乌鲁木齐	17	16	1
青藏	4	3	0
合计	669	336	129

2. 零担货物运量增加

通过零担货物运输整合,2006年零担货物运量达到522万t,比2005年的442万t增加80万t,其中:拼车31 782车,165.8万t;一站直达整零6 110车,24.0万t;拼箱7 163TEU,14.4万t。中铁快运公司利用行李车、行邮专列、行包专列和公路运输共承揽零担货源8.4万t。以上说明通过零担货物运输整合工作,零担货物运量不但

5

没有减少,还吸引了一部分公路货源。随着零担货物运输拼车、拼箱、一站直达整零的开展,设施设备也得到了充分利用。

3. 提高了运输服务质量

由于承运前、交付后采取了物流方式运作,集零为整,采取拼车、拼箱、行包快运和一站直达整零运输,从而减少了承运、交付和中转作业环节,同时也减少了货运事故和理赔,确保了货主每批零担货物能方便、安全、快捷地送到收货人手中。

4. 培育了零担货物运输市场

由于铁路全程运输的价格贴近市场,运输效率和质量得到提高,加之铁路运输安全的有利条件,铁路零担货物运输方式改革得到了货主拥护和支持。

5. 优化与整合了劳动组织

通过整合,全路零担货物运输在岗的货运人员 6 749 人,比整合前减少 5 423 人,减少 44.6%;装卸路工 7 204 人,比整合前减少 18 235 人,减少 71.7%。调整了部分货运从业人员,充实到整车、货检、专用线等岗位上,使货运管理和安全基础得到加强。

(三)建设战略装(卸)车点

战略装车点建设是进行规模化生产和集约化经营的基础。通过加强与大型企业的沟通,使其充分认识到建设战略装车点对企业发展的重大意义;加大对各战略装车点运能的倾斜,确保空车来源,做好流线衔接;增加全路战略装车点数量,使其基本覆盖我国主要煤矿、钢厂、油田、炼油厂、港口及铁路口岸,惠及全部铁路大客户。

2006 年年底,全路建成战略装车点 240 个;2007 年上半年达到 270 个,到 2007 年年底建成 350 个战略装车点,货物发送量达到 12 亿 t 左右,占全路货物发送总量的 45% 左右;2008 年,全路战略装车点规划数量发展到 400 个,如图 5-4 所示。其中按货物品类建立的战略装车点情况见图 5-5。

配合战略装车点的建设,完善与推进战略卸车点的建设。2007 年年底,在全路主要港口、电厂、钢厂、物流中心建成 450 个战略卸车点,占全路货物到达总量的 50% 左右。

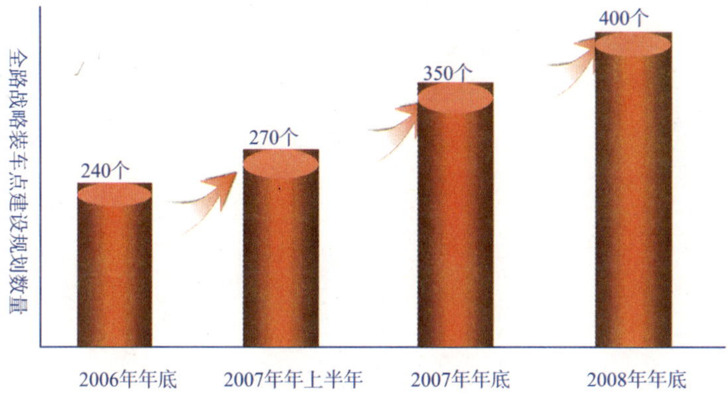

图 5 - 4　战略装车点的规模

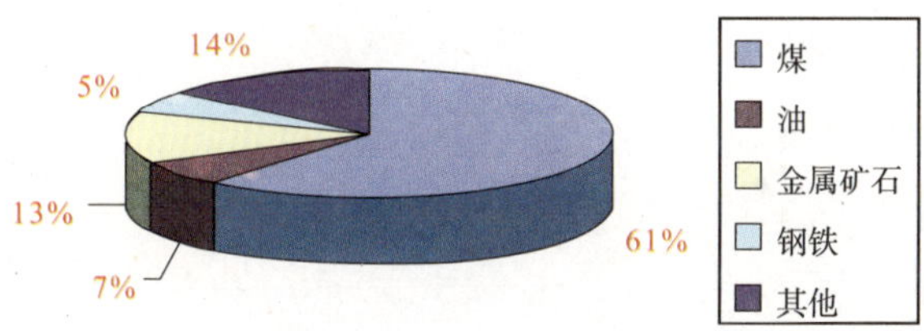

图 5 - 5　2007 年全路战略装车点装车货物品类比例

SIXTH

第6章 机车车辆运力资源优化

机车、车辆是铁路运输生产的基本要素。在铁路运输生产系统中，机车、车辆等移动设施的资源优化配置，机车检修和列检布局、列检作业过程的优化，都是运输生产的重要内容。

我国铁路在机务、车辆布局调整的基础上，实施了"长交路、车循环、单司机、轮乘制"的战略。客运机车交路网络以十大客运机务段为支点，货运机车交路以打通分界口和干线跨线贯通为重点，重新核定各区段机型和牵引定数，基本做到干线机型和牵引定数统一。推行了跨线跨局机车长交路，改变了在铁路牵引动力和其他技术设备比较落后条件下形成的机车交路短、机务段分布多、整备方式落后和管理层次多等弊端。

铁路通过优化机辆检修资源配置，推行修程修制改革，延长列检安全保证距离，加强主要列检所，弱化区段列检所，以规模化、集约化、精细化的理论，创新劳动组织，优化作业方式，提高了机车车辆使用效率。

第六章
机车车辆运力资源优化

在铁路运输生产系统中，机车、车辆等移动设施的资源优化配置，机车检修和列检布局、列检作业过程的优化，都是运输生产的重要内容。

随着铁路运输管理体制改革的深入，原有的机车、车辆运用、检修和管理模式等发生了重大变化。

在机车方面，蒸汽机车已退出历史舞台，内燃机车和电力机车成为牵引动力的主力，其最大的特点就是：牵引力大，速度快，不需频繁地进行整备作业，适应较长的机车交路。同时诸多安全保证系统，如轴温红外线检测系统、车辆运行状态地面检测、货物装载加固保证系统等的发展，使机车长交路的实现有了可靠的保证。

在车辆方面，新型车辆不断推出，更新换代步伐加快，车辆运用和检修布局不断优化调整，车辆安全检测水平不断提高，这些都为加速车辆周转，提高运输效率创造了条件。

第一节　运力资源优化的基本理论

一、运力资源的影响因素

运力资源优化是一个复杂的系统工程，需结合国情、路情，认真学习和借鉴国外先进成熟的管理经验，不断创新，不断提升管理水平，加速实现机车、车辆的优化配置。

机车运用涉及机车交路、乘务制度、乘务员换班方式和机车检修布局等相关因素；车辆运用则涉及车辆列检所布局、列检作业过程和车辆维修制度等因素。

(一)机车交路

机车交路，是指机车担当运输任务的固定周转区段，即机车从机务段所在站到折返段所在站之间往返运行的线路区段。机车交路是确定机务段的设施和配置、机车类型分配、机车运用及其指标的重要依据。

机车交路按乘务组工作时间，可分为一般机车交路和长交路。在规定的连续工作时间内，以一班乘务组能够完成一个往返交路区段作业的机车交路，叫做一般机车交路，也称短交路；以多于一班乘务组，才能完成一个单程交路区段作业的机车交路，叫做长交路。机车交路的长度关系到机务段的分布、机务段的规模和类型，并对运输生产和经济效益产生直接影响。

确定机车交路的基本原则是：

1. 适应铁路发展的需求，本着节约投资的方针，有利于提高线路的通行能力；

2. 考虑运输组织和编组站的分工，合理发挥内燃、电力机车长距离运行的优势；

3. 统筹安排乘务员劳动和休息时间，合理利用各类机车的性能，提高机车运用效率；

4. 近期与远期相结合，适应铁路发展的远期规划。

限制机车交路长度的因素：

1. 乘务员工作时间及补充工作时间限制，困难方向的旅行速度。

2. 内燃机车的油耗。内燃机车一次从加满油开始，至全部油料耗尽为止所能行走的最大里程，限制了机车交路的长度。

机车交路采用长交路，可以提高列车在区段内的旅行速度，减少乘务员在本、外段的辅助工作时间，提高铁路运输效率。但是采用长交路应具备以下两个条件：

1. 良好的机车车辆性能保证。延长机车交路对机车质量、性能和检测、检修水平提出了较高的要求。

2. 高质量的队伍素质。以长交路、轮乘制为目标,对乘务员队伍和管理干部队伍进行大规模的培训,提高整体队伍素质。

(二)机车乘务制度

长交路是机车交路的发展方向,做好适应长交路条件的机车乘务制度与乘务方式调整,是进一步发挥长交路优势,提高机车运用效率和乘务员劳动生产率的必然选择。机车乘务制度主要有包乘制、轮乘制和两者相结合的轮包制。

包乘制是指由固定的几个乘务机班组成机车乘务组,轮流值乘一台(双机重联时为一组)机车的乘务制度。在包乘制度下,机车组包管包用固定一台机车,即除值乘外,还负责机车的日常检查和保养以及中间技术检查,并参加机车的修理工作。

轮乘制是指机车没有固定的机车乘务组,机车由若干乘务机班轮流使用,各乘务机班可以在任一台机车上值乘的乘务制度。在这一值乘制度下,机车的日常检查、保养和维修工作由专职人员负责。其主要优点有:

1. 轮乘制有助于打破局间机车配属的界限,为推进生产力布局的优化调整创造了一种新的模式。在机车运用上,可以依据车流需求,达到长短结合、灵活运用。

2. 轮乘制可以提高机车运用效率。实行"机车统一使用、乘务区段断开、多局机车和乘务员实行跨局轮乘"的长交路方式,可解决长交路机车运用效率下降的问题。可以消除由于考虑本局机车多产生总重吨公里带来的外段折返时间长、优先放外局单机等问题,从而提高机车运用效率,减少机车浪费。

最大特点是把人与机车在相互束缚中解放出来,用换人不换机车的方法,提高了机车的运用效率和乘务员工时利用率。

3. 乘务区段断开后,在调度指挥上可以提高机车运用的灵活性,避免了由于长交路乘务员对外局线路设备情况、行车规章不熟悉带来的运缓和行车安全上的隐患,确保长交路列车运行安全。

6

4. 轮乘制能保证乘务员的一次作业时间,既提高了机车运用效率,又消除了包乘制由于乘务员一次作业时间超劳所带来的不安全因素。

5. 轮乘制可以合理安排乘务员的休息时间。由于轮乘制乘务员与车不固定的关系,乘务员在外段休息时间可以合理安排,即保证正常的休息时间后可以立即出乘,减少了包乘制由于人等车(尤其是长交路)而造成的乘务员在外时间过长的现象。

机车实行轮乘制打破了车包人定的传统乘务模式,但是轮乘后普遍存在机车质量下降,机车机破、临修、碎修件数上升等问题,需要加强机车质量保养和人员管理。

(三)车辆检修

车辆检修方式主要有三种:预防修、状态修和事后修。

1. 预防修:预防修也称为定期修。我国铁路车辆检修制度的指导方针是“修养并重,预防为主”。根据各种车辆的修理规定了不同的厂修、段修、辅修等修理周期,并且对于不同的修程制定了标准作业规程、标准作业办法。应该说这种修理制度,对于减少车辆运用过程中的临时故障,确保行车安全正点,缩短停修时间等方面取得了显著的成绩。但由于各种车型的结构和技术状态的差异,车辆各部分的使用寿命与实际寿命的不均衡性,车辆的使用频率和使用年限的不一致,使得车辆的定检、定修作业是在一部分状态良好而不需大量分解和更换零部件的车辆上进行的,既占用了检修能力,又增加了维修费用。

2. 状态修:根据实际状态按需维修,可以避免目前厂、段修体制下大量的过剩修,同时也避免不时出现的故障失修,避免了不必要的、过多拆装与零部件更换,既减少了车辆在整个寿命期内的维修次数,又减少了每次检修的检修项目和工作量;使车辆不会在零部件损伤到非常严重,危及安全时才送修。

由于采用现代的检测和诊断技术,在车辆解体前能够及时发现缺陷与故障,从而大大减少传统修理中查找故障的时间,而且,可以根据预知的检修工作范围安排好检修台位与场地、必需的劳力和材料配件，顺利完成检修工作。所以，状态修能大幅度减少车辆库内的检修停时，提高车辆的检修生产效率，从而提高了车辆周转效率。

相对来说，状态修检修工作量小而且容易修复，因而，人力、材料与配件的消耗可大为减少，从而降低检修费用，并保证车辆良好的技术状态与运行可靠性。

3. 事后修：即车辆零部件出了事故或发生故障后立即修复再投入运用，属于非预防性的维修方式。

二、运力资源优化战略

（一）探索实施机车“运用、整备、检修”新模式

1. 机车“运用、整备、检修”新模式的实行，是全路机务系统在深入推进装备现代化过程中，在思想观念和生产组织上进行了新的探索，就是要通过装备水平提升和整备、检修等相关资源的优化调整配置，使机车的运用效率得到大幅度的提升。

2. 长交路、车循环、轮乘制是机车“运用”新模式的基本要求，根据全路的新发展、新要求，以及机务技术的新进步，创造性地贯彻实施这一模式，极大地促进了机车运用效率的提高。

基本方法是：在机车交路的设置上，采取集中机车运力于一点，向同一方向和多方向延伸覆盖，延长机车交路，大力推行“长交路、车循环、单司机、轮乘制”，并充分发挥新体制和新生产力布局的优势，逐步应用装备现代化取得的成果，进一步贯通分界口和缓解枢纽压力，提高机车运用效率，实现机车运力的集中优化配置，为运输能力的快速扩充，实现内涵扩大再生产和释放运输生产力提供机力保证。

在客运方面，客运机车交路网络以十大客运机务段为主要支点，实现主要客运站之间的机车交路贯通，六大干线实现客运机车交路贯通；在货运方面做到四统一：即交路统一、牵引定数统一、乘务方式统一和干线机型统一，依据机车续行能力和货运车流特点，实现分界口、编组站的畅通和主要编组站间的机车交路贯通，货运机车交路网络以打通分界口和干线跨线贯通为重点，大力推行跨线、跨局机车长交路，

基本实现局间分界口机车交路的贯通。

(二)大力推行车辆"状态修"

维修理念从事后维修阶段、计划预防维修阶段向以可靠性为中心维修阶段发展,"以可靠性为中心"的维修理念是以机件的可靠性为基础来开展各项维修工作,它认为设备的可靠性是由设计、制造决定的,因此要提高可靠性必须从产品生产开始,而维修的责任是控制各种影响因素,以保持和恢复设备固有的可靠性。频繁维修或维修不当反而导致可靠性下降,所以要尽量少做那些不必要的维修工作(过剩维修),要以真实的资料和数据做科学的分析,有针对性地预防故障,使维修工作做的更有效、更经济。

在"以可靠性为中心"的维修理念指导下,改变"定期修"模式,运用技术手段,在列车的运行过程中对某些部件的状态进行实时监测,按照设备机件的功能、功能故障、故障原因和故障后果来确定需要做的维修工作,实行车辆"状态修"。

第二节　机车运力资源的优化

在铁路运输中,机车不仅是列车牵引动力,也是铁路生产力发展水平的象征。机务工作特别是机务布局优化、机车交路调整、检修基地建设等,对运输能力的影响很大。

一、机车运用的传统模式

机务系统生产力布局是否合理,不仅涉及机车运用效率的高低,而且涉及运输安全是否稳定、运输是否畅通。

中国铁路现有机车运用的模式、机务生产力布局是在长期国家计划体制下、在铁路牵引动力和其他经济技术装备还比较落后的条件中逐渐形成的。

在内燃、电力机车成为牵引动力主力后,现有机务生产力布局的不合理,已经直接影响到新型大功率机车以及长交路优势的发挥,实行铁路局直接管理站段体制改革后，大范围推行跨段、跨局轮乘，被跨越的机务段功能定位不明确，传统的分割管理模式与新的直通长交路的运用方式之间必然存在矛盾。

铁路机车传统管理模式的主要缺点体现在以下几个方面。

1. 布局不合理

大多数铁路局仍沿用原蒸汽机车的布局模式，机务段、机务折返段分布过多，这种不合理布局使得机车频繁摘挂作业和出入段作业，造成机车动力浪费、机车运用效率低、成本支出大。

2. 乘务方式效率低

沿袭传统的包乘制，造成乘务人员浪费，投入产出不匹配，并影响了机车运用的灵活性。

3. 机车交路距离短

机车交路仍沿用蒸汽机车时代的交路，以机务段、分段和折返段以及较大编组站所在地来确定其牵引距离，致使动力资源分散，机车交路过短，影响了列车开行，同时，造成车辆周转时间较长，影响了运输效率的提高。

4. 设备管理分散

机车中修台位及小辅修分散，设备利用率低，资源浪费严重。

5. 劳动生产率低

由于机务段的布点过密，机构设置重迭，造成非生产人员过多，劳动生产率低。

二、优化机车运力资源的途径

针对机车传统管理模式存在的问题，优化机车运力资源的主要途径有：

1. 调整布局，优化结构：

(1)撤并机务段、分段、折返段；

(2)调整机车交路和乘务区段：在调整布局的基础上，对机车交路和乘务区段进行全面调整，实行机车长交路；

(3)增加牵引定数;

(4)压缩运行时分;

(5)整合检修能力。

2. 实施全新的运用、整备、检修模式,充分释放机务生产力。

3. 加强机车运用管理:

(1)加强机务乘务员培训,提高应急故障处理能力;

(2)严格专业岗位责任制;

(3)建立实施专业包保制度。

4. 提高机车检修质量:

(1)落实工艺范围,加强检修质量;

(2)强化重点部位检查,确保出入库机车质量;

(3)强化现场作业控制,落实各项工作指标;

(4)开展专项整治,消除惯性故障。

5. 提高机车牵引重量:按照内涵挖潜增效、盘活存量、优化提速干线和两翼分流增量的要求,重新核定各区段机型和牵引定数,使干线机型和牵引定数统一。

三、实践与成果

机务挖潜提效以全面贯彻机车“长交路、车循环、轮乘制”的方针为指导思想。优化调整取得的成果如下。

(一)机务布局调整

经过多年的实践,新体制、新布局改革取得重要进展,通过生产关系的调整,释放了运输生产力。根据运输生产发展的需要,按照有利于运输发展、有利于提高运输效率、有利于机务自身发展的原则,对机务布局进行了调整。调整后,全路机务段由165个减至57个,供电段由131个减至42个。为优化运力资源配置,调整运输生产组织结构,扩大运输能力,提高运输效率和效益创造了有利条件。

(二)机车交路调整

在机车交路的设置上,大力推行“长交路、车循环、轮乘制”,大幅度推行跨局、跨线机车长交路，进一步贯通分界口和缓解枢纽压力，对机车实行集中优化配置，为运输能力的快速扩充和提高运输效率，实现内涵扩大再生产、释放运输生产力提供运力保证。第六次大面积提速调图后，机车运用得到了优化。机车交路距离变化示意图见图6－1。

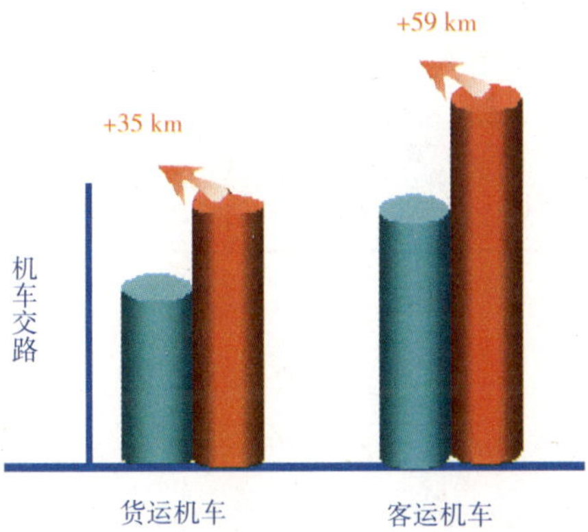

图 6－1　机车交路距离变化示意图

1. 客运机车交路平均由第五次提速的524. 2 km 提高到583. 5 km；货运机车交路平均距离由 283. 6 km 提高到 318. 1 km，分别增加 59 km 和 35 km。

2. 京广线电力机车交路长达 2 294 km，北京—福州内燃机车交路长达2 067 km。

3. 通过机车交路调整重点解决了京广、陇海线交叉点的郑州枢纽，京九、沪昆线交叉点的向塘枢纽通畅问题，以及疏通山海关、隆化、安口窑、倒湖、永州、凤凰山和威舍等分界口。通过调整机车交路，优化生产组织，改革乘务制度，提高了机车运用效率。

（三）牵引重量增加

全路 123 个机车牵引区段分别提高了货物列车牵引重量，形成 4 000 t、4 500 t、5 000 t、5 500 t 和 1 万 t、2 万 t 列车牵引系列，机车牵引重量平均提高 300～2 200 t。参见表 6－1、图 6－2～图 6－6。

表 6－1　主要线路牵引重量提高汇总　　单位：t

线　路	机　型	牵引重量	其　他
京广线	SS_4	5 500	SS_1：5 000
焦柳线	DF_4	4 000	
京九线	DF_4	4 500	DF_8：5 000
华东二通道	DF_4	4 000	ND_5：4 500
陇海线	SS_{3B}/SS_6	4 500	DF_{8B}：5 000
宁西线	DF_{8B}/双 SS_4	4 500	
侯月线	双 SS_4	5 500	

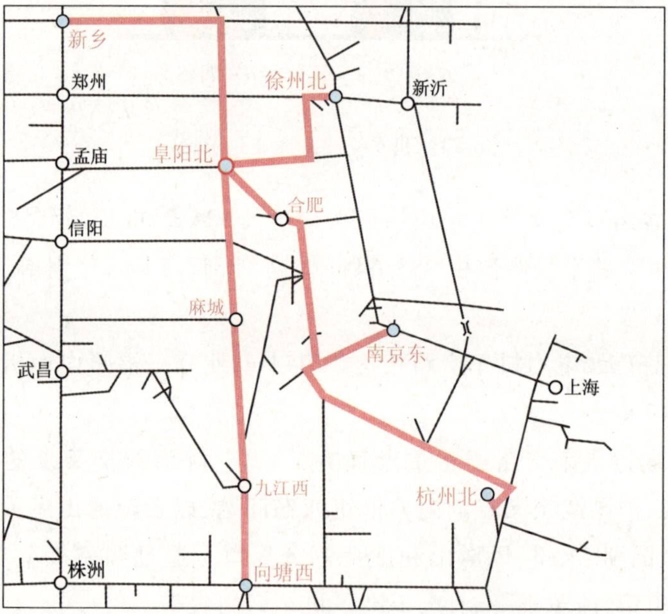

图 6－2　统一牵引定数：阜阳北支点（4 500 t 系列）

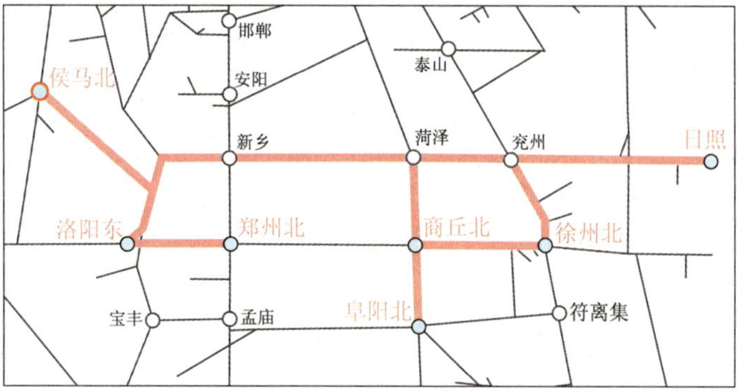

图 6-3 统一牵引定数:侯马北支点(5 000 ~5 300 t 系列)

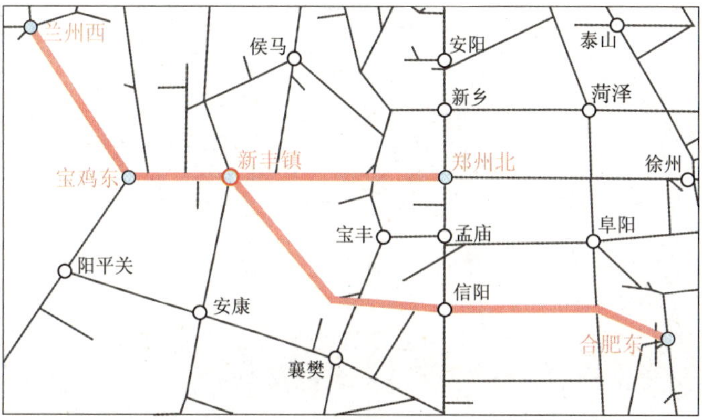

图 6-4 统一牵引定数:新丰镇支点(4 000 ~4 500 t 系列)

(四)列车运行速度提高

在京哈、京沪、京广、京九、陇海、沪昆、兰新、广深和胶济等主要干线进行列车提速。

(五)推行单司机值乘

有 3 个乘务区段实行单司机单班值乘,431 个乘务区段实行单司机双班值乘,单司机值乘比例达到 50% 以上。直达特快和部分其他特快、城际客车实行单司机执乘,长途特快司机在随乘途中换班,这在中国铁路历史上是首创。

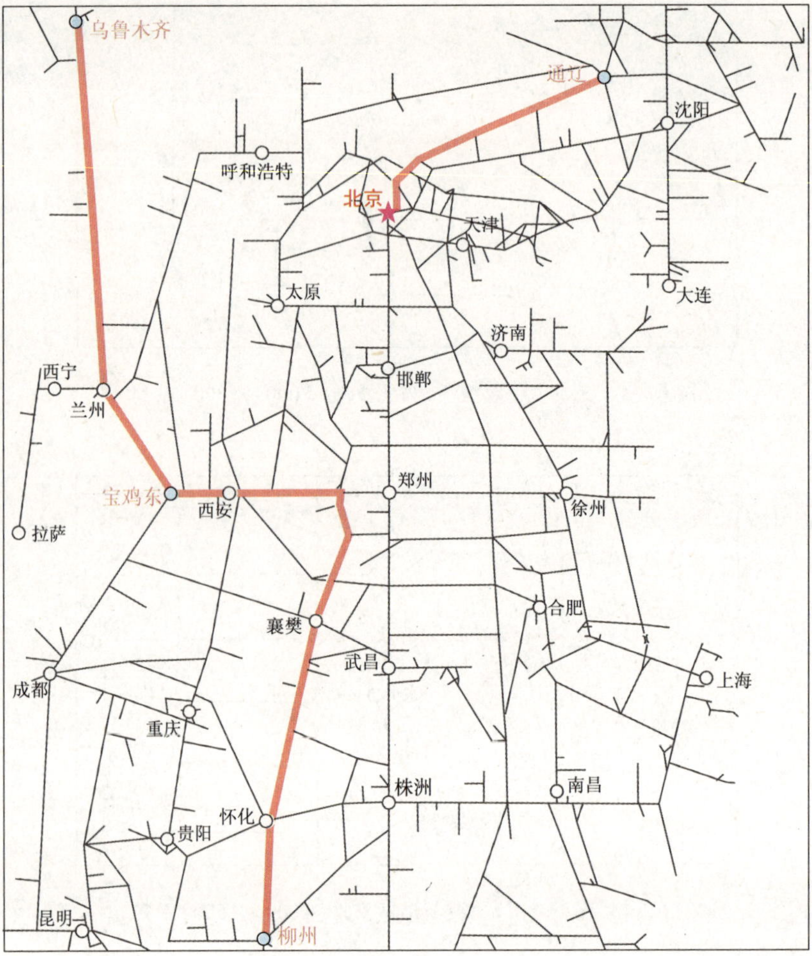

图 6－5　统一牵引定数：京通、焦柳、兰新（4 000 t 系列）

（六）机车牵引续行距离大幅提高

客运机车：客运长交路 58 个，平均机车续行距离1 052 km，其中内燃机车牵引续行距离最长为京福间使用 DF11G 型机车牵引达到 2 067 km；电力机车牵引续行距离最长为北京—广州，使用 SS9 型机车牵引达到 2 294 km。26 对直达特快列车机车牵引续行距离平均达到 1 337 km。

货运机车：货运长交路 22 个，其中电力 7 个，内燃 15 个。电力机

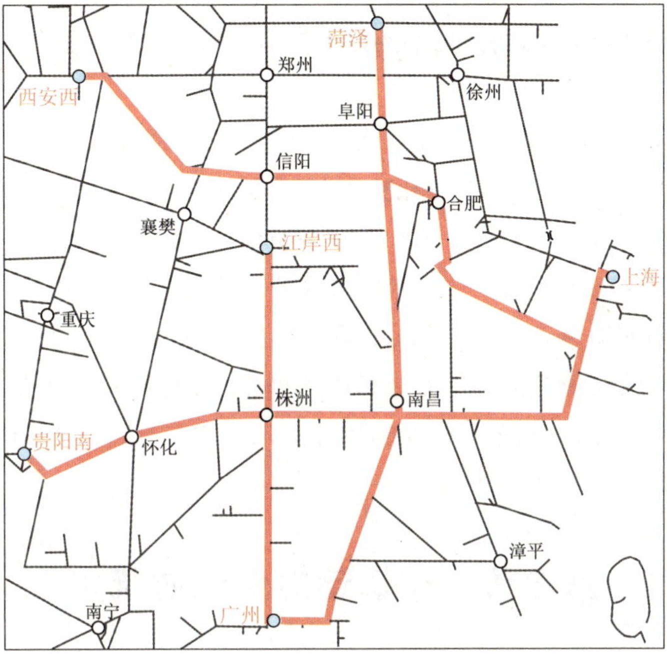

图 6－6　统一牵引定数：京广、京九、沪昆、宁西（4 500 t 系列）

车交路哈尔滨南—大连北，使用 SS4 型机车交路距离达到 959 km，内燃机车交路格尔木—拉萨间，使用 NJ2 型机车牵引续行距离达到 1 142 km。参见表 6－2。

表 6－2　六大干线客货运机车交路及牵引距离　　单位：km

机车	机车交路平均距离				全路干线机车交路牵引距离			
	第五次提速	第六次提速	增加	增幅（%）	第五次提速	第六次提速	增加	增幅（%）
客运	592	715	123	20.1	446.6	583.5	137	30.7
货运	415	523	108	26.0	237.8	318.1	80.3	33.8

（七）机车小、辅修按部位分层次修成绩显著

借鉴国际上机车、动车组在运用的间歇时间施修的成功经验，改变传统的集中时间扣修为利用机车交路间隔的在段停留时间内分层

次修理。这样提高了机车运用效率，节约了机车和乘务人员，在不增加或少增加投入的前提下，节约成本。

（八）整备质量不断提升

结合机车"长交路、车循环、轮乘制"的特点，通过建立"互为整备、提供互保"的整备新格局，优化整备方案，提高跨局、跨段机车整备质量。

（九）机车保洁保养专业化管理全面推广

机车保洁工作统一交给专门机构进行管理，大大减少了机车乘务员传统的辅助劳动时间，为机车乘务员集中精力投入行车创造了条件。有些铁路局对保洁保养进行改革创新，采取在局管内统一管理、统一清算的办法，机车无论运行到什么地方均有专人负责，提高了机车保洁保养的质量。

第三节　车辆运力资源的优化

在运输需求与供给矛盾突出的情况下，利用有限的车辆资源，最大限度地满足运输需求，必须充分挖掘车辆运用的潜在能力，提高车辆的运用效率。

一、我国车辆运用的传统模式

我国铁路货车运用方式基本上为全国统一使用，各铁路局用车需要由铁道部统一调配安排。

随着国民经济的持续快速发展，运输需求大幅度增长，铁路运输"瓶颈"制约问题日益突出。这种瓶颈现象除了表现在运输通道能力长期紧张外，还表现在货车数量的不足。据统计，全国日请求车在28万辆以上，而日装车只有11万多车，满足率很低。

现行的车辆检修制度是在原苏联"预防为主"维修思想指导下的计划预防修体制，主要包括日常保养和定期检修。这种维修方式，依据是磨损规律，是以时间或运行里程作为维修期限，只要设备使用到预先规定的时间，不论技术状态优劣都要进行规定维修工作。随着铁路装备水平的不断提升，基础设施的不断改进，线路所能达到的技术速度已经有了大幅度的提高，机车动力也已经发生了根本性的变化，车辆的技术状态明显改善，但车辆的运用维修标准还没有改变，车辆列检布局不尽合理已成为运输效率提高的制约因素。

二、优化车辆运力资源的途径

要缓解当前车辆不足的状况，一个途径是通过大量制造、改造货车来解决，这就要在人力、物力、财力等方面大量投入；另一个途径是走内涵扩大再生产之路，加速货车周转，提高货车运用效率。前者从长远的角度着手，时间比较长、见效慢；后者则是在有限的运用车数量下，完成较多的货物周转量，达到节省车辆占用成本的目的，可采取在调度指挥、装卸组织和增载增吨上挖潜提效等措施。

针对车辆系统传统模式存在的问题，优化车辆运力资源的主要途径有以下几个方面。

（一）调整列检布局，改革列检作业方式

1. 撤销部分车辆段，撤并列检所；
2. 有针对性地取消列检所的技术检查作业，减少列检环节；
3. 运用技术手段，改变列检作业方式，缩短列检时间；
4. 整合检修能力，车辆维修体制逐渐由“定期修”过度到“状态修”。

（二）优化车辆结构

1. 提高车辆自重；
2. 提高车辆构造运行速度。

（三）提高车辆运用效率

车辆运用效率的高低，可以从车辆在时间、空间的运用方面分析研究，即车辆周转的快慢和车辆装载的满欠。因此，提高车辆运用效率的途径主要包括：

1. 加速货车周转

(1)加强运输组织，大力压缩货车停留时间，及时取送、对货位和按方向组织装车、挂运，加速车辆周转；

(2)组织快解快编,压缩货车中转时间;

(3)提高货车旅行速度;

(4)加强专用线作业车辆管理,严格执行专用线协议,防止车辆积压;

(5)大力组织直达列车、直通列车,提高技术站无改编通过列车的比重;

(6)优化货运站布局,加快实施货运集中化;

(7)改善技术站、货运站的设备条件,进一步强化车站运输组织,压缩非生产作业时间。

2. 加强车种代用组织工作,提高杂型车的使用效率

加强紧缺车辆的代用,如用平板车代替敞车、敞车代替棚车。执行"三用三不用"原则,即能用杂型车的不用主型车,能用敞车的不用棚车,能用平车的不用敞车。

三、实践与成果

(一)货车重载技术实现重大突破

1. 专用重载货车

我国铁路专用货车在品种、载重等技术指标中取得了历史性突破。按照单元列车牵引 10 000 t、组合列车牵引总重 20 000 t 的要求,2003 年研发了载重 80 t 运煤专用敞车,2005 年研发了双层集装箱平车、双层小汽车运输车、散装粮食运输车、载重 100 t 级钢铁、矿石专用货车,2006 年研发了适应铁路建设需要的桥梁专用运输车。新型 C_{80} 铝合金货车如图 6-7 所示。

2. 通用重载货车

从我国国情、路情实际出发,按照货物列车单列牵引总重5 000 ~ 10 000 t,有效利用既有站场条件的要求,2005 年推出了载重 70 t 通用货车,单车载重提高 17% ,从 2006 年起,新造货车全部按载重70 t标准生产,实现了我国铁路货车由载重 60 t 向载重 70 t 升级换代,从而使我国铁路货车全面进入重载运输先进行列。

图 6－7　新型 C80 铝合金货车

3. 发展重载配套技术

通用货车轴重从 21 t 提高到 23 t，专用货车轴重提高到 25 t；通过市场换技术，成功引进了具有世界先进水平的 SKF 紧凑型轴承技术，并以此统一了我国货车轴承制造标准；推广使用了适应重载要求的加强车钩、牵引杆技术和大容量缓冲器，以及空重车自动调整装置、脱轨自动制动装置等新技术。同时带动了货车制造、检修工艺的同步发展，标准化、模块化的空气制动装置组装工艺和整体芯大部件铸造工艺，已在新型货车制造中应用。使我国铁路货车重载技术水平达到世界发达国家先进水平。

截至 2007 年 7 月，载重 70 t 及以上的货车有 5.5 万辆，其中载重 70 t 货车 4.3 万辆、载重 80 t 及以上货车 1.2 万辆。

（二）货车提速技术实现重大突破

积极引进、吸收国外先进的货车设计理念和技术，通过集成创新和原始创新，自 2003 年起，新造货车全部按 120 km/h 标准生产，结束了我国铁路货车运行速度长期在低水平徘徊的历史。

1. 提高既有货车技术水平

把 120 km/h 货车制造技术应用于既有货车,2004 年开始对既有货车实施 120 km/h 提速改造,2005 年起进一步加快改造。截至 2007 年 6 月 30 日总计改造 44 万辆货车,使我国铁路货车的整体水平都达到了120 km/h速度等级。

2. 创新提速配套技术

研制了能够适应我国铁路运输条件的转 K2、K6 型交叉支撑和转 K4、转 K5 型摆式 120 km/h 转向架,成为我国铁路货车主型转向架。推广使用了 120 型控制阀、组合式制动梁和装用塑钢保持架的提速轴承等新技术、新配件。

经过科学、严谨的试验,论证了我国铁路货车采用的提速技术是先进、成熟、可靠的。在试验线上连续运行里程 36 万 km,其中 120 km/h 速度等级密集运行里程 27 万 km。在既有线上进行了 5 次 120 km/h 提速性能试验,试验里程 10 729 km。在实际运行中,由 P65 型行包快运棚车组成的行包专列已经安全运行了近 9 年,每年运行 30 万 km,最高运行速度119 km/h。

目前,满足提速要求的货车有敞、棚、平车通用货车和罐车、集装箱、毒品车等部分专用车共 110 个车种车型,数量达到 46 万辆,2007 年年末已达 50 万辆以上,2003 ~ 2007 年通用铁路货车拥有量如表 6 – 3 所示。

表 6 – 3　2003 ~ 2007 年通用铁路货车统计表

类型 / 年度	60 t 级通用货车							70 t 级通用货车			
	敞车		棚车		平车		合计	敞车	棚车	平车	合计
	80 km/h	120 km/h	80 km/h	120 km/h	80 km/h	120 km/h		120 km/h			
2003	264 422	50 139	83 613	14 534	16 282	0	428 990	0	0	0	0
2004	273 084	60 218	81 416	16 807	15 610	576	447 711	0	0	0	0
2005	214 332	134 812	72 412	28 445	12 368	3 345	465 714	2 142	32	0	2 174
2006	168 629	187 861	55 388	46 027	10 242	5 775	473 922	25 738	1 002	0	26 740
2007	128 176	215 752	39 697	59 512	5 998	9 497	458 632	40 610	2 861	0	43 471

注:1. 2007 年数据统计到 2007 年 7 月 31 日;

2. 60 t 级货车自 2006 年 1 月 1 日起停止生产。

（三）管理货车信息化和安全检测水平全面提升

在铁路货车管理信息化创新方面，以铁路货车技术管理信息系统（HMIS）建设为契机，积极推进货车信息化建设。从货车制造源头开始，到检修、运用的全过程，全面纳入信息化管理，并通过货车车号自动识别系统（AEI），实现全程实时追踪。形成了货车技术信息“网络传输、全面覆盖、信息共享、全程跟踪”的现代化管理体系，为货车管理现代化搭建了新的技术平台，同时为运输指挥现代化提供了技术支持，使我国成为世界上少数几个能够利用信息技术组织运输和货车管理的国家。

在铁路货车安全防范手段创新方面，自主研发了货车“5T”安全防范系统，5T 系统包括红外线轴温探测系统（THDS）、货车运行状态地面安全监测系统（TPDS）、货车运行故障动态图像检测系统（TFDS）、货车滚动轴承早期故障轨边声学诊断系统（TADS）、客车运行安全监控系统（TCDS），2005 年已在六大干线建成并投入使用。并按照“分散检测、集中报警、网络监控、信息共享”的基本要求，整合“5T”系统监测信息，依靠红外线、声纳、摄像、传感等先进技术，对货车进行全天候不停车检查，实现了运行货车技术状态动态监测，全面提高了铁路运输安全保障的能力，使我国铁路货车技术检查手段实现了历史性的变革，成为世界上唯一能够利用网络技术对货车技术状态进行动态检查的国家。

（四）货车检修体制改革

为全面适应运输组织变化的需要，按照统一规划、分步实施的要求，坚持区域整合，科学合理确定检修基地，充分利用既有资源，提高检修台位利用率，实现货车检修“专业化、集约化”。货车车辆段生产力布局调整和资源整合进一步深化，货车车辆段由原来的 110 个调整为 28 个，减幅达 74.5% 。同时，结合铁路货车新技术的不断应用和货车安全可靠性的不断提高的实际，积极实施货车检修制度改革。

1. 延长检修周期。厂、段修周期普遍延长，主要通用货车厂修 5 年延长至 9 年，段修由 1 年延长至 1.5 年，新型货车段修延长至 2 年。

2. 取消部分货车的低级修程。对 2/3 以上的货车取消半年一次的辅修修程,逐步向状态修过渡。

3. 对大秦线运煤专用车等专用货车和行包快运棚车等固定配属的货车,采取了按走行里程检修为主、定期检修为辅的检修制度,并逐步在全路实施。在检修方式上逐步实现了“检、修分离,异地检测,集中加修、换件修”,大大提高了货车使用效率。

(五)深化列检作业布局调整

结合运输组织改革和机车长交路运行,列检作业布局得到了优化和调整,最大限度地减少了停车技术检查作业,提高了运输效率。

第六次大面积提速调图前,全路共有列检所446个,减少12.7%;全路列检平均安全保证距离为318.4 km,延长77.7%。其中:六大干线列检平均安全保证距离为423.97 km,延长180.1%。2007年“4·18”实施新图后,根据运输组织和机车交路变化的需要,撤并列检作业场24个,减少5.4%;全路列检平均安全保证距离为351.5 km,延长10.4%。其中:六大干线列检平均安全保证距离为540.51 km,延长27.5%。500 km以上的列检安全保证区段达到125个,增加13.6%;700 km以上的达到30个,增加20%;达到1000 km以上的有2个,最长的列检安全保证区段为大秦线的柳村—装车点—柳村,达1530 km左右。

(六)列检作业方式发生重大改变

列检布局的优化要求装备能够检测到行驶列车中的车辆故障,使列检作业方式由单纯的“人检”向“人机结合”的作业方式转变,由“停车静态检查”向“动静结合检查”转变,由“室外检查”向“室内外结合检查”转变,由“检查修理一体”向“检查修理分离”转变。具体参见表6-4。

表6-4 列检作业方式的优化

序	列车种类	作业方式
1	到达解体列车;运距 >500 km 的直通列车	人机分工检查,现场确认维修处理
2	编组始发列车	人工检查,现场确认维修处理
3	运行不足500 km有站停时间的直通列车	装备检测预报,人工确认处理
4	运行不足500 km没有站停时间的直通列车	装备检测,发现危及列车运行安全的故障,自动报警、跟踪拦停

第7章 铁路调度指挥工作的优化

铁路运输调度指挥对完成铁路运输生产经营任务，提高运输效率和效益起着重要作用。加强调度集中统一指挥，最大限度发挥资源优化配置作用，发挥路网整体优势，追求整体效益最大化的关键。铁路实行路局直管站段体制改革后，铁路运输调度指挥管理体系形成了三级调度机构，全路设调度指挥中心，各铁路局设调度所，站段设调度室，实行分级管理。在坚持集中统一指挥的基础上，对调度指挥系统进行全面整合，精简了人员，延长了调度区段并扩大了生产单元，为提高路网整体能力奠定了基础，极大地释放了运输生产力。

提速调图后，运行图“刚性”增强，“高速、重载、双层、双弓”集合在一条铁路线上，点线能力趋于饱和，调度指挥手段实现新突破，CTC、TDCS、OPMS、CTCS－2、5T、GSM－R 等系统相继运用，这些新形势对调度指挥系统提出了更高的要求。

各级调度坚持调度集中统一指挥，严格按运行图组织运输生产，实现运输精细化管理。在搞好施工衔接、减少施工对运输的干扰，加强应急救援工作，完善并开发调度指挥相关的各种信息系统等方面进行了积极的探索与创新。

第七章 铁路调度指挥工作的优化

铁路运输调度担负着组织客货运输、保证国家重点运输、提高客货服务质量、确保运输安全的重要责任,对完成铁路运输生产经营任务,提高铁路运输企业效益起着重要作用。做好调度指挥工作,就是要牢固树立运输集中统一指挥,全路一盘棋的大运输理念,就是要坚持内涵扩大再生产、提高运输效率,效益;加强生产经营管理,降低运输成本;夯实基础工作,确保运输安全,切实保证运输生产经营目标实现,切实保证重点运输万无一失,这是调度工作的首要任务。

第六次大面积提速调图对行车组织指挥工作提出了更严格的要求。主要表现在:

1. 既有线客货混跑

提速后,重载列车和双层集装箱列车陆续开行,“高速、重载、双层、双弓”集合在一条铁路线上,运输组织难度增大。

提速后,列车运行速度目标值更高。动车组运行速度高、开行范围广、运行数量多、双弓运行,对设备可靠、性能稳定的要求更高。

重载列车载重大、轴重大、开行范围广,与动车组共线运行,线路平顺、稳定的难度加大。

双层集装箱列车限界高、速度快,与动车组共线运行,弓网、轨网关系的稳定、协调难度加大。“高速、重载、双层、双弓”集合在一条铁路线上,在世界铁路发展进程中史无前例,对运输安全和调度指挥带来全新挑战。

2. 运行图“刚性”增强

列车密度、速差加大,使运行图“刚性”增强,调整余地小。列车密度进一步加大，按满能力铺图的运力设计，使线路、设备能力接近极限。列车追踪间隔小，"动车组 5 min、客车 6 min、货车 7 min"的追踪间隔时间运行，使运输组织面临着前所未有的考验。客车晚点后恢复难度大，极易造成大面积晚点。动车组折返时间短、车底套用多，极易造成循环晚点。货车丢线，很难在其他时段弥补。这些都对行车作业人员的技术业务素质和各作业工种协调联动的整体性提出高标准、严要求。

3. 点线能力趋于饱和

2006 年前后，全路的 70 条干线中，能力利用率在 90% 以上的 43 条。武汉、天津、宝鸡、洛阳、大同、通辽等部分枢纽能力不适应。部分编组站阶段性能力不足。

为在既有条件下进一步挖潜提效，铁路调度指挥系统在优化调度资源的统筹配置，严格按运行图组织运输生产，实现运输精细化管理，搞好施工衔接，减少施工对运输的干扰，加强应急救援工作以及完善并开发调度指挥相关的信息系统等方面，都做出了积极的探索与创新。

第一节 调度指挥系统整合

我国铁路以 6% 的世界铁路营业里程，完成了世界铁路 24% 的换算周转量，运输效率位居世界第一位。铁路在路网密度、路网结构、路网质量尚不完善、技术装备水平与发达国家尚有差距的情况下，做出这样的成绩，其重要原因是保持了路网的完整性，坚持了运输调度集中统一指挥。坚持集中统一指挥就是要立足全路一盘棋的思想，优化资源配置，发挥路网的整体优势，追求整体效益最大化。

维护我国铁路路网完整性、充分发挥路网整体优势是调度部门的重要责任。在全路运输调度的统一指挥下，按照列车运行图、车流径路、货物列车编组计划要求，合理分配铁路干线能力，及时调配运力,均衡组织全路客货运输,保证安全畅通,确保运输任务的全面完成。

一、坚持运输集中统一指挥

铁路运输企业是网络型产业,运输系统的高效运转、运输产品的生产经营、整体功能的发挥都依赖于各部门的密切协作。

在当前运输需求与供给矛盾比较突出的情况下,要实现干线安全畅通,提高运输能力和运输效率,需要坚持运输"集中统一"指挥。"集中"强调的是调度指挥的高度集中,根本目的在于强化运输系统的综合功能,通过最优控制实现铁路运输整体优势的发挥。"统一"强调的是运输秩序的高度统一,通过差异整合实现运输组织的科学有序。坚持运输集中统一指挥,保证铁路运输大联动机协调动作、高效运转,实现效益的最大化,也是铁路行业特性和运输生产内在规律的客观要求。坚持运输集中统一指挥体现在以下几个方面。

1. 客货统筹安排,把有限的运力资源用在最能提高效率、效益的地方。针对我国铁路运输能力总体不足,客运货运、管内直通、运营施工争能力,矛盾异常突出的情况,在客货列车的安排上,根据"先直通、后管内"的原则,在全路范围内优化运力资源配置,实现运输效率和客货运量的大幅提升。

2. 突出特殊时段。面对由于运输需求时间、空间的不均衡所产生的紧张区段与限制口,应发挥路网完整性的优势,坚持全路一盘棋,统筹进行运输安排。每年春运,面对华南、华东地区强大的民工返乡客流,尽最大可能挖掘客车车辆潜力,挖掘京广、京沪等线路的通过能力,为该地区大量开行临时旅客列车创造条件。同时,考虑到大量开行临客,货物列车开行数量大幅度减少的情况,有效实施南客北货战略,把有限的货车车辆资源调往北方春运任务不很重的地区,满足北方省区货物运输需求。

3. 路网能力综合利用。充分挖掘既有线运输潜力,同时要重视发挥新增运能作用，对新建铁路大幅度地增加分流运输量，优化列车编组计划和车流径路，搞好点线能力协调，提高能力利用率。

4. 机车车辆使用。根据国民经济发展的需要和各地客货运输市场的情况，调整各铁路局的机车、客车和货车运用车，保证各局运用的机车车辆能够适应客货运输生产经营的需要。在全路范围内统一考虑机车车辆生产布局，大幅度地延长机车交路和列检安全保障距离，提高机车车辆使用效率。在全路货车运用的调整上，处理好管内装车和排空的关系，保证按计划排空；严格分界口交接纪律，不以任何理由拒绝接车，保证分界口畅通；严格限制口装车纪律，对能力紧张的方向不准超装、抢装、无计划装车。

5. 重点任务的执行。铁路作为国家的重要基础设施和国民经济的大动脉，其性质决定了铁路必须把国家利益和社会效益放在第一位，把服从国民经济和社会发展大局作为一切工作的出发点，在铁路自身利益与国家大局利益发生矛盾时，服从国家利益。为确保关系国计民生的重点物资及时快速运达的需要，全路落实“四优先”原则，在能力不足和去向受限时，优先安排。在组织专运、特运、军事运输和抢险救灾等重点任务中，全路坚持集中统一指挥，为保证西北、东北经济社会发展需求和口岸的运输需要，全路坚持从华南、华东地区长距离组织空车调整，确保满足边疆地区和口岸运量持续大幅度增长的需要。

6. 全路整体效益。运输集中统一指挥是铁路运输工作必须遵守的基本原则，运输安全、运输效率、运输效益都离不开运输集中统一指挥的保证。坚持运输集中统一指挥，可以统筹处理好局部与整体利益关系，通过维护路网的完整性，挖掘运输潜力、提高运输效率，实现在有限的运力条件下，最大限度地缓解铁路运输的供求矛盾，实现整体效益最大化。

二、调度指挥监控系统的建立

完善并不断地开发调度指挥相关的各种信息系统，为调度指挥提供一个良好、先进的信息技术平台，同时也为调度系统整合提供了前提条件。

1. 加快调度指挥系统建设。①TDCS 全面覆盖包括六大干线和提速干线在内的 70 条干线、215 个调度台、52 个局间分界口，18 个铁路局全部完成 TDCS 中心和骨干网建设；推进 TDCS 系统应用，进一步完善使用和管理办法，管好、用好车站现有车管理系统，提高车站运输生产自动化和运输管理信息化水平。②CTC 调度集中在胶济、浙赣、武九、陇海线郑徐段等提速干线建成使用。在 TDCS 基础上升级成 CTC 的试点工程，为大面积推广 CTC 建设和全面提升调度指挥水平积累了经验。③加快推进计划调度管理信息系统 4.0 版本的研发和实施，逐步建成决策支持型的调度指挥系统。

2. 运用 5T 系统确保安全。为了更好地为铁路运输安全提供可靠保障，及时有效地防范和预警车辆事故的发生，建立了六大干线提速安全标准地对车安全监控预警体系，即 5T 系统。5T 系统采用信息化技术实现了分散监测、集中报警、全路追踪的系统设计思想。车辆 5T 系统的全面应用，对于调度员掌握列车运行状态，确保列车运行安全，发挥了极大的作用。特别是 THDS 红外线轴温探测系统，在车辆轴温探测报警、防止车辆切轴方面都发挥了重要作用。

三、调度指挥系统整合

（一）调度指挥系统结构与工作流程

铁路运输是一个复杂的大系统，这一庞大的系统具有点多、线长、面广、工种多、分工细、连续性强的特点。为使各环节协调配合，铁路运输生产必须坚持集中统一指挥的原则。凡与运输有关的部门、工种都必须在运输调度的统一组织指挥下进行日常生产活动。

调度指挥系统主要通过制定计划，安排运输生产，通过对运输生产状态的监督，掌握生产实际情况，及时发现问题并制定运输调整措施，以预防或消除运输生产过程中可能或已经发生的问题。

1. 调度指挥系统结构

实施铁路局直管站段体制改革，为充分发挥路网整体效应创造了条件。针对全路运输调度系统存在的调度台指挥区段过小、分界口过多、路网被人为分割以及人员过多等问题，实施了对全路运输调度系统的全面整合。

我国铁路运输调度指挥系统按运输管理体制结构和管理层次设置。铁路管理体制改革后，铁路调度指挥体系也由原来的4级变为3级，全路设调度指挥中心，各铁路局设调度所，车站（主要是编组站、区段站、货运站）设调度室，分别代表铁道部部长、铁路局局长和车站站长组织指挥日常运输工作。各级调度必须在上级调度的统一指挥下，实行分级管理，执行集中统一指挥的原则。铁道部调度指挥中心是全国铁路最高指挥机关。全国铁路运输调度指挥系统结构见图7－1。

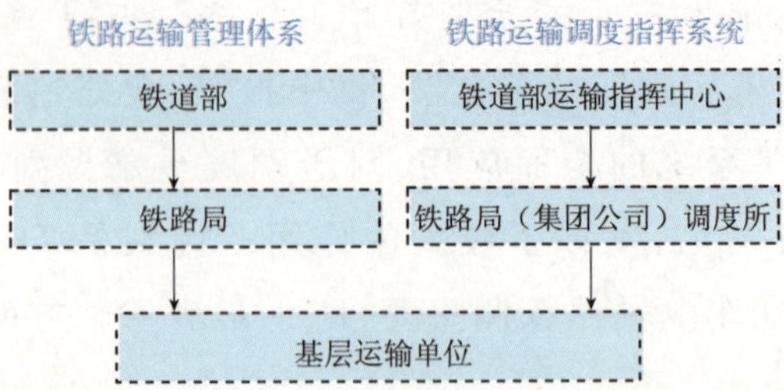

图7－1　铁路运输调度指挥系统结构图

2. 调度指挥工作流程

为了对复杂的运输生产活动进行全面地指挥和监督，在各级调度机构中又必须实行合理分工的管理原则，将整个运输生产活动按业务性质划分为若干部分，设置不同职名的调度员进行分别管理。目前，铁道部调度指挥中心设有值班处长，代表铁道部部长指挥全国铁路日常运输组织生产工作，设有行调、货调、客调、特调、军调、机调、辆调等主要工种调度台。运输调度指挥流程如图7－2所示。图7－3是铁道部调度指挥中心的室内工作实景图。

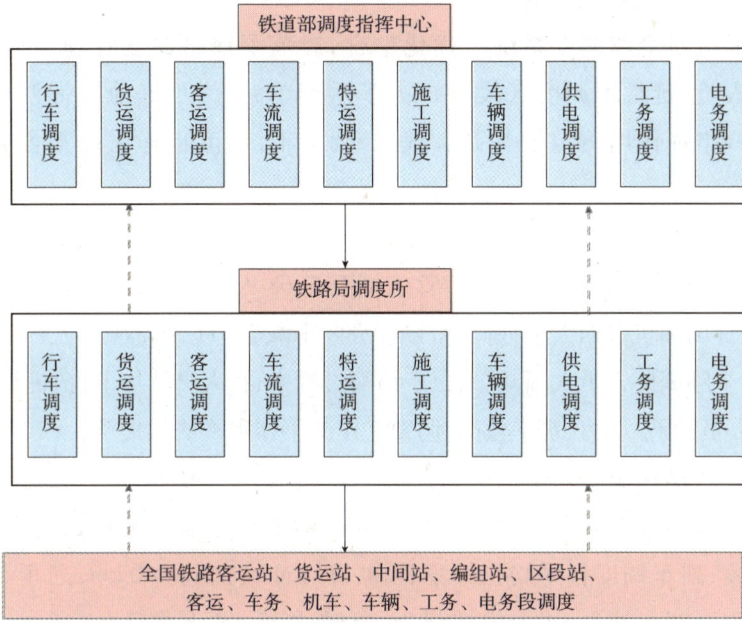

图 7－2　运输调度指挥流程图

图 7－3　铁道部调度指挥中心

（二）调度指挥系统整合成果

通过对全路调度系统的优化整合，规范了铁路调度管理结构，精简了人员，延长了调度区段并扩大了生产单元，为更好地发挥调度集中统一指挥作用奠定了基础。截至 2007 年，调度指挥系统整合成果显著。

1. 精简人员

全路调度系统总人数从 9 762 人减至 5 168 人，减幅 47%。其中列调、计划、货调和机调四大工种调度台从 1 008 个减至 511 个，减幅 49.3%。整合后，全路调度人员大幅减少，由于精简过程中，在人员选拔上，精挑细选，调度人员素质、能力、水平较高，调度工作的整体水平明显提升。

2. 区段延长

列车调度台数量由 463 个减少到 267 个，管辖区段延长、管辖范围扩大；列车调度台平均指挥里程由 132 km 增加到 260 km；列车调度台平均管辖车站由 14 个增加到 23 个，如图 7－4 和图 7－5 所示。各主要繁忙干线调度区段调整情况如表 7－1 所示，几大繁忙干线平均管辖里程都有较大幅度的提高。

通过调度指挥系统的全面整合，为优化列车编组计划和车流径路，搞好点线能力协调，提高路网整体能力奠定了基础，释放了运输生产力，分界口交接列数明显增长。

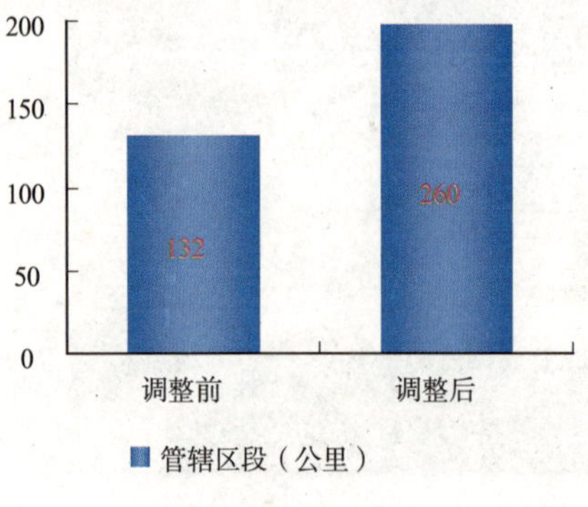

图 7－4　调整前后调度台平均管辖里程

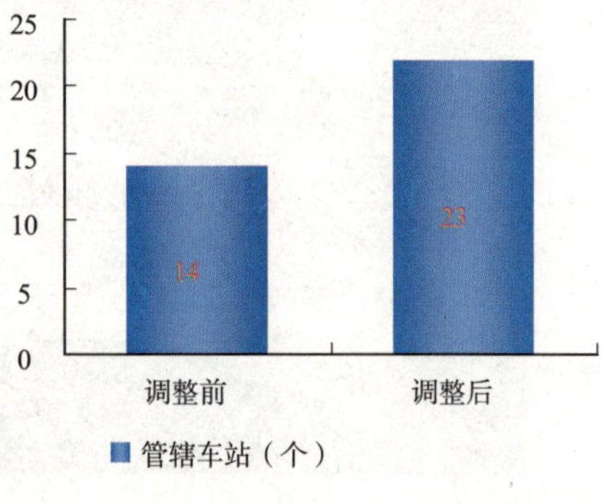

图 7－5　调整前后调度台管辖车站

表 7－1　调度区段调整

线　路	行调台数量(个)		平均管辖里程(km)	
	调整前	调整后	调整前	调整后
京广线	30	22	78.9	107.3
京九线	19	12	122.5	201.9
京沪线	19	14	81.3	119.5
京哈线	11	11	143.3	165.0
陇海线	19	15	67.7	86.9
沪昆线	12	7	102.0	152.7
合　计	110	81	99.3	138.9

3. 生产单元扩大

铁路局直管站段后，取消了56个分界口，扩大了生产单元。铁路局直管站段后分界口分布如图7－6所示。

4. 优化了铁路局调度所机构设置

近年来，全路运输生产力布局调整和机车长交路、轮乘制的实行，列检修制修程的优化以及铁路技术装备水平的不断提高，都为进一步加强调度运输组织和提高运输效率创造了条件，通过规范调度所内设机构设置和优化整合调度台设置，将进一步释放运输生产力。

调度指挥系统的全面整合带来了指挥跨度长、处理信息多、调整范围广的新变化。针对人员新、环境新、设备新、指挥模式新的情况，各铁路局结合本局实际，进一步优化调度所内设机构的设置，明确机构编制、定员，做到岗位、职责、职名相符，加强各工种调度专业管理，强化调度集中统一指挥，适应调度指挥新格局。

7

图7-6 铁路局直管站段后分界口分布

第二节　第六次大面积提速调图

第六次大面积提速中运行图的编制，以扩大运输能力，缓解瓶颈制约为出发点，最大限度地发挥铁路新增资源和存量资源作用，释放铁路运输生产力，充分体现了安全、能力、效率和效益的统一。

一、调图准备工作

1. 全面开展提速牵引试验

为使第六次大面积提速调图建立在科学可靠的基础上，对京广、京沪、京哈、京九、陇海、沪昆、胶济、广深、武九、峰福等干线，从线路质量、通信、信号、牵引供电、运输组织、动车组运用及操纵等方面进行全面提速运行试验。经过大量试验，确定科学、合理、先进的列车运行图技术标准和技术方案。

在全面开展提速牵引试验的同时，研究提速调图的技术标准、车流径路、编组计划、动车组及旅客列车开行方案，有序推进运行图编制的各项准备工作。

2. 确定运输组织优化方案

(1)合理调整车流径路。按照提速干线以客为主、以货为辅，货运向主要干线两翼分流的基本要求。通过优化车流组织，强化主要煤运通道、重载通道车流强度，大力组织直达列车，确定了适应新形势的车流径路，实现了干支线运能、运量的有效匹配，全路车流径路不断优化，路网整体运输能力得到提高。

(2)优化货物列车编组计划。根据车流径路调整情况，优化编组站分工，以打通限制节点、提高车辆运用效率为目标，全面优化编组计划，增加始发直达列车，提高远程技术直达列车比重。

(3)优化重载列车运输组织方案。立足于挖潜扩能，大秦线增加2万t列车，侯月线增加5 500 t列车开行数量，2007年大秦线完成3亿t、侯月线完成1.2亿t运量目标。

7

(4)优化机车、车辆运用方案。大力推行机车长交路，进一步提高货物列车平均总重，使干线机型、机车交路、乘务方式和牵引定数统一。全面调整列检作业布局，货物列车列检互保区段与机车交路一致，减少货物列车停车技术作业次数。

3. 精心设计客货运输产品。客运推出高速度、高密度城际动车组列车，增加直达特快列车、优化夕发朝至列车，扩大特快、快速、普通旅客列车开行范围。货运优化行包快运列车，增开“五定”班列，增开海铁联运集装箱班列，增开大宗货物直达列车。

4. 精心编制列车运行图。在广泛深入调研、主动征求地方政府和社会各界的意见建议、统筹考虑多方面因素的基础上，以扩大运输能力、缓解铁路瓶颈制约为出发点，按照把新图编成一张“安全图、能力图、效率图、效益图”的总体要求，精心谋划、设计、科学编制，对全路车流径路、编组计划、运输组织、机车运用等方面进行全面优化，对客货运输产品进行了丰富完善，以发挥铁路新增资源和存量资源作用，充分释放运输能力。

二、列车运行图技术标准

遵循科学、先进、合理的原则，制定双线自动闭塞区段各种列车追踪间隔时间标准、车站起停车附加时间标准、旅客列车施工慢行附加时分标准、旅客列车和货物列车换挂机车技术作业标准、货物列车车辆技术作业标准、旅客列车客运作业标准、施工天窗安排等。使运行图在主要技术标准上有新的提升。

1. 列车速度控制模式(ATP、LKJ)

根据线路标准，重新确定各线、各区段线路允许速度，发挥动车组功率冗余和牵引制动的优良特性，规范动车组 ATP 与 LKJ 速度控制模式和其他客、货运列车 LKJ 速度控制模式。

2. 列车运行标尺

充分利用线路速度资源，编制先进的列车运行标尺。动车组列车、特快旅客列车运行线以 s 为单位铺画运行图。

动车组列车起停附加时分按起车 2 min、停车 1 min 铺画运行图。一个区段内慢行处所不超过 2 处，每处慢行动车组列车预留 2.5 min 慢行附加时分。

3. 列车追踪间隔时间

运行图追踪间隔进一步缩小，实行按“动 5 客 6 货 7”的标准，进一步加大行车密度。

4. 列车技术作业标准

动车组列车站停时间 1 ~ 2 min，站内折返时间 20 min，以提高动车组的运用效率。

三、列车运行图成果

列车运行图在列车运行速度，机车交路、乘务方式，牵引定数，客货运输能力，干线列车密度，点线能力，施工天窗和综合检测车等方面创造了新的国内纪录，提升幅度之大也是前所未有，许多指标已达到世界先进水平。

（一）列车速度进一步提高

1. 提速线路资源大幅增加。第六次大面积提速涉及京哈、京沪、京广、陇海、沪昆、胶济、广深、京九、兰新等 18 条线路，实施新一轮提速后，全国铁路快速客运网络规模迅速扩大。

2. 列车平均速度提高。全路旅客列车平均技术速度、旅行速度参见表 7 - 2，直达特快、特快、快速、普快和普客的速度指标都有小幅提高。列车平均速度的提高，使主要城市间旅行时间进一步缩短。货物列车旅行速度基本保持稳定。

表 7 - 2 第六次大面积提速调图后全路旅客列车速度指标

速度分类	2004 年图平均值	2007 年图		
		平均值	跨局动车组列车	管内动车组列车
技术速度	75.6	80.8	150.3	139.1
旅行速度	65.72	70.2	149.1	133.8

（二）运输能力实现新突破

繁忙干线按满能力铺画列车运行线，增加分界口和主要区段货物列车运行线，合理调整机车运力配置，大力提高了货物列车牵引重量，扩大了路网运输能力。

1. 客运能力

新运行图共开行旅客列车 1312.5 对，比 2004 年图增加 140.5 对。其中快速及以上列车占总对数的 58.8%，比 2004 年图增加 13.2%。

2. 货运能力

通过增加分界口和区段货物列车密度，大幅度提高牵引重量、增加列车计长，使货物运输能力比 2004 年图增加 12%。

3. 分界口和主要干线列车密度

为了提高通过能力，主要繁忙干线采取了相同速度等级列车群到、群发的组织方式：动车组沪宁段按 5 min 连续 5 列、直达特快京沪线连续 13 列、京广线连续 10 列追踪运行，货物列车最多连续 17 列追踪运行。京广线连续追踪运行图如图 7－7 所示。

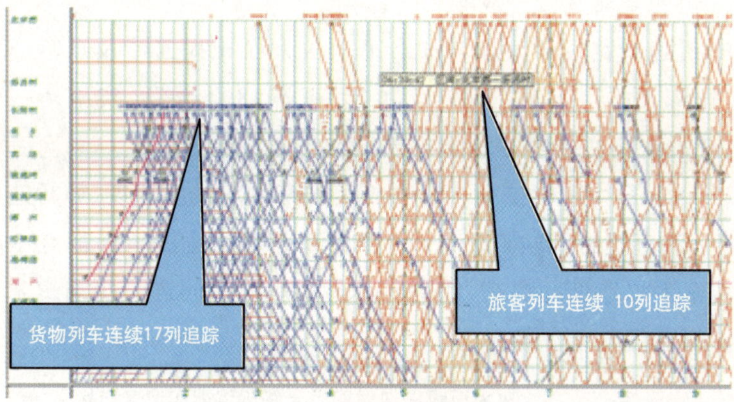

图 7－7　京广线连续追踪运行图

全路 75 个局间分界口共安排直通旅客列车 1 110 对，货物列车2 354 对，行包专列 65 对。比 2004 年图增加客货列车 692 对（其中旅客列车增加 213 对，货物列车增加 479 对），列车总数比 2004 年图增加 24.4%。

旅客列车数比 2004 年图增加较多的有新塘边 15 对，山海关 12 对，秀山、德州各 11 对，符离集、临清、安阳各 10 对。

货物列车增加较多的有菏泽南 46 对，嘉峰 35 对，梁堤头 24 对，古店 24/21 列，部营 20 对，王楼、天水各 15 对，西斋 12 对，段甲岭 11 对，安北、高各庄各 10 对。

新图分界口列车对数较多的有山海关 133 对，德州 121 对，符离集 116 对，孟庙 111 对，太要 109 对，古店 108 对，梁堤头 101 对。客货列车数增加较多的如图 7－8 所示。

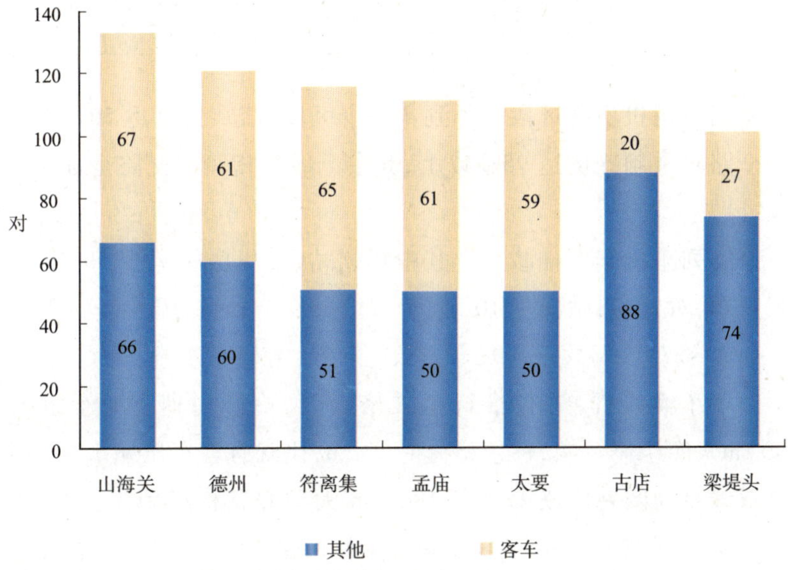

图 7－8 客货列车数增加较多的分界口

新图无论双线还是单线列车密度都达到一个新水平，双线区段列车对数超过 130 对的有 26 个区段。

4. 货物列车牵引定数

全路 123 个机车牵引区段分别提高了货物列车牵引重量，形成 4 000 t、4 500 t、5 000 t、5 500 t 牵引系列，大秦线 2 万 t、1 万 t 重载列车开行数量大幅度增加。

(三)机车交路和乘务方式

根据新图需要,围绕畅通山海关、郑州、金华西、向塘、宝鸡东等运输节点,调整机车配置,统一机型和牵引重量。在各主要干线全面推行机车长交路、轮乘制,交路距离延长,采用长交路的列车数量增加,提高机车运用效率。全路客货运机车交路运用情况如表 7 – 3 所示。

表 7 – 3　全路客、货运机车交路及其日车公里

机车交路	减少(个)	平均距离(km)	增幅(%)	日车公里(km)	增幅(%)
客运机车交路	128	583.5	29.3	746.4	19.3
货运机车交路	145	318	33.9	509.7	9.3

全路单司机值乘区段增加到 413 个区段,值乘比例达 50% 以上。

全路轮乘制比例达 95% 以上,其中干线客货机车交路全部实行轮乘制。

旅客列车机车换挂减少。其中郑州站、金华西站减少 39 对,向塘站减少 20 对、徐州站减少 10 对。

(四)修程修制改革实现新突破

改革车辆修程修制,推行免维修,延长检修周期。动车组列车 4 000 km入库检修一次,一级检修时间 2 h,比既有客车压缩 1/3。

双线自动闭塞区段安排了 180 min 大型养路机械施工天窗,双线按90 min、单线按 60 min 安排了综合维修天窗,综合维修天窗内不铺画任何列车运行线。秦沈客运专线安排了 4 h 施工天窗。

全路首次在列车运行图上安排开行动车组列车检测列车,每旬对所有动车组列车开行区段进行一次动态综合检测。

四、列车运行图计算机管理

从 2005 年开始,为做好全路第六次提速的编图工作,组织了多次全路范围内的计算机编图培训和联网调试。

运行图采用以人机交互调整为主、计算机自动处理为辅的编图方法,初步实现了全路编图数据的有效管理和全路联网编制跨局客车方

案和全部旅客列车运行图，为全路第六次提速编图提供了有效技术支撑，发挥了重大作用，效果显著。

第三节 按图行车

一、运输组织模式分析

我国现行的运输组织方式属于组织型运输组织方式，在组织型运输组织方式下，列车运行图是列车运行组织的基本文件，列车运行调度指挥是列车运行组织的核心，货车采取满轴集结方式，货车在编组站停留的时间具有不确定性，列车运行受调度指挥人员能力水平和主观因素影响较大，货物运到时间不确定，协调工作量大，管理成本高。

组织型货物运输组织模式的特点决定了调度指挥工作在运输组织工作中的主导地位和重要作用，即在列车运行图和编组计划的指导下，根据日常运输工作变化的情况，通过调度指挥的日常工作计划来具体地组织运输工作。

刚性化的运行图对调度指挥提出了更高的要求，需要不断地探索运输组织新方法，发挥调度指挥的核心作用，组织车、机、辆、工、电各部门的有机联动，严格按图行车，实现运输精细化管理，深化内涵扩大再生产，挖掘铁路潜在的运输能力和效益。

二、组织型运输模式下按图行车的实践

提速调图后，列车对数大量增加，一些干线通过能力全面饱和，日常运输中列车运行线、编组去向、到发时刻、运行时分等可调整的余地很小，要求流线、机列紧密衔接，装车站、技术站按去向、按牵引机型组流上线，分界口定线交接。各运输子系统应密切配合，紧紧围绕列车运行图组织生产，抓好货运组织源头，提高调度日班计划工作水平，优化列车技术作业流程，强化技术站作业组织。在日常运输生产中，严格按图组织运输生产，通过运输精细化管理，实现流线、机列紧密衔

接,抓好运输作业的全过程控制,实现按图行车。

1. 建立系统保正点的综合长效机制。发挥调度部门在运输生产组织中的“中枢”作用,综合协调行车各部门,建立灵敏高效、快速反应、运转有序、适应新图要求的行车组织模式,严格规范司机操纵、机车换挂、旅客乘降、车辆检修、设备维护等作业制度,形成各专业、各工种紧密衔接,确保系统正点,为按图行车创造条件。

2. 建立列车运行图定期分析调研制度。针对暴露出的新情况、新问题,结合各阶段任务目标,及时优化列车开行方案,合理调整列车编组计划,为保正点、保安全打好基础。

结合第六次大面积提速调图的编制工作,进一步优化客车开行方案,对部分列车采取增加停站或利用待避等技术停点增加办理客运业务,增加部分分界口列车对数,根据新图车流实际和编组站能力情况调整部分列车编组计划。

3. 建立日班计划分析通报制度,提高日班计划质量。对日班计划的编制和执行情况,实行班分析、日总结、旬通报,强化超前预想,优化编制流程,围绕机列衔接等协作配合问题,加大查找原因、解决问题、总结经验的力度,提高日班计划质量,努力做到机列衔接、流线接合,不断提高日班计划的兑现率。为各工种协调配合、运输均衡稳定创造一个良好的环境。

以调度为中心,以车流和列流组织信息为导向,重点抓好各作业过程结合部的衔接、配合。对大宗骨干车流,紧密各环节的配合,制定从配空、装车、出重、挂运全过程优化方案。制定干支线车流衔接优化方案,优化干支线接合部位,加强分界口机车运用和调整,努力做到分界口流线结合、机列衔接。

4. 建立动车组列车运行动态监控制度。严格落实提速区段行车作业标准,发挥动车组列车调度台的作用,对动车组列车实行全程运行动态监控,严把 CTCS-2 区段的临时限速,健全完善各项制度,确保动车组运行安全。

强化日常组织指挥,确保 CTCS-2 区段动车组列车安全是提速安全的重中之重。为此，调度部门精心组织指挥，严格落实动车组列车固定径路、固定股道、固定站台、固定停车位置的“四固定”要求，确保动车组列车运行安全。充分发挥动车组列车调度台的作用，掌握动车组运行动态，以动车组运行线为重点实时跟踪，密切监控动车组列车与前行列车和有会让限制条件的其他列车的运行情况，及时合理调整列车运行。

各级动车台调度员定时添乘动车组，与机车乘务员、车站值班员加强沟通协调，掌握动车组列车运行情况、调度命令发布等情况。

5. 组织晚点列车恢复正点。遇列车晚点，积极采取有效措施，采取站折等措施，组织恢复正点。在日常指挥中，各工种调度密切协调、及时沟通信息，努力恢复列车正点。

6. 完善施工组织管理制度。强化施工分级管理，严格执行既有线施工管理的有关规定，规范部、局两级施工计划审批和下达程序，发挥施工调度台和施工调度室的安全卡控作用，严格落实施工天窗计划，加强施工组织管理。

第四节 施工与检修天窗

在铁路线上，尤其是繁忙干线，运营与施工、维修之间的矛盾一直存在。如何设计和安排好天窗，从系统论的理论出发，构建综合天窗，是我国铁路运输的一项重要工作。

列车速度快、密度大、重量高，相应地对固定设备质量也提出了更高的要求，日常维修保养、施工运输组织就显得异常重要，施工与运输的矛盾更加突出，对施工组织提出了更高的要求。

一、综合天窗修的理念

(一)传统施工维修模式存在问题

传统施工维修模式存在问题主要表现在以下几个方面：

1. 工务、电务、供电等施工、检(维)修部门分别要点，相互之间协调配合少，导致运输部门给点兑现难，施工部门要点难。

2. 施工管理部门分散，施工管理监督工作难以落实到位，不但施工质量无法保证，而且施工人员人身安全也受到威胁。

为了改进施工作业、强化施工维修管理，保证运输安全，增加铁路运输效益，铁路在设备维修体制上引入了天窗修作业方式。

（二）综合天窗修的内涵和理论依据

1. 综合天窗修的内涵

随着列车速度的提高及列车重量和行车密度的增加，线路等设备的稳定性规律发生变化，加强设备的养护维修、消除安全隐患十分重要，但由于列车间隙缩短，利用列车间隔分散"要点"进行设备检修和施工变得愈加困难，且维修时间由于种种原因得不到保证，加大了对行车和人身安全的威胁，也加重了繁忙运输与施工作业之间的矛盾。

为了解决这种矛盾，我国铁路结合国外先进理念和经验，提出了综合天窗的概念。所谓综合天窗，是指在列车运行图中不铺画列车运行线或调整、抽减列车运行线为工务、电务、供电、水电、通信等部门对行车设备进行施工、检（维）修预留的时间，可分为综合维修天窗和综合施工天窗。

2. 综合天窗修的理论依据

综合天窗模块化施工管理的理论依据，主要是借鉴"并行工程"在产品设计中先进的思想、理论与方法。它是20世纪末由美国国际研究部门最早提出的。作为系统论的思想，运用集成的并行方法设计产品，并包含制造及一切相关的支持过程，改变了传统设计过程中分步骤、按程序划定时间先后的排队串行设计模式，即设计内容所涉及的各有关专业与相关人员，在产品设计一开始就同步、并行地开展工作。从而大大缩短了设计、制造周期，加快了产品开发速度，并对降低产品成本、提高质量具有显著的推动作用。

综合天窗模块化施工管理模式，变按项目分头要点、单独作业为综合要点、同步施工，正是并行工程系统论思想"变串行为并行"的恰当体现。而多项目、多专业、多员工在同一时间、同一地点联合作业，则是并行工程中的团队精神、集体绩效的高度发挥。另外，并行工程中的质量与成本效益在再造的管理模式中也得到了充分的体现，“并行工程”的系统论思想集成，并行的方法以及在时间、速度、成本、质量等方面的效果，均在新管理模式中得到整体性反应。

（三）综合天窗修的优点

综合天窗是在列车速度不断提高、行车密度和列车重量不断加大的情况下，解决运输效率、运输安全与设备检（维）修矛盾的有效手段，它正确地处理了施工与运输的关系，规范了施工作业组织行为。与原有维修作业方式相比具有十分明显的优势。

1. 规范了设备维修计划，有效地克服了设备的漏检、漏修；
2. 保证了设备的维修质量；
3. 保障了上道作业人员的人身安全；
4. 减少了对行车安全的影响；
5. 有利于人力、技术、时间资源的综合利用和节约，提高了效率；
6. 方便了工区的日常管理工作，克服了以往分散重复的管理缺陷，防止了管理工作的疏漏；
7. 增强了职工之间的技术交流，有利于全员技术素质的整体提高；
8. 突出了时间、空间和集体观念，创造了一个安全、紧张、严谨的良好维修氛围。

综合天窗修的协调原则是：重点病害（重伤设备）处理优先于正常检（维）修，施工优先于维修，部门之间供电优先于工务，工务优先于电务；各工种需在同一区间作业时，协调作业地点、作业内容优先于作业日期，确保天窗综合利用。

综合天窗修制度的实行，基本保障了铁路线路、道岔、桥隧、通信、信号及接触网等基础设施的正常养护与维修，使其保持良好的技术状态，减少了设备故障对线路运营的干扰。

二、落实“天窗修”制度

施工组织是运输组织工作的重要组成部分，我国铁路主要干线的速度、密度、重量达到了较高水平，要求设备质量始终处于良好状态。为搞好施工衔接，减少施工对运输的干扰，必须强化落实“天窗修”制度，除逢五、逢十施工调整日外，无特殊原因不得停止施工，用良好的施工保障设备正常运转，确保运输安全。

（一）“天窗修”制度的实践

列车运行图在所有双线自动闭塞区段和部分单线区段都预留了线路大型机械施工和综合维修V形天窗。

1. 综合施工天窗（指技改工程、线路大中修及大型机械施工作业时的天窗）的时间不应少于180 min。

2. 综合维修天窗的时间对于电气化双线不应小于90 min，单线不应小于60 min。

3. 综合维修天窗在时间安排上应与综合施工天窗重叠套用，即在综合施工天窗内安排综合维修（含接触网检修）天窗。综合维修天窗内不铺画任何列车运行线。

4. 施工天窗实现了在主要干线和分界口的顺接。

综合施工天窗如图7－9所示，京广线施工天窗如图7－10所示。

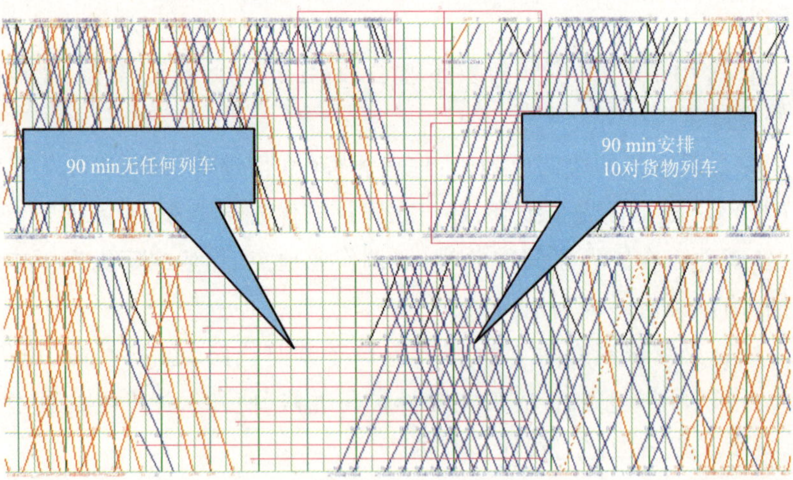

图7－9　综合施工天窗

图 7-10 京广线施工天窗

（二）强化施工分级管理

为减少施工对运输的影响，切实加强施工计划管理，协调好局间施工安排，充分利用好天窗资源。对局间分界口以及主要繁忙干线列车运行影响较大的施工，由铁道部进行平衡、审批，统一进行施工方案的优化。

铁道部每年 3 月组织铁路局召开一次主要繁忙干线年度施工计划会议，协调铁路局年度大中型施工计划，安排主要繁忙干线年度施工轮廓计划，路局月度施工方案严格按确定的年度施工轮廓计划安排。每月下旬铁道部调度部门负责对铁路局提报的铁道部管理的主要干线施工月度计划进行平衡和审核，报批后，以铁道部文件形式下达有关铁路局，纳入铁路局次月月度施工计划。

按照铁路营业线施工管理办法，铁路主要繁忙干线，影响正线 150 min以上、影响全站（或全场）信联闭 240 min 以上的施工，由铁道部负责组织工、电、供电等专业，召开专门会议协商施工计划的审批并编制月度施工计划。

(三)设立施工台和施工调度室

铁道部设立施工台,统一协调、指导全路 18 条主要繁忙干线的日常施工和临时施工工作。各局调度所设立施工调度室,协调安全、车流、机务、工务、电务、供电等调度台,强化施工调度组织,监控调度命令发布,落实施工天窗和封锁、慢行计划,具体组织施工计划的实施,以及安全把关工作,并建立分析考核制度,确保施工期间行车指挥有序,秩序良好。

(四)严格施工计划的审批和下达

加强施工安全的专项整治,严格施工计划审批,对施工项目、影响范围、安全措施、行车办法,以及各种突发情况下的预案等严格审查。进一步规范"天窗修"管理,严格执行综合天窗修制度,在营业线上进行设备改造、大修、中修及影响线路稳定的施工,一律纳入"天窗"内进行,严禁无计划施工和利用列车间隔施工,切实提高天窗兑现率和利用率。

1. 严格施工计划审批

主要繁忙干线大型施工计划由铁道部审批和下达,施工计划的审批流程如图 7－11 所示。

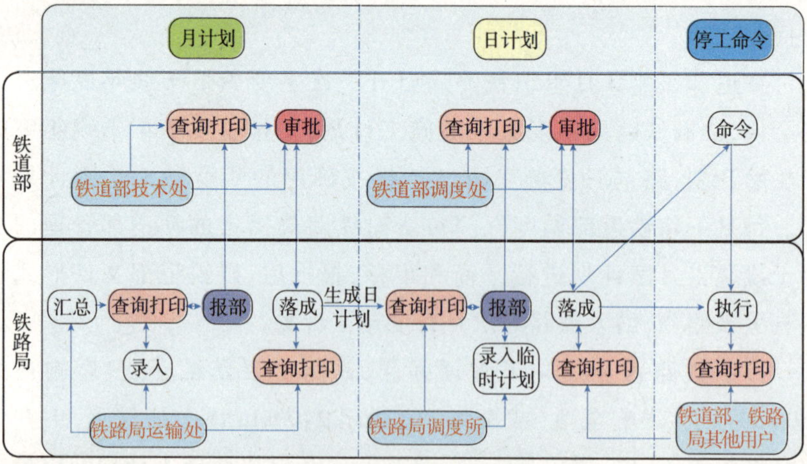

图 7－11　施工计划的审批流程

主要干线统一天窗，各专业天窗共用。为做好日常运输调整工作，目前规定综合维修天窗每旬逢五逢十停止干线施工，进行运输秩序整顿。综合天窗修施工场景如图 7－12 所示。主要繁忙干线经批准的施工，除因特殊原因（专特运、调整车流）外，原则上不准停止。

图 7－12　综合天窗修的施工

2. 严格施工命令下达

施工命令下达应及时、准确、齐全，确保不错、不漏。建立施工调度执行复核确认制度，施工调度命令通过铁路施工计划管理信息平台进行网络传输。

3. 严格 CTCS－2 级区段限速命令管理

CTCS－2 级区段限速命令设置是确保动车组运行安全的关键环节，应熟知操作规定、程序，准确设置，掌握好发布时机，严格执行复核确认制度。CTCS－2 级区段限速命令管理示意图如图 7－13 所示。

4. 严格施工预案编制

认真研究施工方案，全面做好施工准备，周密制定施工期间的运输组织方案，并开展安全预想，做好各种应急预案。

5. 严格施工过程控制

调度要做好调度命令发布，现场监控要重点对施工作业安全、人身安全、关键环节以及作业进度进行盯控。

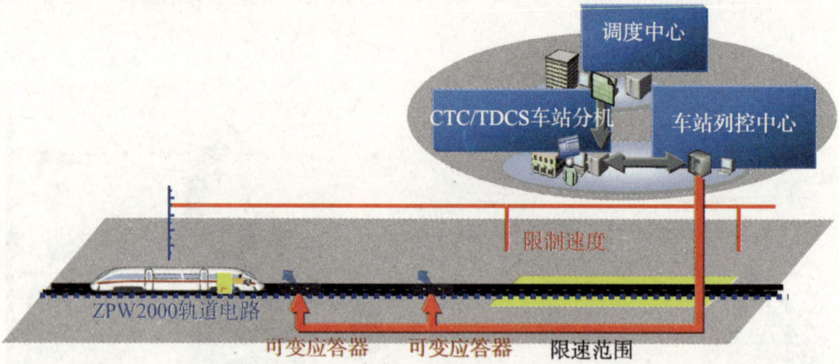

图 7－13　CTCS－2 级区段限速命令管理

(五)完善优化工作流程

铁道部施工台和路局施工调度室严格施工文件电报的收取、阅签，根据部、局月度施工计划和临时电报，提出修改、调整施工运输组织方案的建议后，再批准下达至施工有关单位执行，并收取回执；

7

行车台在发布施工命令前进行最后一次审查，确认无误后再发布施工开始的调度命令。严格的工作程序，为保证施工按计划执行、提高施工计划兑现率奠定了坚实的基础。

(六)施工天窗的分析与考核

严格施工天窗考核制度。制定施工天窗兑现率与利用率"双考"办法，建立分析考核制度，加大施工安全检查分析力度，及时发现问题加以整改，减少或避免施工延点给行车安全带来的隐患。

第五节　铁路应急体系的构建

加强应急管理工作，是国家构建和谐社会的具体要求。铁路作为国家重要基础设施和大众化的交通工具，在确保国家和广大人民群众生命财产安全方面具有特殊地位。铁路应急体系是国家公共突发事件应急体系的重要组成部分。

一、应急救援工作的变化

(一)从相对单一的运输调度指挥向复杂的应急救援指挥的转变

随着铁路速度、密度、重量的不断增加,相对单一的运输调度指挥已不能适应新形势下铁路公共突发事件应急救援指挥的需要,必须抓紧探索制定新形势下铁路公共突发事件应急救援指挥的措施、办法、手段。

(二)从传统的行车事故救援向铁路公共突发事件应急救援转变

长期以来,对行车事故的救援,铁路有着一整套行之有效的规章制度、组织方法、救援方案。因此对事故灾难类的铁路公共突发事件的处理、救援积累了一定的经验。但是,对自然灾害类、突发公共卫生事件类、突发社会安全事件类公共突发事件的的应急处理救援能力相对薄弱。

从2003年开始,国家加大了应急管理工作的力度,加大了应急管理的标准,强化了应急救援的措施,扩大了应急管理涵盖的范围,铁路调度应急处置指挥承担的责任也更重了。

在应对2005年内蒙古森林大火、2006年松花江江水污染造成哈尔滨市全市断水等突发事件中,各级调度精心组织指挥,完成了救火部队、物资运输,防洪抢险人员、物资抢运,活性炭及其他医疗器材的突运等。

二、应急救援体系的建立

(一)初步形成铁道部、铁路局、站段三级应急救援体系

1. 铁道部、铁路局(专业运输公司)成立应急救援指挥中心

根据国家对应急管理工作的要求,为进一步加强铁路系统应急救援工作,提高铁路突发事件的处置能力,最大限度地减少和降低铁路突发公共事件所造成的损失和影响,确保铁路运输安全畅通,铁道部于2006年6月成立了铁道部应急救援指挥中心。

在铁道部运输局调度部设立铁道部应急救援指挥中心（以下简称应急中心），铁道部应急中心与运输局调度部实行一个机构两块牌子，应急中心主任、副主任分别由调度部主任、副主任兼任。应急中心在铁道部应急救援领导小组的领导下开展工作，主要承担全国铁路系统突发公共事件应急救援的组织、协调和指挥工作，同时接受国家安全生产应急救援指挥中心的业务指导。组织有关单位按时完成国务院及有关部委应急管理部门下达的交通运输保障任务。与铁道部应急管理办公室建立信息沟通、日常联系机制和资源共享应急信息平台，做好应急救援工作。

全国铁路应急救援体系示意图如图 7－14 所示。

2. 健全完善应急指挥中心职能

铁路运输经常要面对的是自然灾害和设备故障（事故）两大类突发事件，这两大类突发事件处置不当，就会引发重大行车事故或造成重大社会影响。铁道部决定将应急救援指挥中心设在运输局调度部，就是要求调度指挥部门尽快完善应急救援指挥中心的机构设置和职能，加快各局调度所应急救援中心的建设，在日常运输组织和调度指挥的过程中，始终加强应急管理和应急救援工作，及时反应快速地处置各类突发事件，保持全路运输安全稳定、运输秩序良好。

（二）明晰应急救援作业流程

建立健全统一指挥、协调有序、运转高效的应急处置体系，对各种非正常情况进行梳理分析，按等级制定“调度应急指挥作业程序”，对各部门、各工种、各岗位职责进行界定，包括发生问题后的报告程序、报告范围、报告方式（电话），处理问题的处理方式、处理程序、上岗监控、资料收集、过程写实，事后的分析总结、整改处理、培训提高等细化内容。

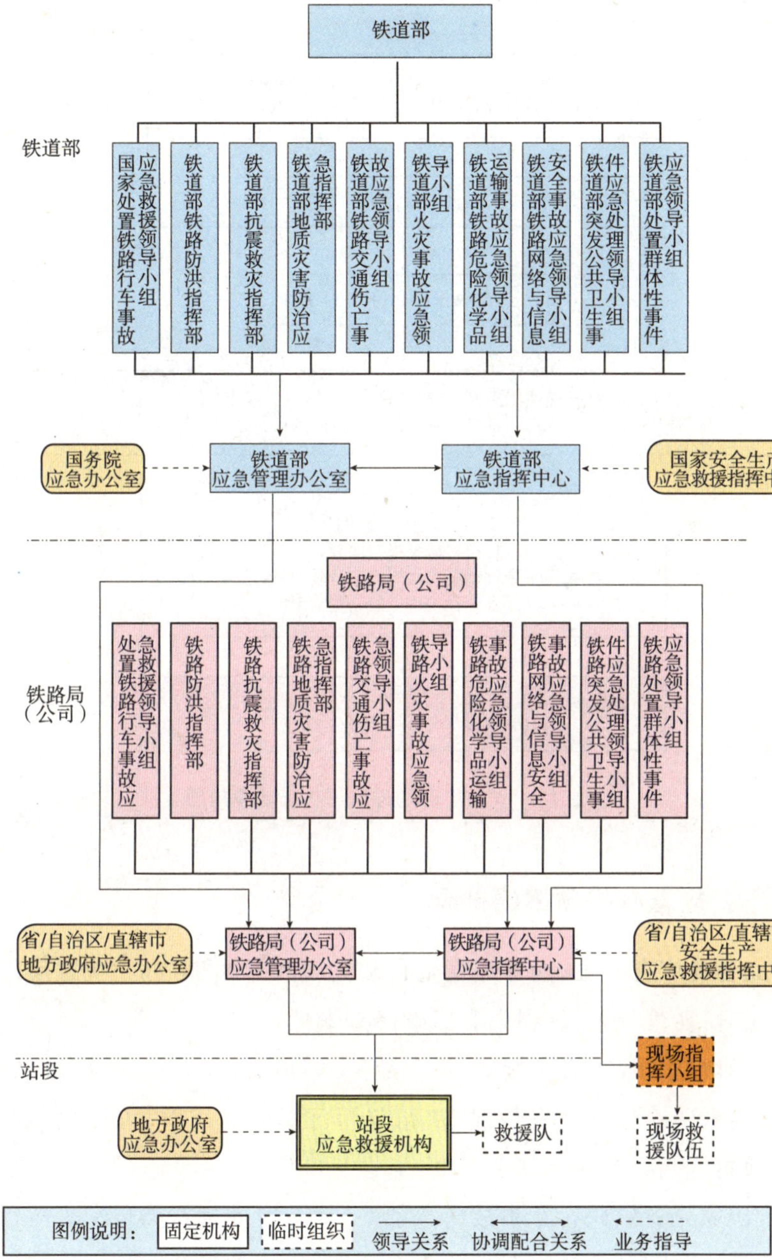

图 7－14　全国铁路应急救援体系示意图

铁路应急救援响应过程组织与行动流程如图 7－15 所示。

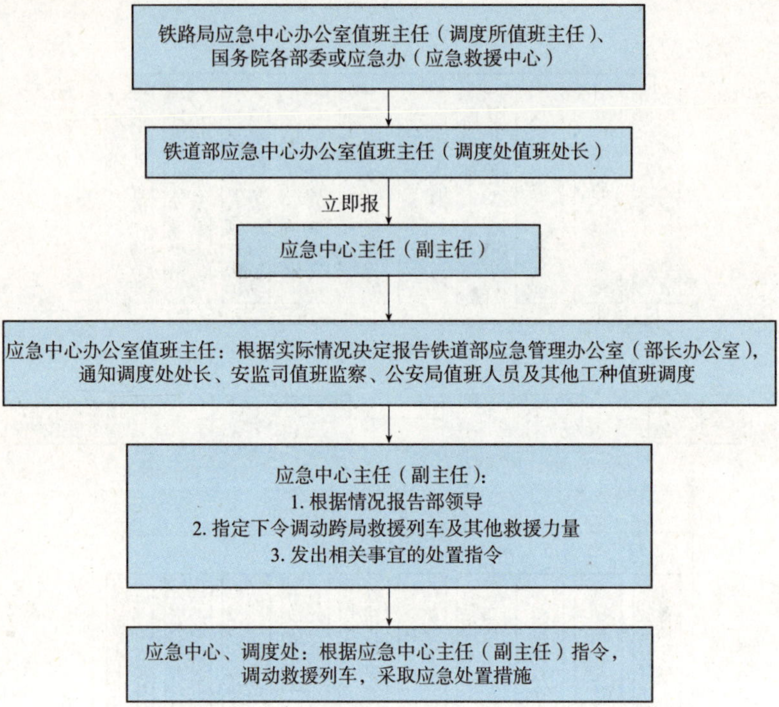

图 7－15　应急响应过程组织与行动流程图

三、应急救援预案的健全

完善的应急预案，能够在发生自然灾害和行车事故后，快速反应，沉着应对，妥善处置，将损失和影响降到最低。

针对行车事故、火灾爆炸、设备故障、客流暴涨、恶劣天气、自然灾害、公共事件等各种突发情况，铁路部门已形成了一整套行之有效的应急预案。

《国家处置铁路行车事故应急预案》对及时处理铁路行车事故、维护铁路运输秩序、铁路行车事故机车车辆起复、救援列车的开行、合资铁路与地方铁路行车安全管理做出了明确的规定。

铁道部制定的主要应急预案有：《铁路防洪应急预案》、《铁路破坏性地震应急预案》、《铁路地质灾害应急预案》、《铁路交通伤亡事故应急预案》、《铁路火灾事故应急预案》、《铁路危险化学品运输事故应急预案》、《铁路网络与信息安全事故应急预案》、《铁路突发公共卫生事件应急预案》、《铁路处置群体性事件应急预案》和《动车组突发事件应急预案》等。

四、应急培训演练的强化

为了努力提高铁路各级应急救援指挥机构应对和处置突发公共事件的能力，检验铁路应急救援预案的科学性和可操作性，铁道部不定期、有针对性地组织应急救援演练，确保一旦发生突发事件，做到信息畅通、迅速到位、调度合理、指挥有力，确保及时妥善处置。作为行车指挥的"龙头"，调度始终把突发问题的处理作为一项基本功来抓，工作中接到现场反映行车异常的报告后，迅速响应，及时通报，果断处理，使应急救援工作进入程序化、规范化轨道。

第8章 铁路运输产品与营销战略

国民经济和社会的快速发展，促进了各种交通运输方式快速发展，运输行业间的竞争日益加剧，铁路的客货运市场需求发生了重大变化。

铁路运输营销是以满足客户需求为导向、以市场为中心，对经营理念、运能构成、服务形象、价格体系、信息沟通和促销手段等进行规划和实施的经济活动过程，服务经济社会发展，优化产品结构、提供适应社会需求的客货运新产品，全面提升服务质量，贯彻落实好“以客户为中心”的先进营销理念，是做好铁路运输营销工作的重要基础。

第六次大面积提速调图，打造铁路快速客运新品牌，实现铁路客运产品创新。

货运产品的创新，进一步优化产品结构，扩大产品覆盖范围，初步形成了铁路货运快捷运输网络。

在市场经济发达国家，重点培育和优先支持重点大客户是一个成功的做法。我国铁路全面实施大客户战略，构建大宗稳定货流网，与大客户建立长期稳定的战略合作伙伴关系，实现铁路货运品牌的创新。

第八章
铁路运输产品与营销战略

我国经济的快速发展以及产业结构的调整，促进了各种交通运输方式的迅猛发展，加剧了运输行业间的竞争，引起了铁路客货运市场需求的重大变化。

铁路运输营销要从分析客户多样化的运输需求出发，从客户的角度，研究设计价格合理、快捷、安全的运输产品。同时，利用信息技术，加强对客户跟踪服务并拓展延伸服务，留住老客户，吸引新客户，通过完善的客户关系管理，密切双方合作联系。

客运以开行时速 200 km 及以上动车组列车、优化夕发朝至列车为重点，打造铁路快速客运新品牌，实现铁路客运产品创新。货运产品以跨局五定班列、行包专列、大宗直达列车为重点，推出一站装车、一站卸车的快运直达班列新产品，初步形成了铁路货运快捷运输网络，增加了直达列车数量，提高了运输效率和效益。

在经济发达国家，重点培育和优先支持重点大客户是一个成功的做法。我国铁路瞄准长远，培育市场，全面实施大客户战略，构建了大宗稳定货流网。

第一节　运输产品与营销理论

铁路货运营销所面临的最大考验之一就是如何实现营销观念的真正转变，即从“以生产为中心”的传统营销观念转变到“以客户为中心”的新营销理念，即谋求与客户建立长期稳定的关系，在发展中通过提供“一对一”个性化的产品和服务，不断提高客户的满意度，实现双赢。

依据“以客户为中心”的先进营销理念对市场细分，对产品进行创新，更好的满足消费者需求，以获得更大的市场份额和更多的经济效益。市场创新除了稳住既有的市场份额外，还包括新市场的拓展等，通过灵活运用价格、服务、促销等营销因素，最大限度占有目标市场。

一、STP 战略及市场创新理论

（一）STP 战略

STP 战略是现代市场营销学最具特色的核心战略之一。STP 战略是市场细分（Segmenting）、选择目标市场（Targeting）和产品定位（Position）三个步骤打头字母的缩写。这种战略能帮助企业更好的识别市场营销机会，使企业能够为目标市场提供适销对路的产品、合适的价格、分销渠道等，从而达到目标市场。同时可使企业避免分散营销力量，把重点放在最有潜力的顾客身上。

STP 战略的步骤：

1. 细分市场：即按不同的标准将市场划分为不同的顾客群。市场细分的核心是消费者的差异性。即由于需求、动机、行为及习惯等的不同，进行市场分类，并将差别较小的归为一类，看成是性质相同的市场，以便采取相同的营销策略，有的放矢地满足这一消费市场。

2. 选择目标市场：根据本企业的优势，按市场吸引力标准对细分市场进行评价，选择一个或几个有吸引力的细分市场作为本企业的目标市场。

3. 产品定位：即确定企业的竞争地位及其向每个目标市场提供的产品。企业在确定的目标市场上，将面临竞争对手的挑战。目标顾客在购买所需要的产品和服务时，具有较大的选择性。市场定位则是要在目标顾客心目中树立独特的形象，使顾客产生特殊的偏好，是顾客在竞争产品中做出选择的理由。准确的市场定位，有助于企业获得稳定的市场占有率。

运输资源的有限性，决定了铁路货物运输的目标市场将是有选择的，应当坚持有所为、有所不为。运输需求首先反映在运输客体的价值增长上。社会效益要体现铁路运输设施的基础产业特征，以服务于国民经济重要产业和基础资源部门为主。但企业重视经济效益是市场经济的必然选择，未来的铁路运输企业将在社会效益和企业经济效益这一对矛盾中寻求合理的平衡点。

铁路运输要想在激烈的市场竞争中取胜，就必须要真正满足市场需求，适应市场变化，根本途径就是以市场为导向，建立健全客货营销机制。为自己的产品在市场上选定一个适当的位置，选好自己的市场经营范围，并不断开发新产品以很好地满足市场需求，这部分市场就是铁路运输企业营销的目标市场。

目标市场是指在运输市场细分的基础上，运输企业根据自己的实力及竞争优势选择一个或几个运输子市场作为服务对象。运输企业在营销过程中，首先要明确目标市场，然后根据目标市场的需要以及相关的环境因素制定市场营销组合。

营销组合的最主要要素就是产品，运输企业要想在市场中占据有利的竞争地位，最重要的是要有受欢迎的产品。由于各种运输方式竞争日益激烈，各种替代性竞争对铁路的挑战越来越大。在这种形势下，铁路为了生存和发展，必须开发各种新产品，以适应各种运输需求，不断扩大市场占有份额。

(二)市场创新的基本思路

市场创新是企业创新理论中的一个重要概念，更是企业创新的重要内容。同各个细分市场一样，市场创新是企业赢得竞争、求得发展的一条重要途径。市场创新的基本思路可以从如下两个方面考虑：

1. 以新产品引导消费，创造需求，开辟新市场。

2. 以老产品、新策略，提升对客户的需求满意度来拓展市场，赢得竞争。

运输市场创新要以市场需求为导向，在研究和预测运输市场需求变化及发展趋势的基础上，重点发展市场有需求而又供给不足的运输服务形式，努力适应市场需求多层次、优质化和不断发展的需要，同时通过调整经营服务方式，拓展新的运输服务项目，开辟新的运输市场。铁路运输市场创新的基本原则是最大限度地发挥自己的企业优势，进行客运、货运市场创新，以自身优势克服或弥补其他运输方式的不足，从而拓展市场，赢得更多的市场份额。

二、运输产品创新理论

一个企业是否具有生命力，其重要的标志就是它的产品是否能够不断创新、不断满足市场变化需求。因此，铁路运输产品必须不断创新，不仅要树立产品的品牌意识，重要的是要随着外部营销环境的变化而不断进行产品创新。产品战略包括新产品开发战略、产品组合策略、产品整体策略、产品寿命周期策略等，其中与铁路运输营销关系密切的主要是产品整体和产品组合策略。

（一）产品整体策略

今天运输产品内涵与传统运输产品概念的区别在于其把运输产品定义为运输服务，它是面向消费者的，具有可扩展性，而传统概念是面向生产者的。

菲利普·科特勒将产品分为三个层次：①核心部分。核心部分即产品的实质，是产品能够提供给购买者的基本效用或用途。②形式部分。形式部分是产品的具体形态，是产品的实体性，一般是可感知的（可看到、听到、嗅到、触到），包括品质、特征、式样、商标、包装。③延伸部分。延伸部分是指顾客购买产品所得到利益的总和，一般包括质量保证、运送、维修、咨询等。

运输整体产品所包括的3个层次：核心产品、形式产品、扩大产品，如图8－1所示。

1. 核心产品：指“运输服务”向购买者提供的基本效用或利益。实质上它就是传统的运输产品，即人和物的位移。

2. 形式产品：指核心产品借以实现的形式。核心产品所描述的仅仅是一种概念，而效用、利益要通过一定的形式才能得以实现。运输服务的形式产品主要表现在五个方面：品质（安全性、快捷度、时限保

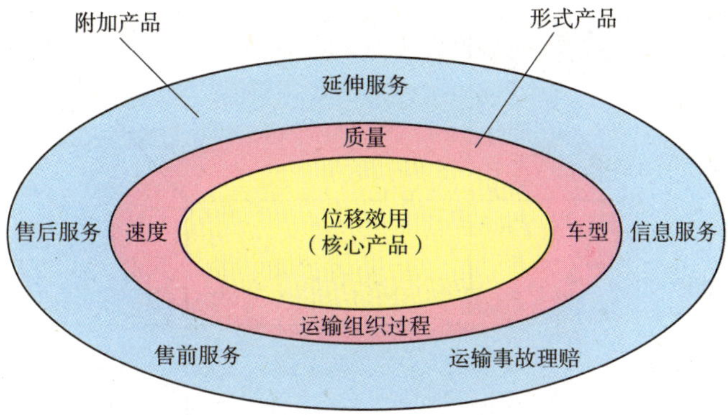

图 8－1 运输整体产品的内涵

证、服务水平等）、特色（运输产品不同于其他产品的特色，如铁路的夕发朝至、行包专列所具有的特色）、式样（如双层铁路客车）、品牌（如铁路的动车组列车、“夕发朝至”列车和“五定”班列等）及包装（如站车外观等）。

3. 附加产品或延伸产品：是产品附加利益的总和，如向货主提供咨询、仓储、包装、接取送达以及所有能够给货主带来价值的服务。实质是指产品在销售和使用过程中的各种服务、保证等。消费者对产品附加利益的要求，虽然与产品的形体无关，但对产品效用的最终实现有很大的关系。因此，产品的附加利益成为产品不可缺少的组成部分。

运输产品只有比较全面地包括了这 3 个层次的内容，才是相对完整的产品。

运输产品的创新过程是建立在产品整体概念基础上，以市场为导向的系统工程。从产品创新的内涵来看，产品创新是功能创新、形式创新和服务创新三维交织的组合创新，每一维度有其具体的内容，如图 8－2 所示。

功能创新是产品创新的核心，也是提高产品竞争力的关键。由于产品的形式结构是最先为客户所感知的，在效用和功能类似的产品竞争中，产品的形式结构是最能吸引消费者的因素之一，通常被当做企

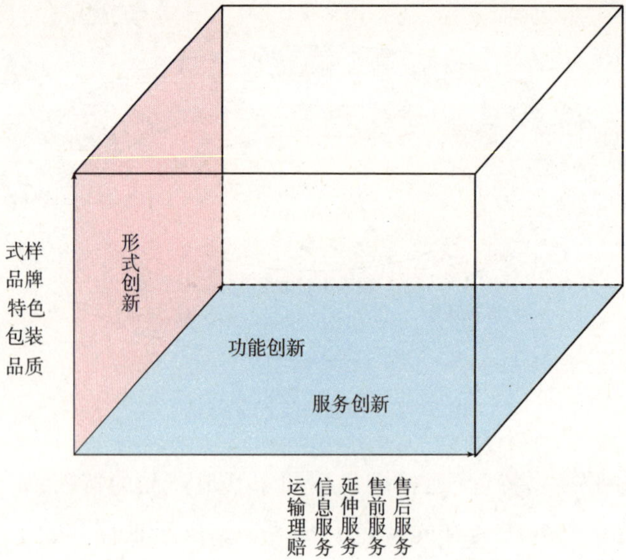

图 8-2 运输产品创新组合三维图

业形象和产品价值的载体，它不仅关系到产品的市场推广与价值的实现，还关系到企业的整体形象与信誉，因此形式创新在产品创新中居于举足轻重的地位。

形式创新具体可从质量、式样、品牌和包装等方面进行创新。随着客户消费水平的提高，消费者越来越注重于延伸服务、售后服务和信息服务等附加利益和服务的提供。

当产品功能和形式趋同时，服务将成为衡量产品竞争优势的重要指标，成为提高客户满意度或忠诚度而击败对手的切入点，企业要获得竞争优势，就必须重视服务创新。

从上面的分析可以看出，产品创新三个维度存在这样的关系，即功能创新是产品创新的基础，形式创新是产品创新的条件，服务创新是产品创新的关键。铁路运输应逐步树立产品创新的三维概念，强调核心产品、形式产品和有效的延伸产品相结合。

我国传统的铁路运输服务模式是一种被动式的服务过程，在市场经济条件下，运输过程的形式产品和附加产品将显得更加重要，必须转变为主动式服务，如货运产品做到“运行客车化，服务承诺化，价格公开化，管理规范化”。铁路通过对旅客、货主进行细分，针对不同群体的运输需求设计运输产品。货运产品尽量组织直达列车，能减少技术站的改编作业，且运行径路相对固定，对货主而言，加速了货物送达时间，更容易感知货运产品，对铁路而言，加快了车辆周转，减少了运营成本。

大宗货物直达列车和“五定”班列在提供货物位移服务的同时，具有速度快、安全性高、准时性强和运力有保障等特点，相对传统铁路货运产品，这类产品是一种相对完整的货运产品，能极大提高货运产品质量及服务水平。

这些货运新产品同时又成为运输经营方式根本转变的有效载体。不断改革货物列车的运行组织模式，实现货物列车“客车化”，严格“按图行车”，组建快捷货物运输系统，大力发展延伸和配送服务，为货主提供方便、快捷、准时、定量的订单化服务。

（二）产品组合策略

任何产品的销售量和所获得的利润都有从成长期到衰退期的发展历程，企业必须同时经营多个产品品种。产品组合是指企业生产经营全部产品的结构以及它们的有机结合方式。对于运输产品而言，不同类型的运输产品及其构成即为运输产品组合。

一种运输方式或一个运输企业所拥有的产品组合，反映了它能够向市场提供产品的丰富程度，运输产品组合会受到一定条件的影响和限制，主要表现在：

1. 企业资源条件的限制。企业拥有的资源，包括人力、物力、财力是有限的，每个企业都有自己的特长和不足。所以，并不是经营任何产品都是有利的，应该扬长避短。

2. 市场需求的影响。市场需求不断变化，企业应根据市场调查和预测结果，分析运输产品需求变化趋势，加强和拓展市场需求大的产品。

3. 市场竞争的影响。产品组合有时会受到竞争对手的冲击和影响。这时企业就要审时度势，调整产品组合。

不同运输方式或运输企业在考虑产品组合时,可采用变更产品种类策略和调整产品结构策略。

变更运输产品种类策略:

1. 扩大产品组合

在运输需求增大而呈现多样化趋势时,可采用扩大产品组合策略。这一策略的内容是扩大现有产品的种类,以满足市场上新的需求。如根据需求开行旅游专列、民工专列、球迷专列等,正是对原有产品组合的扩大。

2. 缩减产品组合

当运输需求呈现萎缩或某种类型的运输需求下降时,可考虑减少产品组合。例如,当铁路的沿零列车不适应市场需求时,铁路企业就应逐步取消这种列车的开行,推出新的、适应零担运输的产品。

3. 产品线延伸

产品线延伸策略,具体可分为向上延伸、向下延伸和双向延伸。向上延伸是指在原有产品线中增加一些高档次产品;向下延伸是指在原有产品线中增加低价的或一些经济性产品;双向延伸是指企业既增加高档高价产品,同时也增加低档低价产品,以满足市场的不同需求。这种策略可使企业产品的覆盖面更大。

调整运输产品结构策略:

1. 改变运输产品的数量结构

根据运输需求的变化,及时调整产品的数量结构,是运输企业产品组合经常采用的策略之一。比如,企业应根据客货需求增长的不平衡,相应调整客货运输产品数量比;根据高附加值货物与大宗货物需求增长的不平衡,及时调整快运产品和普通货运产品的数量结构。

2. 改变运输产品的空间结构

根据运输需求在不同区域的变化,及时调整产品的空间结构,也是运输企业产品组合经常采用的方法之一。如延长到发站,在某些方向加开“五定”班列、在另一些方向减少班列的开行数量等。

上述运输产品种类变更和运输产品结构调整,都必须通过运输组织才能实现,运输组织是实现运输产品组合的必要条件和重要保证。

(三)运输产品适应市场多样化的需求

企业应以新产品的设计和生产为主轴,对其生产条件和要素进行优化或重组,形成新的生产乃至效益函数,使其成为市场竞争的先行者。运输企业向市场提供的是某种方式的运输服务,因此运输产品的创新也就是运输服务方式的创新。

在运输市场上,新产品主要通过开设新的运输服务项目来体现。随着社会生产力水平的不断提高,新的运输需求不断出现,如旅客运输中的安全性、快捷性、舒适性要求,货物运输的方便性、快速性和经济性等。因此,不断推出新的运输“产品”,即新的运输服务项目,使运输服务多样化,满足人们对运输的各种需求,使企业能在市场竞争中处于有利地位。由于新的运输服务项目能激发人们的需求欲望,诱导企业及人们的运输需求行为,因此开拓新的运输项目,已成为运输市场竞争的重要手段。

日益繁荣的市场必然产生多样化的需求,产品创新的目标是解决新的需求问题,满足新的市场需要。因此产品创新的成功与否取决于主体对市场需求的认知程度。当前的中国经济正处于由工业化向信息化过渡阶段,而农业经济又占据相当大的比重,多样化的经济形式反映在市场上必然产生多样化的需求。因此,适应这种多样化的市场需求,是铁路运输企业产品创新的战略方向。

8

三、客户关系管理理论(CRM)

营销观念发展就是适应新的营销环境变化形成正确的认识和看法。铁路运输必须从面向生产的组织管理走向面向市场的组织管理,改革现行的运输组织模式和制度,更新服务产品和服务观念,拓展服务领域,以适应现代运输发展的要求。

传统的货运营销观念通常局限于以铁路自身的运输能力、技术资源为出发点去揽货源、找货主,然后去设计销售手段,组织营销。也就是依据自身的运输规模、运输方式、运输能力来组织货源,铁路实行以运定装,企业实行以运定产。面对货运市场激烈的竞争形势,铁路货运市场营销理念正在发生变化。

新的市场营销观念把关注点放在客户的需求上,“以客户为中心”。根据货主对运输的需求来设计运输方式。即由运输能力——市场营销,转变为市场需求——运输能力——运输产品的开发——提供市场价值。市场细分,不仅是一般意义的市场营销战略,也是铁路货运市场营销的必经之路。因此,理念的转变是营销战略实施的关键。

(一)客户关系管理(CRM)理论功能

客户关系管理源于“以客户为中心”的市场营销理论,是一种改善企业与客户关系的管理机制,是指企业以客户为中心,重新调整企业业务和管理流程,使企业在供应、生产、营销以及售后服务各个环节实现无缝结合,降低企业成本,提高企业的竞争力和盈利能力。客户关系管理的核心思想就是将客户视为企业最重要的资源,把它与企业其他生产资源有机联系在一起进行统一管理。

2005 年 1 月铁道部发布铁路信息化总体规划,明确提出了建设铁路 CRM 的目标。由于货主在货运营销中的重要性,以及平台为铁路内部人员和货主服务的特性,决定了在平台建设中要充分体现客户关系管理的思想。有关货主的数据是平台信息的最重要来源,平台要围绕货主组织相关数据,为铁路内部人员提供有关货主的各种信息,同时,货主也需要铁路为其提供便捷的信息服务。

CRM 的概念应从两个角度来理解:广义上,CRM 是指企业“以客户为中心”,运用 IT 技术开展系统化的客户研究,优化企业组织体系和业务流程,提高客户满意度和忠诚度,最终提升企业核心竞争力的一种管理理念;狭义上,CRM 是指以客户关系为中心的包括 Internet、电子商务、数据仓库和数据挖掘、专家系统和人工智能、呼叫中心等内容的一套解决方案。

CRM 既是一种理念,也是一套信息系统、技术体系和管理软件。CRM 系统的核心致力于提高客户的满意度、回头率和客户忠诚度,体现对客户的关怀。利用 CRM 系统,企业能收集、跟踪和分析每一客户的信息,并把客户想要的送到他们的手中。CRM 还能观察和分析客户行为对企业收益的影响,使企业与客户的关系及企业盈利都达到最优化,最终实现双赢的目的。

CRM 是提高企业核心竞争力的重要手段。在提升企业核心竞争力方面,CRM 能够实现赢回老客户、赢取新客户、交叉销售和深度销售和提高忠诚度等功能。

传统的铁路货运生产管理强调以运输生产为中心,重视运输能力、运输设备等铁路内部生产资源的运用,对货主资源的管理相对弱化,铁路货运企业要改善运输服务,提高运输效率,降低运输成本,扩大市场份额,就应该重视 CRM,力求做到针对客户的不同需求,提供更为人性化的服务。

（二）大客户理论

1. 客户分类

按照对运输服务产品的市场需求程度可将铁路客户广义地分为外延客户和内涵客户。外延客户是指市场中广泛存在的、对运输产品有不同需求的个体或企业;内涵客户则是指对运输产品有较大的需求(依赖性强),能给企业带来较大利润和长远价值的企业或行业。铁路内涵客户就是铁路要积极发展的大客户。

为客户群做详细分类时,一定程度上运用二八规则(即 20% 的客户带来 80% 的利润)来划分不同客户,然后根据客户对企业价值的不同将其分在不同级别的组内,同一组内的客户对企业有相同或相似的价值。对企业价值最大的客户组被称为“最具价值”客户;对企业的价值次于该类客户的客户组被称为“最具成长性”客户,这组客户也有可能成为最具有价值客户;还有一类客户组被称为“低于零点”客户,是因为企业为支持和服务于这一客户组的成本可能会超出边际收益,因此对于企业意味着负面的价值。在最具成长性客户与低于零点客户之间还会有多个其他客户组,他们没有明显的长期价值,但仍然会给企业带来利润。

货主是铁路货运企业最重要的资源,将客户管理与市场细分结合起来，根据市场的细分，对货主资源进行分类管理。在铁路货运企业中，企业收入的 90% 是来自于不足 10% 的大客户，而普通客户为企业带来的收入只有 10% 。可以看出，不同的货主对企业的价值是不同的，企业要识别客户赢利价值的差异性，根据客户的利润贡献度或终身价值将其区分成不同的群体，并根据其贡献度，采取对应的客户关系管理与营销策略，为给企业带来 80% 业务量的少数关键客户提供待遇从优的优质服务，以追求收益的最大化。

2. 客户关系的选择

铁路货运“客户让渡价值”，是指客户获得服务实现的总价值与购买该项服务所付出的总成本之间的差额。实现“客户让渡价值”的增值，是铁路建立高质量客户关系的基础。实现客户让渡价值的增值，才能保证客户真正的满意，也才能提高客户忠诚度。

(1)正确认识客户关系

铁路的客户关系从对应的主体上来讲，涉及对于企业的外延客户和内涵客户；从对应的内容来讲，则涉及与客户的接触、联络、交流、反馈、合作、评估、调整 7 个直接的方面以及测量统计、需求挖潜、联动客户 3 个间接的方面。

(2)客户关系的类型

客户关系的选择必须依据客户的定位来做抉择。市场营销大师 Philip Kotler 在研究中对企业建立的客户关系的不同水平、程度区分为以下 5 种，如表 8－1 所示。

表 8－1　客户关系的类型

类　型	特　征　描　述
基本型	销售人员把产品销售出去后不再与客户接触
被动型	销售人员把产品销售出去，鼓励客户在遇到问题或有意见时联系企业
负责型	产品销售完成后，企业及时联系客户，询问产品是否符合客户要求，帮助企业不断改进产品，使之更加符合客户需求
能动型	销售完成后，企业不断联系客户，提供有关改进产品的建议其新产品的信息
伙伴型	企业不断地协同客户，努力帮助客户解决问题，支持客户的成功，实现共同发展

这5种程度的客户类型之间并不具有简单的优劣对比程度和顺序，因为企业所采用的客户关系类型取决于它提供的服务以及客户的特征。

企业的客户关系类型不是一成不变的，选择适当的客户关系类型十分重要，如果企业在面对少量客户时，提供的产品或服务边际利润水平相当高，那么它应该采用“伙伴型”的客户关系，力争实现客户成功的同时，自己也获得丰厚的回报；但如果产品或服务的边际利润水平很低，客户数量及其庞大，那么企业会倾向与采用“基本型”的客户关系，否则它可能因为服务的较高成本而出现亏损；其余类型则由企业自行选择或组合。依据客户数量和产品边际利润水平选择客户关系类型如图8－3所示。

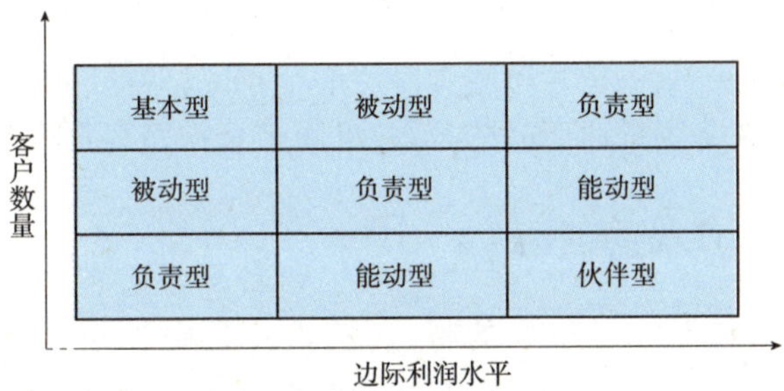

图8－3　依据客户数量和产品边际利润水平选择客户关系类型示意图

(3)选择客户关系的标准

铁路按照一定的标准对客户进行区别，从而根据具体情况建立不同类型的客户关系。区分不同客户的标准体现了铁路营销管理的指导思想。

为确保重点物资运输，提高铁路货运服务质量，巩固扩大铁路货源，铁路与运输大客户间合作——签署运量互保协议，建立长期、稳定的合作关系。

区分该与哪些大客户间建立这种“大客户关系”，主要从以下两个方面考虑标准。

①客户忠诚度。关于客户忠诚度的考核有多项衡量指标，如客户愿意为以铁路运输为主要运输方式，使用铁路运输的次数、铁路承担

的货运量占其市场需求的比重、对铁路运输服务的配合程度、对铁路运价的敏感度等指标方面都有不一般的表现。

②客户的产量。客户的产量比客户的销售额或利润更能反映其对铁路运输的依赖程度。由于铁路对于大宗货物长距离运输的绝对优势，目前，铁路循环车底的运用，循环直达运输比重的增加，使得铁路大宗货物运输效率大大提高，加大了对大客户市场的吸引力。通过与铁路确立大客户关系，为铁路提供稳定货源，进而实现“双赢”目标。

第二节　客货运输产品的创新

把核心市场、核心客货流、核心人才、核心设备和核心时段放到企业经营管理的核心位置，创建铁路客货运品牌，推行品牌战略，以品牌为依托，全面带动铁路客货运产品的升级，巩固扩大铁路客货运市场份额。

一、客运产品的创新

我国未来铁路客运市场的特点是：铁路是中长距离运输的骨干；铁路在大密度的短途城际市场中极具发展潜力；旅游客流将成为铁路客运量新的增长点；铁路在城市和市郊客运中将发挥重要作用；旅客运输市场的不均衡性更加突出。

（一）铁路客运目标市场

铁路客运目标市场的确定应考虑铁路的技术经济特性及与其他运输方式的合理竞争。由于受能力的限制，我国长期以来的客运目标市场是中长途客运市场，通过停短保长，追求效能和效益的最大化。随着京津、沪宁、广珠等城际铁路和武广一批客运专线的建成投入运营，铁路运输能力特别是客运能力得到快速扩充。根据市场细分与创新理论，未来我国铁路客运市场的目标定位是：

（1）继续巩固扩大中长途客运市场

不断开发与完善夕发朝至品牌列车，充分发挥铁路在中长途客运市场的运输优势。以北京、上海、广州、西安、沈阳、哈尔滨、郑州、武汉等大城市为中心，以京广、京沪、京哈、陇海线为干线，开行半径在1 000～1 500 km的夕发朝至旅客列车，形成大城市间的夕发朝至旅客列车网络。此外，为增强对长途客流的吸引力还必须在特快列车、快速列车中开发出长途客运品牌。

(2)大力拓展中短途客运市场

以城际旅客列车为重点，开行高速、便捷、公交化运营的城际旅客列车，以增强与高速公路的竞争力。从现状及发展的角度看，长三角、珠三角和环渤海等经济发达的都市圈，城际旅客往来频繁，经济水平相对比其他地区高。这些地区人们出行需求大，对高档次城际列车的高票价承受能力强，应该是铁路发展短途客运最重要的目标市场。可在以上城市群之间，开行快速度、大密度的公交化城际列车，充分发挥铁路优势，全面扩大铁路客运市场份额。

(二)客运产品结构优化

目前，客运产品进一步丰富和完善，以开行时速200 km及以上动车组列车、优化夕发朝至列车为重点，打造铁路快速客运新品牌，实现铁路客运产品创新。无论从开行列车的等级、客车类型、旅客列车到开时刻以及编组结构来看，客运产品得到了进一步优化，如图8－4所示。

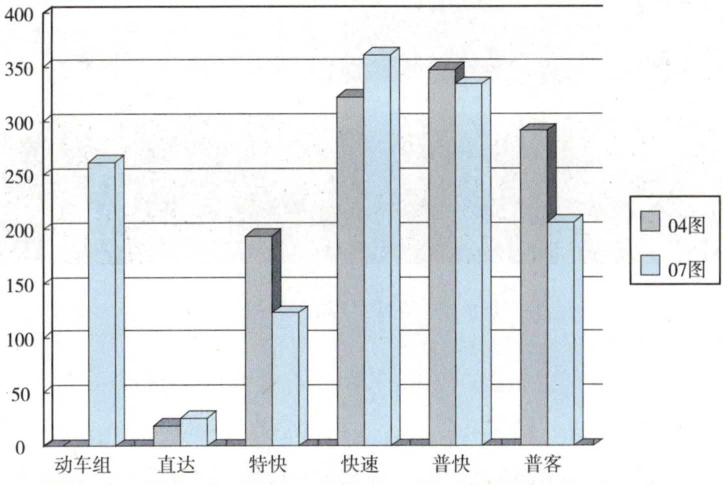

图8－4 提速调图各类客运产品对比图

1. 大量开行高密度的时速 200 km 及以上动车组列车

以提速线路和路网主要干线通过能力为基础，根据客运市场的需要，按照“区域为主，干线为辅；白天为主，夜间为辅”的动车组列车运用原则，在提速干线主要城市群内和城市群间组织开行高密度的时速 200 km 城际快速动车组列车。图 8－5 为运行中的和谐号动车组列车。

(1)在经济发达区域内的中心城市间大量开行公交化的动车组城际快速列车。为进一步适应大城市群内高密度客流的需求，在以北京、天津为中心的环渤海地区，以上海、南京、杭州为中心的长三角，以广州、深圳为中心的珠三角三大城市群，以及以郑州、武汉、长沙为中心的中南城市群，以西安、宝鸡为中心的西北城市群，大量组织开行高密度的城际快速列车。第六次大面积提速调图安排区域内城际快速列车 458 列，其中，环渤海地区城际 104 列，长三角地区间城际 108 列，珠三角地区间城际 224 列，中南部地区间城际 14 列、西北地区间城际 8 列。

图 8－5　和谐号动车组列车

(2)在不同经济区域的中心城市间开行沟通区域联系的动车组快速列车。针对北京—哈尔滨、北京—长春、北京—沈阳、北京—济南、北京—青岛、北京西—汉口、北京西—郑州、上海南—长沙、上海南—南昌间旅行时间大幅度压缩，时空距离发生重大改变的实际，在连接我国东北、华北、华东、中南四大经济区域的京哈、京沪、京广、沪昆四大干线的中心城市间开行动车组快速列车，建立不同经济区域间方便快捷的运输通道，增强不同经济区域间的经济联系，进一步缩短主要城市间旅行时间。第六次大面积提速调图安排区域间城际快速列车 56 列，其中，华北区与东北区间城际快速列车 20 列，华北区与长三角间城际快速列车 6 列，华北区与中南区城际快速列车 12 列，中南区与长三角间城际快速列车 18 列。

2. 增加夕发朝至、一站直达列车数量

在开行动车组列车基础上，根据各铁路局客车开行需求，结合客车装备情况和线路通过能力，优化既有客车开行方案。

增开一站直达、夕发朝至旅客列车，发挥品牌效应。提速调图夕发朝至列车数量增长情况如图 8 – 6 所示。第六次大面积提速调图增加 7 对一站直达特快列车，一站直达特快旅客列车总数达到 26 对，其中北京西—南昌 2 对，福州、南通—北京各1 对（福州—北京经京九线全程运行 22 h 以内，比第五次提速调图经京沪线到北京压缩 12 h），武昌—杭州、宁波、上海各 1 对。夕发朝至列车数量由 305 列增加到 337 列，增加 32 列，其中直通夕发朝至旅客列车 212 列，增加 34 列；管内夕发朝至旅客列车 125 列，减少 2 列。

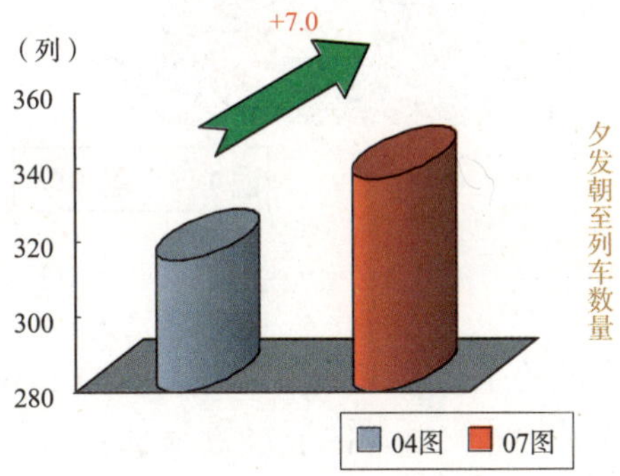

图 8 – 6　提速调图夕发朝至列车数量增长

3. 全面优化普通客车产品

为适应旅客不同层次需求，在创新和发展快速度、高品质客运产品的同时，更加注重优化大众化客运产品，进一步优化普通旅客列车开行方案。在西南、西北、东北以及中部地区主要干线增开一批普通旅客列车，并在车辆设备质量、服务档次，还是沿途停站和始发终到时间等方面都得到优化。

对既有的绿皮车进行技术改造和更新，提高空调列车的开行比例，空调客车占全部客车对数的61.8%，提高13.4%，如图8－7所示。其中，直通空调列车386对，增加111对，占全部直通客车对数的71.8%，提高8.6%；管内空调列车424.5对，增加132.5对，占全部管内客车对数的54.8%，提高15.2%。增开普通旅客列车52对，调整运行区段29对，提高列车等级17对，变更列车经由22对，满足了不同层次、不同地区旅客需求，提升了中部地区装备水平，增加了东北及西部地区列车开行数量，实现旅客运输能力的整体提升。

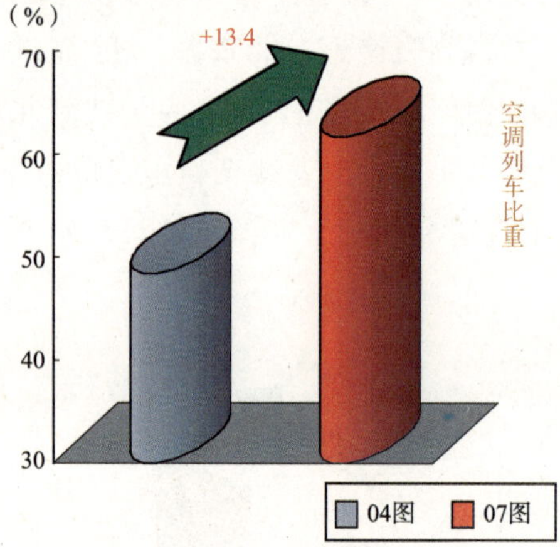

图8－7 提速调图空调列车所占比重对比

速度是交通发展的生命。随着中国高速铁路的建设与运营，未来将产生运行速度均在250～300 km/h的高速客运系列产品，这些将使铁路旅客运输发生根本性的变化和质的飞跃，极大地提高铁路在客运市场中的竞争力。

二、货运产品的创新

中国铁路的货物运输量已居世界前列,这几年增量也很快。但随着公路、民航、水运、管道等运输方式的不断发展,运输市场竞争日趋激烈,运输产品日趋多样化,客户对运输方式的要求越来越高。铁路运输所面临的形势仍然十分严峻,为满足经济社会发展的要求,一方面要加快铁路的建设与发展,不断扩充运输能力。同时,要结合国情,按市场需求开发新的货运产品。在货物运输结构上,根据产业结构调整和科技进步的要求,在保证煤炭运输的前提下,开发适应"白货"运输,尤其是高附加值货物运输产品。

(一)铁路货运目标市场

随着经济的快速发展以及产业结构的调整,各种交通运输方式发展迅猛,货物运输市场需求发生了重大变化:市场多种经济形式的共同发展,带来了铁路运输对象的变化;高新技术企业的发展使得多品类、小批量、高附加值的货物运量迅速增长;由于多种运输方式的激烈竞争,客户对运输方式的选择余地越来越大,对运输服务质量的要求越来越高。

我国货物运输市场的特点是大宗物资仍将是铁路货运的重点;运输品类结构将发生较大变化,快捷货物运输市场前景广阔;货物运输服务将发生较大变化;铁路仍是区际运输的主力。

根据市场细分与创新理论,未来铁路货运市场的目标选择是:

1. 稳定大宗物资,以巩固和完善中、长途运输市场为主

大宗货物和大中型企业货物运输是我国铁路运输的一个重要市场。就大宗货物的运输特性而言,煤炭、冶炼物资、矿石是铁路运输的主体,分别占到货物运量的 44.3%、12.7%、18.6%,总计占到铁路运量的 75% 以上。这类货物稳定性高,运输成本低,铁路具有明显的优势,应当采取以稳定大宗货物市场为主的策略。因此,改善和加强为大客户提供的合同服务、定向服务、货物流服务,组织长途直达或直通列车,应当是铁路货运营销的重点。

2. 拓展附加值相对较高的货运快捷新产品市场

随着经济和产业结构的调整和体制改革的深化，运输市场中货物的品类增加、技术资金含量增大，货物结构逐步轻型化，高附加值货物的运输量在总货运量的比重逐步增加，对外贸易货物运输快速发展，货物运输需求明显地表现为对服务层次的多样化和对服务质量要求的不断提高，高附加值货物快运市场具有很大的发展潜力。

对外贸易集装箱运量以30%左右的速度增长，这是一个具有巨大潜力的市场，铁路应变被动为主动，抓住机遇，积极调整政策，争取尽快解决集装箱运输的管理体制、计费、回空、专列组织的问题。同时要发挥联运优势，积极开展集装箱的联运业务，合理设置集装箱业务站点，完善多种运输方式一体化服务模式。

(二)铁路货运产品结构优化

近年来，我国铁路运输根据产品整体和产品组合策略，在运输能力十分紧张的情况下，着眼于长远发展，在增加开行大宗货物直达列车的同时，推出行包专列、五定班列、集装箱专列等快运直达列车，形成了一批知名度很高的品牌产品。

货运产品的创新以跨局五定班列、行包专列、大宗直达列车为重点，进一步优化产品结构，扩大产品覆盖范围。向社会推出了一站装车、一站卸车的快运直达班列新产品。大力组织海铁联运集装箱班列和双层集装箱班列，并优化行包快运列车，初步形成铁路货运快捷运输网络。大幅度增加大宗直达列车数量，提高开行密度，加大直达比重。

1. 增加大宗直达列车数量

直达运输可以减少车辆在运输途中的改编作业，加速车辆周转和货物送达，实现货车装卸、调移、集结时间和途中中转停留时间以及相关作业成本的最小化，经济效益十分显著。在目前铁路运输能力依然紧张的情况下，提高大客户物资运输的直达比重，既满足了铁路大客户的需求，也是运输组织挖潜提效的重点，是铁路内涵扩大再生产的必然要求。

铁道部制定了货物直达列车运输组织管理办法，明确了各种大宗货物直达列车的开行条件、开行方案制定、日常运输组织及相关统计分析考核的具体办法，为提高空车直达列车和大宗直达开行质量提供了良好的制度保障。

(1)铁路大宗货物直达列车的含义与开行条件

大宗货物直达列车是指铁道部公布的，固定货物列车发、到站，固定托运人、收货人，固定车次开行的始发整列货物列车。直达列车在运输组织上实行“五确保”，即确保配车、装车、挂运、放行、卸车。除遇特殊情况报部批准外，不得随意停、限装，不得分界口拒接，不得途中保留，严禁管内装车冲击跨局直达列车装车。

双向循环直达列车是指在两固定区域间使用同一车种组织的往返大宗货物直达列车，它是一种新的高效率的运输组织形式。铁道部对使用同一车种、同一方向、能够构成双向直达运输的直达列车，进行组合、匹配，平衡往返运量，在空车方向也形成重车直达列车开行方案。目前，着重对到达港口的大宗物资与港口的金属矿石形成重车对流运输，双向直达列车主要在煤炭产地与港口地区开行，在原材料(煤炭、石油等)产地和港口集疏运地之间开行对流运输，原材料卸车后，空车继续装入另一种物资，返回发车局。降低了空车走行率，从而提高了车辆利用效率。但对车辆种类、车站作业条件、排空考核等方面有新的要求。对双向直达列车，应在做好卸车工作的同时，积极组织返程列车的装车，平衡往返运量。

铁路大宗货物直达和双向直达列车的开行条件如下：

①直达列车的货源以煤炭、石油、矿石、钢铁、焦炭、粮食等大宗品类物资为基础，要求货源具有稳定的流量与流向。

②直达列车托运人、收货人应是关系国民经济正常运行的重点企业或铁路大客户，要全年固定，托运人要具有稳定的货源，收货人要有整列的接货能力和一定的储存场地。

③直达列车发到站必须固定，可以是一个站或几个相邻车站，发到站必须具备整列装卸车条件。构成双向直达列车的发站和返程列

车的到站应在同一区域。

④直达列车的货流量要求达到单一品类每3日不少于1列。对直达列车,各级运输部门加强日常运输组织,按月度计划安排好旬、日运输方案,组织均衡运输,确保方案兑现;各级调度重点掌握,确保按线运行,途中遇特殊情况,不能正常运行时,积极采取措施恢复正常运行。

(2)大宗货物直达列车开行

自1998年推出首列跨局煤炭直达列车以来,大宗货物直达列车以其运输成本低、运到期限短、安全有保障等诸多特点,赢得了普遍认同和欢迎。大宗货物直达列车主要为煤矿、电厂、钢厂、石油、化工等国家重点企业、基础行业提供运力支持和服务。运输物资主要为运量大、流向集中、发到站固定的煤炭、石油、矿石等大宗货物,这些物资对保证社会正常的生产运行秩序具有重要意义。

自2002年起,铁道部按照年度煤炭订货合同的重点合同量,拟定了54条点到点跨局煤炭直达运行线,有效保证了重点电煤。2003年继续扩大试点,将到达重点电厂直达列车方案线扩大到82条。

在两年试点成功的基础上,利用全路实施第五次提速调图契机,优化了货运产品方案,扩大了始发直达开行范围,对运量大、流向集中、发到站固定的煤炭、石油、矿石等大宗货物组织开行挂线的点到点始发直达运输;创新产品结构,着重对到达港口的大宗物资与港口的金属矿石形成钟摆式运输;对同一发到站、年度煤炭合同量40万t以上的均编制始发直达运输方案;对石油、粮食等重点物资纳入直达。2004年确定了181条点到点的始发直达运行线,为确保方案兑现,组织召开了发局、到局、发货人和收货人四方互保协议,确保运量与运力兑现。

2005年,铁路直达比例再次提高,直达方案线由181条扩大到272条,其中煤炭直达202条,疏港矿石直达70条运行线,年运量6 400万t,占铁路全年疏港矿石量的59%。2005年通过规范直达列车开行方案、编制月度方案以及建立直达列车开行兑现考核办法等一系列有效措施,使直达方案编制和执行质量有了较大幅度提高。

2002~2005年,铁道部分别安排跨局直达列车54条、82条、181

条和 272 条，年均增长 70%。跨局直达列车实施以来以其运到期限短、安全有保障等诸多特点赢得了普遍欢迎。大宗货物直达列车在国家重点行业和国有重点企业间建立起一条物资流动大通道，为保证社会重点物资运输需求，保证国民经济发展和社会正常的生产运行秩序起到了积极作用。

2006 年，结合战略装车站点和大客户战略的实施，从煤炭产运需衔接着手，集中货源组织，适应整列装车，实现同一发到站年发送吨在 40 万 t 以上的货源均纳入直达列车方案。对东北散粮实施定点、定线、定车次和定周时的四定运输方案，提高散粮车的周转。通过一系列措施不断提高货物直达列车开行比重，2006 年列车直达方案线共 333 条，比 2005 年增加了 61 条，其中煤炭直达列 229 条线，占总开行方案的 69%，电煤直达列车 154 条。为适应社会需求，确保重点物资运输，加快车辆周转，在煤矿、港口间实现重车循环直达运输，大大促进运输效率的提高。与此同时，强化直达列车和品牌班列的兑现考核，提高直达兑现率。

为进一步发挥煤炭、石油、冶炼和粮食等大宗物资运输的规模效益，提高车流组织效率，应不断提高全路车流的直达比例，加强对直达车流的优化组织。大宗直达开行方案的确定应通过统筹考虑全路车流，集中归并车流，合理优化径路，结合战略装、卸车点的建设及大客户战略来确定。在第六次提速中，跨局大宗直达及重车循环直达运行线都有进一步增长。

①跨局大宗直达及双向直达列车运行线 405 条，比 2004 年增加 224 条，增长 123.8%。直达方案中，煤炭直达运行线 265 条，其中电煤 168 条；金属矿石 89 条；石油 26 条，钢铁 11 条；焦炭、非金属等其他直达 14 条。

②重车循环直达 50 对，比 2006 年实际完成增加 20 对。其中济南局与太原局间跨局双向直达 10 对，构建了山西省与山东省主要港口间的整列直达快速往返大通道，济南局与太原局间双向重车循环直达运输如图 8－8 所示。

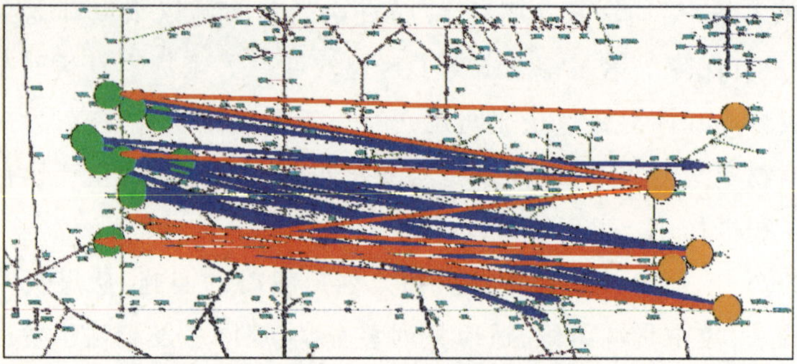

图 8－8　济南局与太原局间双向重车循环直达运输

2007 年运行图直达列车和五定班列运行线方案如表 8－2 所示。

表 8－2　2007 年 4 月运行图直达列车和“五定”班列运行线方案类型

类型 / 局别	直达列车方案									单位：条
	直达合计			点到点直达列车			阶梯直达列车			“五定”班列方案
	合计	跨局	管内	小计	跨局	管内	小计	跨局	管内	
部计	1 517	572	945	1 082	368	714	435	204	231	121
哈尔滨	111	47	64	72	30	42	39	17	22	7
沈　阳	153	4	150	122	3	119	32	1	31	4
北　京	144	29	115	119	24	95	25	5	20	14
太　原	314	156	158	227	78	149	87	78	9	5
呼和浩特	81	46	35	63	30	33	18	16	2	5
郑　州	90	68	22	59	44	15	31	24	7	4
武　汉	42	13	29	36	11	25	6	2	4	3
西　安	56	31	25	33	20	13	23	11	12	1
济　南	128	78	50	103	60	43	25	18	7	8
上　海	108	9	99	63	8	55	45	1	44	23
南　昌	37	7	30	23	2	21	14	5	9	6
广　州	23	1	22	10	0	10	13	1	12	12
南　宁	45	21	24	32	20	12	13	1	12	4
成　都	83	21	62	39	4	35	44	17	27	11
昆　明	20	9	11	7	4	3	13	5	8	7

续上表

类型 / 局别	直达列车方案									单位:条
	直达合计			点到点直达列车			阶梯直达列车			“五定”班列方案
	合计	跨局	管内	小计	跨局	管内	小计	跨局	管内	
兰　州	37	10	27	35	9	26	2	1	1	3
乌鲁木齐	39	20	19	35	19	16	4	1	3	4
青　藏	5	2	3	4	2	2	1	0	1	0

跨局直达列车由2002年的54条增加到2007年的405条,平均年增长率为43.3%,2002～2007年跨局大宗直达列车的增长情况如图8－9所示。

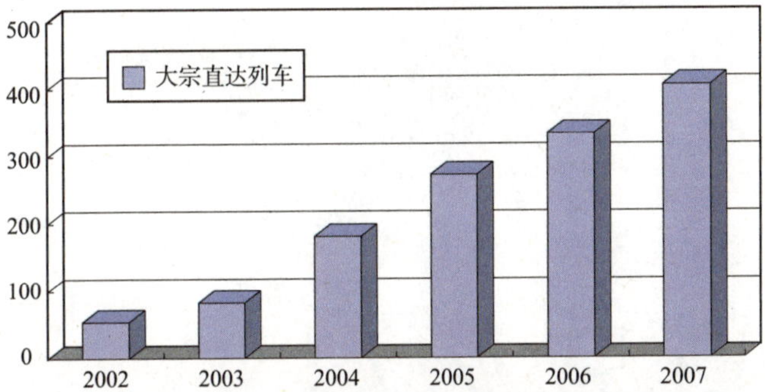

图8－9　跨局大宗直达列车的增长

充分利用提速调图的时机,大幅提高直达比重和统一主要线路牵引定数,最大限度的将直达车流编入开行方案,覆盖了全国主要煤矿、电厂、钢厂、炼油厂以及港口等重点企业,形成了大宗货物大能力运输网络,对强化大宗货物运输组织,提高大宗货物运输效率,发挥铁路规模运输效益打下良好基础,全路大宗直达运输网络如图8－10所示。

2. 优化“五定”班列

货运“五定”班列是货物运营组织的新形式,是铁路满足市场需求的新举措,是开拓货运市场的新产品。“五定”班列的运输组织对开行方案、日常组织、统计分析等工作,明确责任部门,落实到人。落实“五优先、五不准”的原则,日常组织中优先配车、优先装车、优先挂运、优

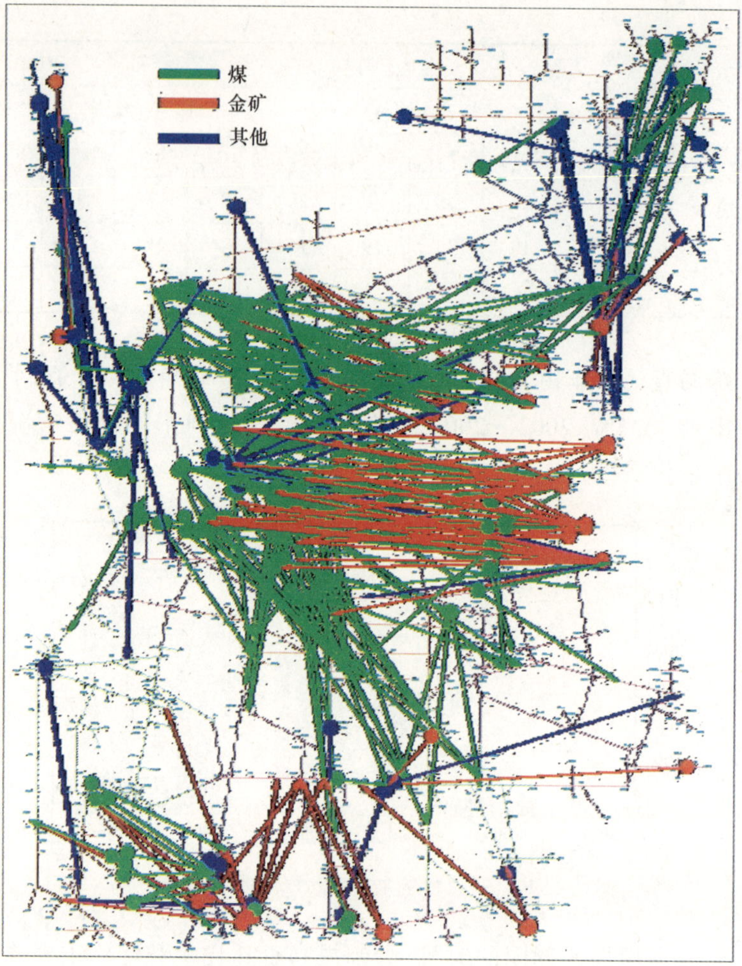

图 8－10　全路大宗直达运输网络

先放行、优先卸车，除特殊情况报部批准外，不准停限装、分界口不准拒接、不准保留、不准途中解体、不准变更到站。

调度部门对五定班列的开行情况，建立定期分析考核制度，不断提高班列兑现率。按照发到地点需要，组织开行石油、煤炭班列；按照货物品类需要，组织开行“白货”班列和集装箱班列。

提高货物运输特别是高附加值货物的运输质量，根据全路班列货源和现行“五定”班列开行情况，结合车流径路调整，优化并制定“五定”班列开行方案，第六次提速中共铺画运行线 121 条，比 2004 年图增加 30 条。班列开行密度大大提高，日均计划开行 87 列，比 2004 年图增加 15 列。班列发到（技术）站平均运输距离达 1 817 km，平均旅速 34.0 km/h，日均运输里程达到 816 km，最高日运行 1 400 km。其中，最长的青岛—阿拉口 4 337 km，最快的大红门—杨浦双层集装箱快运班列在济南西至南翔段采用和谐型机车按最高速度 120 km/h 运行。

第六次大面积提速调图五定班列运行线覆盖全国主要 90 个城市 8 大港口，基本形成了高附加值快捷运输网络。全路五定班列运输网络如图 8 – 11 所示。新方案在全国主要货物集散地，特别是高附加值货物集散地建立起一个快捷、准时的运输网络。

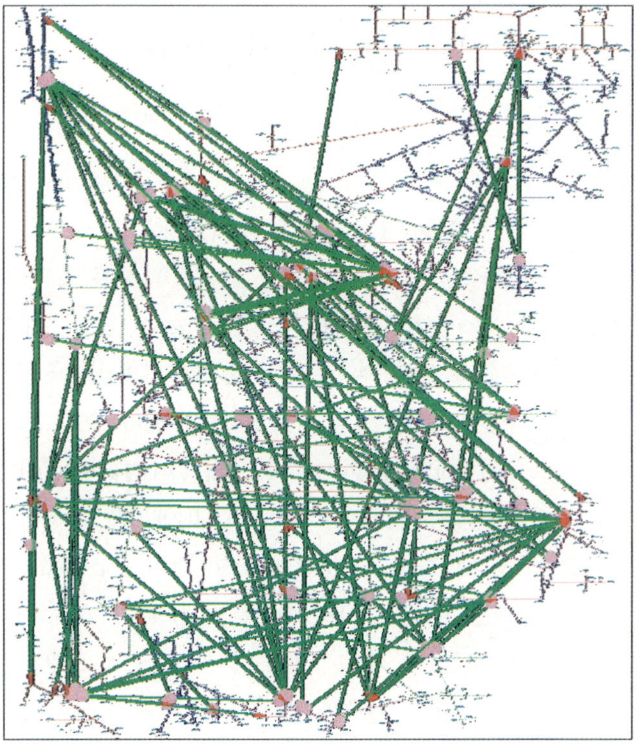

图 8 – 11　全路“五定”班列运输网络

(1)“一站装、一站卸”快运直达班列

向社会推出了45条一站装车、一站卸车的一站直达快运班列新方案，是铁路货运精品中的精品，推动班列发展到一个更高的产品层次。

同时为充分发挥运力，组织开行双向对开“五定”班列，在全国主要经济区域间安排了33对66条往返班列运行线，占全部方案的54.5%，如图8－12所示。

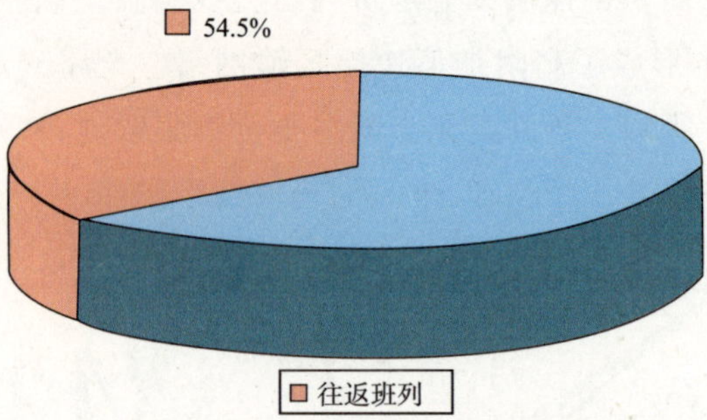

图8－12　往返班列占全部方案的比重

(2)海铁联运集装箱班列和双层集装箱班列

集装箱运输作为先进的货物运输方式，近年来发展迅猛，在发达国家的铁路运量中占有很大的比重。美国北柏林顿圣塔菲公司达到49%、诺福克南方公司达到41%，法国达到40%，英国达到30%，印度达到35%。2005年全国铁路集装箱发送量为5 907万t，仅占全国铁路货运量的2.2%，远远低于国外铁路的水平，国内的市场份额也仅占13%左右，下降的趋势非常明显。“十一五”时期，集装箱的发展除依托于路网整体能力的提高外，要重点加快集装箱中心站的建设，迅速提高核心站的组织能力，形成以18个节点站为中心、以靠近省会城市的40多个专办站为结点、以100个左右中等城市所在地的办理站为补充，现代化程度高、规模能力强的铁路集装箱站场布局。要加快干线班列运输网络建设，加大点到点的集装箱班列运输组织，特别是双层集装箱班列以及过境国际班列。同时，要完善集装箱信息系统建设，加快建立箱车管理、物流服务、集中监控等子系统，实现与客户之间的数据共享，提高服务水平，确保到“十一五”末期，集装箱运量能达到1 000万TEU。

第六次大面积提速调图中，考虑市场需求，集装箱运输班列线大幅增加，铁海联运班列线42条，为大力发展集装箱运输，建立社会综合运输体系奠定了良好基础。在集装箱班列的运输组织中应对货运市场结构、货运组织结构和基础设施结构整合，通过实施班列大客户战略，使集装箱班列，特别是直达快运班列的快速、高效、大运量得到充分发挥。建立运行图班列运行维护机制，制定计划去向倾斜的具体政策和集装箱班列箱、车保证办法，满足稳定大宗集装箱货源运输需求，提升集装箱班列运输的品牌效应和示范作用。

图8－13　集装箱班列双层集装箱班列

(3)小汽车物流班列

随着经济社会的快速发展和人民生活水平的不断提高，我国小汽车的生产和消费持续快速增长，预计到2010年我国小汽车生产总量将达到500万台。目前国内小汽车92%以上通过公路运输，铁路市场份额仅为2%，大大低于发达国家铁路的水平(美国铁路为50%，欧洲铁路为35%)。铁路应抓住能力提高的有利时机，把握住我国小汽车市场快速成长的机遇，及早动手开发这个潜力巨大的市场，大力提高铁路在小汽车运输市场上的竞争力。

第六次大面积提速调图中，考虑到小汽车运输市场的需求，增加小汽车等专业运输班列线，设计小汽车物流班列线近20条，为大力发展小汽车物流，建立社会综合运输体系奠定了良好基础。

以“运行客车化、服务承诺化、价格公开化和管理规范化”的五定班列，提高了我国铁路货运直达化、准时化、集装化的程度，向广大客户提供了更加优质的货物运输服务，推动我国铁路运输不断向集约化、专业化方向及现代物流方向发展。

图 8－14　小汽车“五定”班列

3. 行包(行邮)专列

中铁快运和中铁行包公司合并重组，其主要目的就是优势互补，做大做强，加快铁路行包和快运事业的发展。到 2010 年，全路行包运量要达到 2 000 万 t，比 2005 年翻一番。铁路应抓住“十一五”期间建成一批行邮运输基地的有利契机，充分发挥新体制的优势，牢固树立现代物流理念，利用好既有营销网络，大力提高行包专列的开行质量和行李车的利用效率，不断增加行包特快列车的开行数量，实现铁路行包运输的大发展。图 8－15 为停在车站的行包专列。

第六次大面积提速调图中，考虑市场的需要，开行特快行邮专列

图 8 - 15　行包专列

4 对，快速行邮专列 1 对，行包专列 14 对，并进一步优化了列车开行方案。

（1）优化时刻：优化了行邮、行包专列发到时刻和沿途作业时间，压缩了行邮专列总运行时间。

（2）提高列车牵引能力：对 5 对行包专列牵引机型和运行速度进行了调整，调整后全程编组可增加 1 ~ 4 辆。

货运产品重载化和快捷化是世界铁路运输发展策略的两大战略性任务。重载化能大幅度提高运输效率，降低运输成本，保持铁路在大宗、散装低值货物运输市场的竞争优势；快捷化旨在提高货物送达速度、缩短送达时间、保证准时送达，增强铁路在中、高附加值货物运输市场上的竞争力。随着客运专线和城际铁路的建成，未来部分线路将实现客货分线，运输能力得到较大释放。除了大力开发货运重载、大宗货物直达系列产品外，应继续优化快捷运输组织，推出货运新产品，提供集装箱、小汽车运输等物流化服务，打造完整运输产品，满足社会上多品种、多层次货物的运输需求。

第三节　客货运营销策略创新

重视市场营销是市场经济条件下各国铁路的共同策略。德国铁路货运公司提出了“面向货主、优化核心业务、物流化、国际化”的货运营销战略，按照市场机制，重视营销，开展各种营销业务成为了一种普遍现象。国外铁路以建立完善、高效的信息系统为基础，实现了营销水平的提升。为进一步提高运输组织质量，强化服务意识，创新服务手段，实现铁路客货运输的新突破，铁路应不断创新客货运输营销方式，满足市场需求，实现铁路运输企业与客户的双赢。

一、铁路大客户战略的实施

(一)国外铁路大客户战略发展

“以货主为中心”，简单的讲就是谋求与货主建立长期稳定的关系，在发展中通过提供“一对一”的个性化产品和服务，不断提高货主的满意度和忠诚度，最终实现双赢，这一新的营销理念恰恰也是客户关系管理 CRM 思想的精髓所在。

根据二八理论，在市场经济发达国家，重点培育和优先支持重点大客户是一个成功的做法。

美国Ⅰ级铁路一直奉行二八的营销策略，将市场营销工作的重点放在大客户上，取得了明显的成效，也更符合运输方式的分工协作，因此，改善和加强为大客户提供的合同服务、定向服务，组织长途直达或直通列车，实行“门到门”运输应当是铁路货运营销的重点。

美国 CSXT 公司(切西滨海铁路运输公司)主要从事铁路煤炭、小轿车、钢材、食品等产成品运输，他们从 4.5 万家客户中选出 230 家大客户作为重点服务对象(其运量和收入分别占到公司总量的 80%)，在运力等方面给予全力保证。德国铁路货运公司 320 个钢铁、化工、汽车大客户运量占总运量的 85%，货运公司主要围绕这 320 家大客户展开服务。

加拿大太平洋铁路公司CPR为大客户配备专门客户经理，实行优先运输和优惠运价，给予较高付费信用额度，并从信息服务等方面提供每周7天、每天24 h不间断的优质服务，满足大客户更灵活和更个性化的需求。

我国铁路瞄准长远，培育市场，发展大客户战略。通过大客户战略的实施，进一步提高运输组织质量，强化服务意识，创新服务手段，实现铁路货运服务的新突破。

（二）铁路大客户战略实施的意义

铁路实施大客户战略，旨在更有效地确保重点物资运输，提高铁路货运服务质量，优化铁路货运组织，巩固扩大铁路货源，发展铁路与运输大客户的战略合作关系。

基于客户关系和大客户管理理论，铁路为了适应市场需求，巩固并扩大市场份额，应加快实施铁路大客户战略。结合区域经济发展特点和运能变化趋势，在煤炭、钢铁、石油、粮食、港口等重点企业建立稳定的大客户群，确保铁路为大客户提供可靠的运力保证，大客户为铁路提供稳定的大宗货源。

实施大客户战略可使企业通过明确目标客户，有的放矢地使用资源，使各类资源重新配置；可使企业集中对大客户进行营销，使之更具适应能力和有利于集中化管理；可使企业更深入地了解大客户的需求，抓住关键，提高效率；也可更有利于企业与大客户关系的维护，实现双赢。

在目前铁路运输能力非常紧张、“瓶颈”制约没有根本缓解的情况下，铁路实施大客户战略有利于进一步优化资源配置，将有限的运输能力向大客户倾斜，满足国家重点企业的运输需求，是优先保证国家重点物资运输的战略之举；也是铁路适应市场经济发展需要，调整货运产品结构，实现集约化、规模化转变，构建未来货运发展方向的积极探索。在现阶段铁路运力紧张情况下培育的大客户企业，将成为铁路稳定的战略合作伙伴和货源供给者。

(三)铁路大客户战略的服务理念和发展程序

根据大客户理论,铁路大客户是指在社会经济发展中具有重要影响,在铁路运输中具有大宗稳定货源和运量,按规定程序与铁路签署长期战略合作协议的企业。大客户服务实行全路统一服务内容、统一服务标准、统一发展条件和统一信息技术平台。

1. 大客户运输服务的理念

(1)服务宗旨:确保重点、相互支持、互惠互利、合作共赢。

(2)服务理念:VIP服务、无缝隙运输、年运量确保、专通道交费、全方位信息。

铁路对大客户的年运量、月计划、日装车、运费结算、运输服务等方面建立“绿色通道”,实行统一管理,为大客户提供手续简便、计划优先、运力倾斜的优质服务。为给大客户提供方便快捷的运输服务,建成了中国铁路商务网,搭建了路企双方电子商务平台,大客户的月计划和日请求车的提报与查询全部实现互联网操作。着力提高对大客户的服务质量,在计划受理、运力安排、装车组织、信息服务、资金结算等方面不断改进。

(3)服务方式:铁路局指定专职部门,指定专人,实施客户经理负责制,负责客户运输全过程。

2. 大客户的发展

(1)发展条件:符合下列条件的企业可以作为铁路大客户服务的发展对象(条件适当放宽,为大型物流集团进入奠定基础):

①经国家行政主管机关登记注册,符合国家产业政策,具有良好的市场信誉,是向铁路支付运费的独立法人主体。

②遵守国家的法律法规以及铁路有关规章制度,能按照铁路运输集中统一指挥的原则配合铁路搞好货运组织工作,愿与铁路建立长期协作关系。

③具有稳定的货源,每年铁路货物发送量100万t以上或运输付费5 000万元以上。

④所辖装车点应具备铁路信息网络接入条件和整列(成组)装车

作业条件。

(2)发展程序:企业填写大客户申请→铁路局大客户管理部门审核→铁道部大客户管理部门核准,→铁路局建立大客户战略关系。

(3)发展形式:对核准发展的客户,铁道部向铁路局发委托书→铁路局与大客户签订战略合作协议和颁发大客户证书(举行签字仪式,铁路局法人和企业法人参加,树立品牌影响)→大客户与铁路局签定专项协议:运输交费协议(长期)、信息技术服务协议(长期)、运量互保协议(一年一签)。

(4)大客户发展原则和目标:按照大客户的发展条件,成熟一家发展一家,在实现高质量服务的前提下,稳步推进。目标为:实现铁路大客户发运量占全路发运量的60%以上,运输付费占全路货物运费收入的70%以上。

(5)大客户服务执行力考核:铁道部对铁路局实行量化考核,考核的主要内容包括年运量的兑现,各项协议内容的兑现,客户对铁路有无不良反映等;铁路局对客户实施等级评价,对优质客户实施更大的运量倾斜。

(四)铁路大客户战略的规划与实施

1. 大客户战略的实施与取得的成效

按照2004年全国铁路工作会议的总体部署,2005年年初提出了实施铁路大客户战略,先从煤矿、电厂、港口等大型企业试点,对符合大客户运输条件的客户实施协议运输,与其签订年度运量,实施“五统一”和“五优先”的运力保障。即:统一签订年度运量,统一月度计划、日装车、运费结算和信息服务管理;优先计划、优先装车、优先挂运、优先卸车及信息服务,铁路以优质的服务赢得企业的信赖,企业以稳定的货源保证铁路运量,互惠互利,合作共赢,发展长期的战略合作伙伴关系。

2005年元月,铁道部选择了中煤平朔、山西焦煤、大同煤业、中储粮公司、吉粮集团、潞安能源、兖州煤业、淮南矿业、青岛港9家铁路年运量在100万t以上的国家大型重点企业作为全路试点,

9 家大客户 2005 年全年完成运量 17191 万 t,见表 8-3,占国铁总运量的 7.5%。

表 8-3　2005 年 9 家大客户铁路运量全年目标

大客户	全年目标（万 t）	全年完成（万 t）	完成年目标率（%）	同比增减	同比增减率（%）
合　计	18200	17191	94.5	64	0.4
中煤平朔	3800	3458	91.0	189	5.8
大同煤业	4100	3900	95.1	-21	-0.5
山西焦煤	2450	2606	106.4	239	10.1
潞安环保	1510	1588	105.2	83	5.5
兖州煤业	2100	1534	73.0	-565	-26.9
淮南矿业	2070	2093	101.1	174	9.0
青岛港	1450	1466	101.1	17	1.2
中储粮	120	123	102.7	67	118.8
吉粮集团	600	423	70.5	-119	-22.0

在试点成功的基础上,2005 年 11 月铁路大客户推广发展到 100 家,其中煤炭企业 70 家、冶金企业 20 家、石油化工企业 4 家、磷矿企业 1 家、化肥企业 2 家、粮食企业 2 家和港口 1 家,涉及全路 18 个铁路局。

2006 年,铁路大客户战略继续深入推进。一是大客户运量实现大幅增长。100 家大客户企业全年完成运量 74724 万 t,占国家铁路总运量的 30.6%（表 8-4）。2006 年大客户运量比 2005 年实际完成增运 4966 万 t,增长 7.1%,比国铁货物总发送量增幅高出 1.3%,国家重点煤矿、电厂、钢厂、港口运输需求得到了有效保证。二是大客户运输服务质量进一步提升。到 2006 年年底,100 家大客户基本实现了运费集中结算操作,实现了对大客户的年运量、月计划、日装车、运费结算、运输服务等的统一管理,为大客户提供手续简便、计划优先、运力倾斜的优质服务。在当前铁路运力紧张情况下,通过实施大客户战略较好地实现了将有限运力向重点企业和重点物资运输倾斜。三是大客户运输管理进一步规范。2006 年，为进一步做好铁路货运大客户服务管理工作，提升铁路对货运大客户的服务质量，在广泛征求各局意见基础上，对“铁路货运大客户运输服务管理办法”进行了修订完善并以部文正式发布。修订后的办法中，新拟订了战略合作协议、运量互保协议和大客户系统技术支持服务协议等相关文件，进一步规范了对大客户的运输服务管理工作，进一步提高了对大客户的服务水平，为继续深入推进大客户战略奠定了良好基础。大客户战略的实施，为缓解煤电油运紧张状况、保证国民经济平稳运行做出了积极贡献。

表 8－4 2005～2006 年铁路大客户运量统计分析

序号	行业分类	企业数量（个）	2005 年	2006 年	
			实际完成（万 t）	实际完成（万 t）	同比增减率（%）
1	煤炭	65	58 675	62 126	5.9
2	冶金	20	6 721	7 914	17.8
3	港口	1	1 471	1 761	19.7
4	化肥	2	439	472	7.7
5	粮食	6	732	648	－11.5
6	磷矿	1	281	347	23.6
7	石化	5	1 440	1 456	1.1
合计		100	69 758	74 724	7.1

2. 推进和完善大客户战略

2006 年 3 月，全路运输工作会议指出：铁路大客户企业要在 100 家基础上稳步发展，最终实现大客户年运量达到全路货物运输运量的 60% 以上，其运输付费达到全路货物运费收入的 70% 以上。

2007 年上半年，全路规划大客户总数达到 136 家，2007 年年底发展到 200 家，运量占全路货物运量的 50% 以上。

2008 年，全路规划再发展 100 家大客户，实现全路货运大客户达到 300 家，运量占全路货运总量的 60% 以上，运输付费占全路货物运费收入的 70% 以上的目标。

全路货运大客户发展规划如图 8－16 所示。

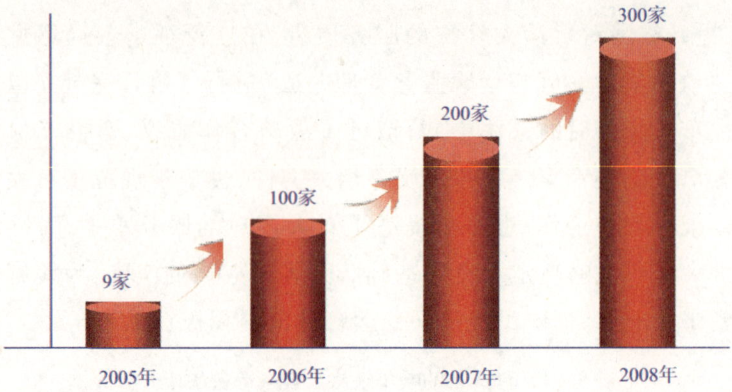

图 8－16　全路货运大客户发展规划

铁路货运要走集约化、规范化之路，到 2010 年，铁路将建成覆盖全国重点区域的一大批年发送量 100 万 t 以上的大宗品类战略装车点，大大增加大宗直达重载列车的开行比重。而铁路货运的发展，首先依赖于大宗、稳定的货源，没有大宗稳定的货源为基础，建设铁路战略装车点的改革就根本无从谈起。实施铁路大客户战略，使铁路货运的改革和发展落到了实处。

完善大客户的管理办法，做好大客户企业年度运量的确定，将运量大或收入高、货源稳定、装车点集中并能整列装车的大型企业吸纳为铁路大客户，提高运量承诺的兑现率；在运力支持方面特别是在运力紧张地区，要体现效率优先原则，引导大客户企业加大投入，优化生产作业组织，努力提高装卸车作业效率，共同提高铁路运输的效率和效益。自 2007 年开始，铁道部组织各局对年运量 100 万 t 以上的客户进行了调研，就开展“路矿（厂、港）”直通运输工作进行了研究，并确定了国铁机车直入直出矿、厂、港口及合地铁的运输组织模式，减少了作业的中间环节，提高了作业效率，既减少了企业为多余运输环节所付出的车辆、机车等购置、使用成本，同时也对铁路的挖潜提效工作开辟了新的发展空间。此外，结合大客户战略的实施，在对 17 家主要钢厂实施均衡运输、精细化管理模式的基础上，在全路逐步进行了推广，重点是根据钢厂库存、日耗或者口岸站的车流情况,从装车站源头组织均衡运输,通过强有力的统一指挥,为实现双赢创造条件。

在推广装车大客户的同时,应该规划和发展卸车大客户。做好大客户各项运输服务工作,从计划受理、配空、装车挂运和运输费用结算等各环节,形成大客户运输服务的绿色通道。在完善大客户运输服务的基础上,稳步发展大客户,逐步扩大数量,对大客户的运输需求要重点保证,装车计划兑现率应该达到95%以上。

要将大客户企业逐步推广,扩大铁路与大客户的战略合作范围,实现路企互利双赢。

二、客货运输服务质量创新

提高服务质量既是铁路部门落实以人为本、构建和谐社会的根本宗旨,也是铁路自我发展的长远需要。铁路现代化不仅仅是速度的提高、装备的改善,更主要的是服务理念和服务功能的提升和转变。

(一)运输产品是一种特殊的服务商品

随着市场竞争的进一步加剧,企业之间的竞争已从质量竞争、价格竞争发展到了各项服务的竞争。铁路应改进现行的服务体系和服务模式,树立以顾客为中心,全面满足顾客需要的经营理念,有效地根据顾客的需求,提供顾客所需要的列车运行组织模式、运输服务系统和信息服务体系,把以生产和内部效益为中心的运行体制转变为以服务顾客和顾客外部效益与运输企业内部效益相结合的综合运输体系。

运输产品作为一种特殊的服务商品,本身是无形的,运输业的服务与客户的消费过程在时间上是同一的。客户是按照价值最大化的原则对运输企业及其所提供的产品进行选择的。按照客户满意理论,对于铁路运输业来说,提高服务质量的过程也正是提高客户让渡价值的过程。提高客户让渡价值可以通过两种渠道实现,即提高整体客户价值,包括提高产品价值、服务价值、人员价值和形象价值或者减少整体客户成本,包括减少客户的货币成本、时间成本、体力成本和精神成本。从上述各方面考虑,铁路客运服务质量主要反映在客票发售、乘降组织、餐饮供应、服务态度等方面;货运服务质量主要反映在货运计划、发到手续、信息查询、保价服务等。

铁路企业服务的精益化说到底是以人为本为宗旨,提供人性化的服务。在运输市场竞争日益激烈的今天,公路、航空、铁路运输所提供中短途运输产品的同质化越来越强。从某种层面上来说,市场竞争越来越表现在细节上的竞争,谁能为旅客、货主想的更周到、细致,谁就会在竞争中取胜。

我国铁路运输正逐步树立以客户为本的服务理念,从改善服务硬件和软件入手,不断改进服务方式和手段,努力提升铁路整体服务水平,努力使铁路精益化的服务贯穿整个运输生产、消费过程。在售前服务中,购买运输产品前的营销,为旅客、货主不厌其烦的介绍产品的特性,解答疑难;售中服务时,通过多种渠道和方法方便旅客、货主购买铁路运输产品;消费服务过程中,提供旅客上车前在候车室等候列车的服务、站台层候车服务,以及列车内的服务等。

(二)创新服务模式,建立 CRH 品牌

借鉴航空等行业服务标准,建立具有中国铁路特色的动车组列车服务标准体系。制定了动车组列车站车服务、供餐服务、保洁服务等一系列服务标准,创新推出特色服务项目,进一步满足旅客快捷、方便、舒适的旅行需求。

1. 把卫生保洁和餐饮服务作为提升动车组列车服务质量的突破口。动车组列车实行专业公司全程保洁,承担动车组列车库内、折返和随车保洁工作,随车保洁按一列 2 ~ 3 人配备,做到动车组列车的厕所和盥洗间一用一清,整体干净整洁舒适。

推行动车组列车餐饮供应和保洁集中管理,引入市场机制,实现餐饮和保洁的规模化、标准化和规范化经营,确保餐饮供应质量和保洁质量。以动车组列车为载体,变革餐饮供应方式,努力提高餐饮质量,不断提升客运服务水平。

2. 方便旅客乘降。动车组列车在始发或终到站的折返时间 20 ~ 30 min,完成旅客乘降,工作时间紧,劳动强度大,必须打破传统的旅客列车乘降组织流程，进一步强化站车作业标准，优化作业程序，确保折返时间内高质量完成旅客乘降工作。

全面改善站车服务设备设施，进一步改善旅客乘车环境。在动车组列车大量开行的车站，开辟专用售票窗口、候车室（区）和进出站通道，固定站台使用，推进自动售检票系统建设，适应动车组列车大密度开行和客流大进大出的需求。

3. 实行灵活的票价政策。在广深港和沪宁杭等动车组列车大密度开行区段，试点推出 CRH 购票优惠卡策略，加大市场营销力度。建立 CRH 优惠卡系统（图 8－17），与客票系统交换数据。铁道部统一制定商务规则，铁路局发行 CRH 优惠卡。

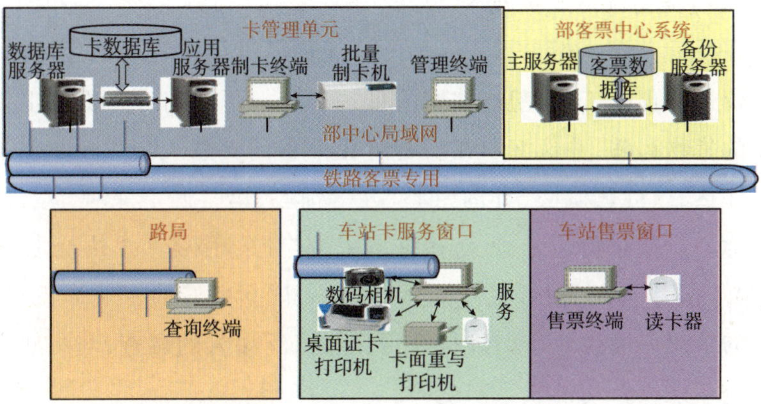

图 8－17 CRH 优惠卡系统

4. 建立新的列车乘务员劳动组织方式，优化列车乘务人员配置。

5. 打造高品位的服务质量。要切实做好“主动服务”，努力做好“需求服务”，认真做好“重点服务”。

6. 推广“铁路客运服务质量综合评价体系”，巩固扩大“树标塑形”活动成果。

（三）货运办理方式创新

铁路货运企业要在营销实践中从以运输产品为中心的营销理念转变为以客户为中心的营销理念，有效的途径就是开展业务流程再

8

造，通过业务流程再造将这种理念贯彻到企业经营运作的每一个环节中去。

铁路在集装箱运输集中办理方面开展了尝试，在重点城市或地区设立了集装箱营业部或区域运输服务中心，对集装箱运输实行了统一受理，分站操作。推进全路货物运输办理方式的变革，推行货运集中办理、优化装车，承运办理和交费等手续实行网络化管理，货运营销办理部门在接受客户申请之后，再对管辖范围内的运力资源进行统一调配，车站只负责装卸车作业。

这种货运办理方式在试点成熟的基础上要逐步推广，以全面提升我国铁路货运工作的水平，实现运输效益最大化。

（四）提高货运服务质量

在货运方面，创新货运办理方式，深化星级优质货场创建活动，完善保价运输理赔工作，塑造铁路的良好形象。不断向客户提供他们所期望的货物运输，并让客户在消费过程中感到满意。在实际工作中做到工作热心、待客诚心、查询耐心、办事细心、语言暖心来换取客户的满意称心。铁路货运从业人员应该采取"上门服务"、"快捷服务"、"一揽子服务"等多种形式直接面对用户，树立良好的企业形象，赢得用户的信赖。通过对市场进行经营性和广泛深入的调查，与一些主要生产企业建立密切的联系制度等。

三、客货运信息系统的完善

（一）客票系统建设取得新的突破

为适应铁路客运快速网对客运新产品销售的新需求，截至 2006 年 8 月底，全路顺利实施完成了客票系统软件 5.0 版本升级工作，全路客运营业站基本上采取了计算机售票，计算机售票站数量达到1 942 个，其中1 611个联网售票车站；计算机联网车站发送人数占全路总量的 88.0 % 左右。

客票系统软件 5.0 版本升级整体提高了客运信息化程度、创新了客运组织模式、提升了管理水平，创建并优化了系统数据结构和体系。

实现区域资源的集中管理，改变了票库分散的模式，将票额集中于地区中心；统一票额用途，统一票额流程；票额集中调配、管理和监控。充分利用席位复用、票额动态调整、票额共用、团体票洽商等多种技术手段，建立新型的售票组织机制，挖掘能力利用潜力，强化站、车预报信息传递的新流程，提高列车全程上座率，实现全路效益最大化。提供多种销售手段，建立客票信息共享平台。

（二）货运系统建设取得新的突破

1. 整合现有生产系统，建立货运营销及运力配置子系统。实现货源、车流信息的及时采集，月度计划的快速自动化编制，计划管理的系统化和智能化；建立综合货运服务系统。实现基于互联网平台的铁路货运业务办理、货运信息服务和客户关系管理。

2. 积极推进货运计划、运货五、货票互联互通。在南昌铁路局试点成功的基础上，在全路范围内全力推广三个系统的互联互通与信息共享，并优先运用到大客户战略管理中。实现货运基础信息共享，规范货运业务管理，提高货运管理效率和质量，为全面提高货运计划管理信息化水平提供信息支持和硬件基础。

3. 完善大客户管理信息系统。配合大客户战略在全路的推广实施，加快完善大客户关系信息系统，增强系统稳定性，简化系统操作界面，加快系统信息处理速度，建立大客户系统应急保障和咨询维护机制，方便大客户的信息查询和系统应用。同时，按照大客户战略总体推进计划部署相应的软、硬件和建立信息通道，保障大客户战略的顺利实施。

四、铁路大客户战略实施案例

以大客户之一——淮南矿业（集团）为例，对大客户战略实施取得的成效进行分析。

淮南矿业集团，地处安徽省中北部，储量大，煤种优良，为优质动力煤，素有“绿色煤炭”美称。区位条件优良，交通便利。目前煤炭市场遍布闽、粤、赣、苏、浙、沪等南方各省，并通过阜阳北支点经铁路二通道运输填补鲁豫市场，通过合肥支点，经合九线、衡马线开辟鄂东市场，通过裕溪口经水路完成对沿江省市的煤炭供应和出口运输。

淮南矿业是2005年铁道部首批9家大客户企业之一。通过协议，铁路坚持优先计划、优先配空、优先装车、优先挂运、优质服务，保证大客户物质的运输。对淮南矿运量实行计时管理，尽量实行定线运输。淮南矿优化组织生产，提高作业效率，保证装车，保证货源。为保障“大客户关系”、实现“双赢”目标，双方配合大客户战略实施采取的措施如下。

1. 铁路方

(1)成立路矿联合办公室，扩大信息共享程度。

(2)延长机车交路，实现一车到底，机车和车底循环往返矿区和用户，减少中间技术作业。

(3)提高重载直达列车比例，提高重载列车速度至60～90 km/h。

(4)对大客户年度运量中具备跨局直达列车开行条件的，组织有关铁路局铺画跨局直达列车运行图，为大客户提供稳定可靠的运力保证。

2. 矿方

(1)提高客户集中度。对于市场需求小于20万t改成水路或公路运输，尽量使铁路运输统一到站，减少编解。目前，点到点循环车底共有35对(表8－5)。

表8－5　实施大客户战略后开行循环车底情况

到　站	对　数	循环周期	到　站	对　数	循环周期
长兴、功塘	9	2.5	大　通	3	1
裕溪口东	9	2	巢湖西	3	1.5
南京北	2	2	安　庆	1	2
潘　集	4	0.5	望峰岗	2	1
田家庵	2	1	合　计	35	—

(2)购置设备。仅2006年企业购买自备车K60就有534辆，有效

弥补运力资源不足状况；购置 12 台 DF_{4B}，担当区段内小运转业务；购置 4 台调机，担当各矿取送车业务。

(3)矿区专用线的改造。投资 12 亿元进行矿区专用线改造，包括谢桥站立交疏解、站场改扩建等。目前各矿装车线有效长度均能保证重载4 500 t的装车要求。

(4)煤炭储装运系统的改造：投资 3 000 万元进口美国快装系统，装车效率达 40～50 s/辆，40 min/列。新型储煤仓可落可回，适应铁路运力到发不均衡状况。

(5)优化作业流程，加快机车车辆的周转，提高生产效率。

大客户战略的实施拓宽了“淮南煤”市场空间，从根本上解决了淮南矿业运输瓶颈制约，2005 年淮南矿业请求车满足率达到 88%（包含自备车和路车），比全国平均水平高出近 40%。大客户战略的实施使淮南矿业 2005 年全年铁路运量达到 2 093 万 t，比 2004 年增加 9%，实现了“双赢”目标。

8

第9章 铁路运输组织信息化

信息管理系统的建立和优化，智能运输的推行和应用，是当前运输企业技术创新的一个重要方面。

在铁路客运方面，完成了客票系统5.0版升级工作，建立了客运生产分析系统，建设了客票安全系统。

在铁路货运方面，开发应用了货运大客户管理信息系统，开发并推广了货运计划管理系统(FMOS)3.0版，建成了技术计划管理信息系统，升级了货票2.0版本，建设了货运安全监控信息系统，开发了集装箱业务集中办理信息系统和煤炭合同管理系统。

CTC、TDCS、OPMS、5T、GSM－R等调度指挥系统的相继投产，使得调度指挥手段实现了突破，加快了调度指挥现代化步伐，为第六次大面积提速调图顺利实施、确保安全持续稳定提供了坚实的技术保障。

传统的信号控制系统已难以保证列车的安全运行，必须发展我国新型列车运行控制系统。LKJ2000型监控装置、CTCS列控系统、ITCS增强型列控系统已相继投入使用。

编组站综合自动化系统通过集成与整合，建立共享信息平台，实现编组站决策、优化、管理、调度、控制一体化，达到综合自动化的目的。

第九章
铁路运输组织信息化

为解决铁路运输能力与运输需求的矛盾，缓解铁路对国民经济的瓶颈制约，铁路部门明确了信息化在和谐铁路建设中的重要地位和支撑作用，突出了以信息化的快速发展带动铁路现代化，适应新型工业化道路的要求。

第一节　铁路信息化的特性与功能

没有信息化，铁路的可持续发展就难以进行。信息管理系统的建立和优化，智能运输的推行和应用，是当前运输企业技术创新的一个重要方面。对于铁路运输而言，实现客货营销、运输指挥和安全监控等方面的信息化和智能化，不仅是资源配置的需要、生产效率提高的保证，更是提高服务质量和安全生产管理水平的关键。

一、铁路信息化的基本特性

信息化（informatization）的概念起源于 20 世纪 60 年代的日本，最初是日本学者从社会产业结构演进的角度提出来的，实际上反映了一种社会发展阶段的新学说。所谓信息化，是指社会经济的发展，从以物质与能量为经济结构的重心，向以信息为经济结构的重心转变的过程。在这个过程中，不断将现代信息技术装备运用到国民经济各部门和社会各领域，从而极大地提高了社会劳动生产率。社会产业性质在电子信息技术的驱动下，由工业社会和工业经济向信息社会和信息经济发展，是一个广泛利用信息技术实现社会生产和管理自动化的过程。

铁路信息化是以现代信息技术及相应设备为基础，通过对铁路生产、经营、管理、决策等相关信息资源的收集、加工、交换和分析利用，全面提高铁路系统管理、经营效率和竞争力的手段与过程。在统一规划及有序组织下，充分利用国内外先进的信息技术与网络资源，深入开发、运用各种信息资源及信息系统，逐步实现铁路市场经营、运输生产、社会服务、运行维护和管理决策等方面的现代化。铁路信息化是铁路现代化的主要标志，其目的是将信息技术广泛应用于铁路生产经营的各项活动中，改造传统产业，提高铁路运输生产率与竞争力。

铁路信息化与其他系统信息化相比，具有如下特性：

1. 覆盖区域广。我国国土面积广阔，目前铁路里程达 7 万多 km，要实现完整的铁路信息化，信息系统的建设需要覆盖全路，几乎遍及全国主要城镇，构成一个庞大的铁路信息网；信息广泛分散存储在部、路局、站段的相应计算机系统中，以分散处理为主，但又有较多的分布更新和远程查询需求。

2. 多层次性。铁路信息化将在铁道部—铁路局—站段三个层次上开展。不同层次的铁路信息系统具有不同的功能和管理范围，相应层次的信息管理人员拥有不同的管理和操作权限。信息分布呈层次特征，对信息的要求，上层较宏观，下层较微观。多数业务管理信息系统的内部联系以纵向为主，横向较少。

3. 多系统性。铁路系统可以按照职能划分为多个子系统，不同子系统功能迥异，需要以不同功能的信息系统作为支撑。铁路的信息化，需要构建多个不同的业务信息系统，并用合适的方式加以联结。每个业务信息系统既相对独立，又存在较多各业务信息系统之间的信息交换和共享要求。

4. 多运行方式。铁路大多数业务信息系统按批处理的模式运行，某些业务管理信息系统（如 TMIS 和值班信息系统）对信息处理的实时性要求较高。

5. 处理信息的多样性。需要收集的信息以单据、报表为主，但同时又要求具有处理文字、图像和声音的能力。

6. 需求多变性。由于铁路机构、管理体制、运行模式、生产不可能一成不变，从而要求信息系统具有良好的开发维护环境，建立集中的开发和控制中心，实现统一开发、维护、更新软件，以适应铁路的变化。

二、铁路信息化的功能

中国铁路正大力采用信息技术，充分利用现代通信技术、计算机网络技术、控制技术，建成高度信息化的铁路生产、管理营销网络。积极利用电子数据交换、互联网等技术，通过网络平台和信息技术将企业服务网点连接起来，实现资源共享、信息共用。铁路信息化对于建设和谐铁路具有深远的意义，主要体现在：

1. 提高管理效能。铁路运输经济的实质过程是保证各种物流的畅通，使之有目标的流动。铁路车、机、电、工、辆方方面面的信息，被视为创造经济价值的运输业“无形资源”，这些信息资源已成为影响生产力、竞争力和整个社会经济的重要因素。铁路运输生产能力、安全和效率在很大程度上取决于信息资源的及时获取、处理与利用。中国铁路运输系统具有广域性、分散性、连续性、管理集中性和实时性等特点，只有建设铁路信息化，实现信息正确、完整、实时的收集，及时把握铁路动态状况，才能保证整个铁路运输系统的协调、安全和高效，才能保证铁路运输经济高速、稳健地发展。

2. 赢得市场份额。铁路信息服务的市场化和社会化是提高铁路在运输市场竞争能力的重要手段。近年来公路、航空的快速发展使运输市场的竞争日益激烈，铁路的市场占有份额正在减少。信息化建设是改变目前铁路运输组织和管理信息不灵、铁路与市场之间联系不畅的根本措施。通过信息化的实施，可以大大加强营销力度，满足现代社会旅客、货主高效率、快节奏的要求，吸引更多的有效客流货流，为铁路赢得更大的市场，从而实现铁路的增运增收。

3. 降低运营成本。铁路信息化的引入，将人从繁复的劳动中解放出来，减少了职工数量，优化了职工专业结构，降低了人力成本；提高了管理效率，简化了管理环节，降低了营运费用和管理成本；节约了能源、材料、设备费用；加强了行车安全保障，降低了事故发生率，减少了潜在的事故成本。

4. 支持经营决策。正确的决策和战略的制定需要大量的基础信息和以这些信息为基础的统计分析作为依据。铁路信息化，不仅可以全面、正确地采集的实时信息，而且能够快速合理的比较、统计、分析原始数据和信息，对铁路的生产决策和发展战略，如计划的编制，车辆的调配，生产潜力的发掘，生产布局的调整，故障排除、事故救援、基础设施的新建和改造等，有着重要的支持作用。

5. 增强沟通渠道。铁路信息化管理一方面加强了铁路内部各层级、各部门、各环节的之间的联系，有利于铁路各系统、各部门的密切配合和相互学习；另一方面也促进了铁路和外部环境（社会、公众、地方等）的联系，有利于提升铁路外部形象，有利于创造铁路、地方、民众的和谐关系。

6. 保证行车安全。铁路信息化，实现了实时信息的采集，有助于有效掌握列车的行车状况，及时发现和排除列车故障，及时采取措施抢险救援。铁路信息化，提高了管理效率和质量，有助于合理安排列车运行计划、用车计划、检修计划，降低事故发生的概率。

铁路运输的发展，从根本意义上讲，要靠深化改革和促进经济增长方式的根本性转变，需要在改革管理体制、转换经营机制、加快科技进步、推进集约化经营等方面进行艰苦不懈的努力，而信息化正是最重要的现代化手段，能够通过改变铁路的生产方式、管理模式，极大地提高铁路的生产效率和运输能力。

三、铁路信息化建设重点

中国铁路信息系统是一个非常庞大、复杂的系统。铁路内部有着跨越全国各个地区的广域网，从铁道部到铁路局、基层站段，铁路内部网层层相连，运行着各种各样的信息系统。这些信息系统的建设和运用为铁路全面实现信息化提供了良好的网络及运用基础。目前铁路信息系统主要有铁路客票发售和预定系统(TRS)、铁路调度指挥管理信息系统(TDCS)、分散自律调度集中系统(CTC)、铁路运输管理信息系统(TMIS)、货运装车计划系统(FMOS)和集装箱追踪管理信息系统等。客票系统、货运计划系统和大客户管理信息系统等的进一步完善,为提高运输组织水平和服务质量创造了条件。

中国铁路信息主要是为运输生产服务的,涉及企业管理和决策的较少,铁路信息系统主要运用于铁路内部,和企业的外部沟通还不够。铁路信息化建设的重点是:

1. 加快实现铁路运输生产调度指挥的现代化。发展新一代调度集中系统,建立铁路综合调度指挥管理信息系统,发展列车运行控制系统,建设繁忙干线行车安全保障系统。

2. 推进铁路客、货运营销系统现代化进程。实现铁路客货运营销、管理信息化,发展电子商务系统,实现客货营销社会化。

3. 提高铁路运输企业经营管理现代化水平。发挥TMIS系统作用,组织运营管理信息系统各专业系统开发,建设铁路电子政务系统。

4. 强化铁路信息化建设的技术保障工作。建设和完善铁路运输通信网,建设宽带大容量数字传送网络,积极推进综合移动通信的发展,努力实现调度通信数字化、网络化,不断开拓运输通信新业务。

5. 强化铁路信息化安全。确保铁路信息系统安全,采用以信息技术、监控技术为主要技术支撑的行车安全保障装备和信息网络系统是以科技装备保安全的重要体现。

第二节　客运信息系统

一、客运信息化建设

近年来,铁路客运信息化建设取得了显著成绩,对运输生产和经营管理起到了很好的支持作用。

(一)客票系统优化完善

2006年,中国铁路组织完成了客票系统5.0版升级工作,客票发售和预订系统 5.0 版如图 9 - 1 所示。这个版本创新了客运组织模式,提升了管理水平。

1. 客票系统 5.0 版升级的必要性

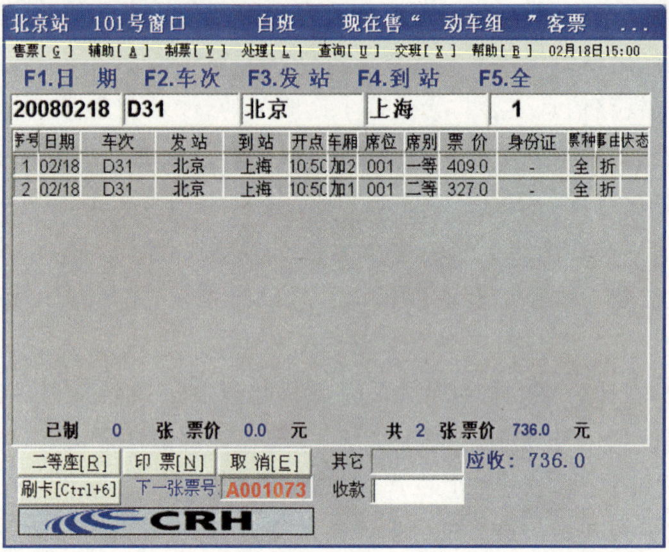

图 9 - 1 中国铁路客票发售和预订系统 5.0 版

(1)适应了客运营销的发展。随着第六次大面积提速调图和《中长期铁路网规划》的实施,客运专线的建设和客车装备的现代化将大幅度扩充客运能力,提升客运产品质量。通过应用软件升级,充分利用客票系统网络销售优势,在技术上支撑未来多种客运产品的不同销售手段,满足旅客多层次需求已成为当务之急。

(2)强化了客运组织管理。传统的票额管理调度是以车站为主,票额通过层层分配、切块,导致日常票额调整不灵活、票额资源不能充分实现共享。通过软件升级,优化票额管理和作业流程,强化了各级票额管理的调控力度,提高旅客列车能力全程利用率,实现了票额利用最大化。

(3)促进客运服务信息化建设。客票系统是一个覆盖全路庞大的实时交易生产系统,已成为收入、统计、清算、营销决策不可或缺的数据源。按照铁路信息化的目标,客票系统需要重新进行规范和改造,为客票信息共享及与其他系统实现数据交换打下基础，同时也为新票制和自动检票系统的实施，建设旅客综合服务和营销决策系统提供数据基础。

(4)适应新技术的发展。由于客票系统建设采用的是自下而上、从小到大的发展模式，系统结构、应用软件的应变能力与信息技术的更新发展不协调。系统升级可以逐步解决系统软件暴露出的诸如安全性差、扩展性不强、数据共享程度低、运营维护成本高等众多问题。

2. 客票系统5.0版的主要特点

与以前的客票系统相比，客票系统5.0版具有许多新特点，主要体现在以下方面：

(1)优化了系统体系结构。客票系统的体系架构由原来的三级建库(铁道部、地区中心、车站)变为两级建库(铁道部、地区中心)。取消了近1 000套车站服务器(目前保留大站358套)，大幅降低了系统的运营和维护成本，提高系统对生产力布局调整的适应能力。

(2)引入了"非动态负载均衡"概念。当一个铁路局中心主机能力受限时，通过扩展若干个负载中心，将客票系统业务分布在这若干个负载中心。它可以解决计算机硬件不能提供无限能力以及某些数据库不能提供系统能力扩展的问题，从而最大限度利用了原有资源，充分共享全路范围的系统能力。

(3)实现了灵活的售票组织方式。建立了有效的售票组织监控机制，强化灵活的票额动态调整手段，实现了站车预报信息的传递，可提供席位复用、剩余票额调整、票额共用、团体票洽商等功能。

(4)丰富了客票销售手段。系统的实施，为电子商务的实现奠定了基础，面向社会的多元化的售票模式，如电话订票、网上订票、自动售票、自动检票等，以及社会查询等，其他相关服务将随着条件的成熟逐步得以实现。在计价服务上能支持多种政策性优惠和客户关系优惠。同时，在支持传统现金支付的基础上，支持储值卡支付、银行卡支付、储值账户转账支付(支票和汇票支付)以及其他的混合支付。

(5)建立了客票信息共享平台。客票系统5.0版在铁道部和铁路局设计了专门的数据接口服务平台,可向收入、统计、18点统计传输客票原始数据,实现与其他系统的信息共享,优化了统计工作流程。

(6)提供了客运生产相关统计功能。系统采取交易与数据处理分离的模式,提供了部、局、车站三级统一报表,实现了系统自动生成及传输列车密度表等功能。

(7)改进了与客运电子商务的接口,支持通过软件进行系统灾备。目前,全路已建成包括铁道部客票中心、18个地区客票中心,在1890个车站的售票系统中,1875个车站实现了联网售票,已形成了一个覆盖全路的联网售票系统。通过联网售票系统发售的客票约占全路客运发送量的88%、客票收入的95%。另外,为保障客票发售与预订系统安全稳定运行,在铁道部和铁路局地区中心建成了客票安全系统。

(二)客运票务服务创新

全路所有直通旅客列车和管内快车基本安装使用了列车移动补票机,列车移动补票地面系统与客票系统已通过专用网络通道连接。在上海、海南、杭州、南京四站试行了磁介质车票和自动检票系统。部分铁路局也陆续开展了电话订票、短信查询(订票)、网上订票、储值卡售票(取票)等服务。

(三)建立客运生产分析系统

利用客运系统营销库,建立了全路统一的客运生产统计分析平台,实现了对客票数据的挖掘和利用。目前统计功能已在春暑运、黄金周期间和日常工作中使用。

(四)建设客票安全系统

1998年铁道部科研立项研发客票安全系统,2007年完成全路路局中级客票安全系统建设任务。同时重新公布了《铁路客票发售和预定系统安全设备配置技术规范》、《铁路客票安全系统使用管理暂行办法》。

二、客运信息化发展

树立以市场需求为导向的客票销售体系,完善客票发售和预订系统,按照科学的营销管理过程建立现代、高效的客运营销系统,满足旅客多层次需求,提高客运服务水平,实现旅客运输全过程的信息化,达到国际先进水平。实现客票销售渠道网络化、服务现代化、管理手段科学化,是客运信息化的发展方向。

(一)继续完善铁路客票预定与发售系统

随着计算机和网络技术的快速发展,以及铁路自身的不断发展。既有的铁路客票预定与发售系统要不断完善,主要工作包括:

1. 逐步实现铁道部、地区(车站)两级架构,开发适应客运公交化组织的售票版本。

2. 研究建立客票系统灾备体系。在现有本地数据备份的基础上,研究安全性、及时性更强的灾备系统架构。

3. 自动检售票工作在沪宁杭区段试行的基础上扩大实施范围。研究储值卡、银行卡等多种支付方式。开发磁票、非接触 IC 卡等多种票制。

4. 实现所有客运营业站计算机联网售票,取消常备客票。实现列车移动补票系统数据向统计、收入、清算系统的自动传递。完成车站补票系统开发,实现客票发售、收入审核、数据统计和信息上报工作的电子化。

(二)建设旅客服务信息系统

铁路客运产品销售手段目前面临落后和信息服务的滞后,不能适应铁路的高速发展和社会各界的需要,为增强铁路行业提供全方位综合信息服务的能力、提高铁路整体服务品质、树立铁路统一规范的服务形象,应建立客户服务中心。主要工作包括:

1. 完善旅客服务和管理功能。建立铁道部—区域中心—车站—列车四级数据平台,为旅客购票、出行、进站、候车、乘车、换乘、出站等提供全方位的信息服务。通过对引导、揭示、广播、监控、查询、求助、应急、投诉、残障旅客服务、延伸服务等服务资源,人力资源、餐饮服务、商品供应、产品推广、备品管理、客运设备设施、公益宣传等管理资源进行整合,形成统一的旅客服务和管理平台。

2. 启动铁路旅客服务中心建设。服务中心按照“一号通、一线清、多方式”的设计理念，坚持“统一领导、统一规划、统一标准、统一资源、统一管理、统一建设”的原则，在全路统一通信平台的基础上，通过电话、手机、互联网实现客运信息查询、咨询、服务质量投诉、订票等功能。

3. 研究拓展产品销售的 GDS 体系（即全球分销系统）。以电子商务的形式，将传统产业与信息产业有机结合，联合开发更全面的服务，连接民航、公路、饭店、商场、度假村、汽车租赁公司、旅游公司等相关行业，实现与其他交通运输方式的联合售票，提供“吃、穿、住、行、娱、游”一条龙综合服务，使铁路客票销售系统逐步发展成一个综合性的 GDS 体系。

（三）建设客运生产管理系统

传统的客运生产管理，无法应对铁路迅速发展和社会对铁路服务的要求，建设客运生产管理系统的主要工作包括：

1. 加快客运营销辅助决策系统建设。构建客运营销信息共享平台，在铁道部、路局、站段安装使用。实现各级数据处理、分析、查询与统计功能，为客运市场调查、分析、预测、产品设计与评价、经营效果评估等提供技术手段。

2. 建设旅客运输组织管理系统。建立旅客运输设备设施管理中心，优化资源配置；建立铁路客运员工职业规划与培训基地，提高员工素质；在客运专线、城际铁路和路网干线建成铁路旅客运输行车安全与旅客运输服务监控系统，建立以重点地区为中心的应急反应体系，实现异地监控。

3. 建立铁路客运信息安全管理体系。通过统一的管理平台，对安全设备与安全策略进行管理，实现全系统安全策略的统一配置、分发和管理，确保在发生任何安全事件和事故时，都能得到及时的响应和处理。

第三节　货运信息系统

一、货运信息化建设

铁路货运信息化建设取得了丰硕成果，通过货运信息化带动了铁路货运的快速发展。

（一）开发应用货运大客户管理信息系统

2005年，开发了货运大客户管理信息系统，完成了“中国铁路商务网大客户服务系统”、“大客户运费统一结算系统”、“货票信息共享系统”等的建设和实施。该系统可对大客户的年度运量、月度计划、日常请车、装车及运费结算等业务进行集中管理，为企业办理铁路运输业务节省了大量时间和成本，受到了广大企业客户的普遍欢迎。同时，该系统对铁路部门建立客户信息库，在加强客户运输统计分析，提高铁路营销管理水平，优化铁路运输组织等方面也发挥了积极作用。

（二）开发与推广货运计划管理系统（FMOS）3.0版

2007年开发了货运计划管理系统（FMOS）3.0版软件，3.0版软件优化了审批模型和计划编制流程，进一步规范了订单审批的作业过程，更好地体现了“公开、公平、公正”的原则，通过导航式的审批流程，实现了订单的智能化审批，缩短了计划周期，提高了计划兑现率，优化了货运计划编制流程。通过提供多种审批方式，适应不同的业务需要，大大提高了货运订单审批的质量和工作效率。另外，3.0版软件本在改善系统性能，提高功能模块运行质量，保证信息的安全与畅通等方面也有很大的改善。货运计划管理系统如图9-2所示。

1. 多种权重智能审批策略、优化审批方案，实现货运计划审批过程的公平、公正、透明；

2. 智能、定制多种审批策略、多维参考因素，缩短计划编制时间；

3. 控制数自动卡控、预留计划自动分配，降低计划编制人员工作强度；

4. 任意时间段、多项查询条件选择、电子地图快速定位、快速选定查询范围,操作方便、快捷、直观、准确;

5. 自动传输为主,辅助人工触发,确保传输准确、及时;

6. 业务权限管理,保证货运计划审批准确、无误。

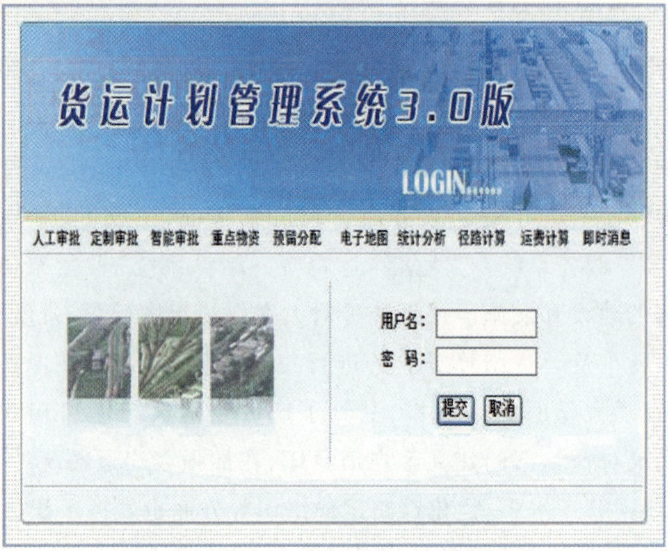

图 9－2 货运计划管理系统(FMOS)

(三)建成技术计划管理信息系统

技术计划管理信息系统包括信息采集、辅助决策、计划制定、考核分析、优化调整等功能,可以生成各种运输生产方案,实现货物运力资源配置的现代化管理。技术计划系统的投产使用,大大缩短了计划编制时间,提高了计划编制质量,降低了编制人员工作强度,在优化运力资源配置,为运力配置决策提供车流信息方面,发挥了重要作用。

(四)升级货票 2.0 版本

货票系统 2.0 版增加了杂费子系统和合资、地方铁路制票子系统,在原有的基层制票子系统中补充和完善了军运货物和集装箱一口价部分,改进了信息存储和传输的格式,并根据管理体制的改革优化了信息补充流程。升级后货票系统将包括货物从承运到交付的整个运输过程,涵盖国铁、合资铁路及地方铁路,覆盖货票和各种运费杂费,“货票”已经改变从过去单纯的铁路货票发展到了现在的“货运票据”。

(五)建设货运安全监控信息系统

初步建成了铁路超偏载检测监控系统,在全路京哈、京沪、京广、沪昆、陇海、京九六大干线的35个主要编组站,安装了112台超偏载检测装置,并实现了部、局、编组站三级联网。三级管理部门可实时监控六大干线货车安全检测信息,及时发现、处理超偏载问题,并且与5T中的TPDS信息共享、相互复示、及时比对,做到了有效衔接、互连互控和集中监控,实现了安全预警功能。另外,有关铁路局正在开展电子动态轨道衡的联网试点工作。在六大干线选择20个主要路网性编组站的出发场出口方向咽喉处安装了96套视频监视设备,实现了集中监控等基本功能,部、局、站段组建了货运监控台,铁路局、站段设置专人负责监控,起到了安全把关作用。

(六)开发集装箱业务集中办理信息系统

集装箱业务集中办理信息系统实现了各集装箱站集中在营业部办理相关业务,如集装箱月计划、日清车的集中办理和实际完成统计分析等管理等。

二、货运信息化发展

铁路货运在信息化上已取得了很大成果,但在信息共享、系统集成、基础建设以及为客户服务和运输生产服务等方面还存在一些不足。随着铁路改革与发展的不断深入,还有一些新的系统有待开发,既有的信息系统也要不断完善。

(一)优化与完善货运生产经营管理系统

货运生产经营管理系统在基础数据收集、信息综合统计分析、运力智能计算分配、运输方案自动制优化等方面,与实际需求存在差距,需要继续优化与完善,主要包括以下的内容:

1. 完善与推广可视化铁路路网货流车流分析系统。进一步完善系统功能,并推广应用于全路各级调度指挥部门,利用局间分界口

(ATIS)、路网性编组站的车流信息资源,在全路范围内准确推算车流,实时监控车流的变化趋势,动态测算分析各区段通过能力,实现我国铁路车流径路判定分析智能化和运输径路管理智能化辅助决策。

2. 完善货票系统,研究、试行电子货票。推进实施和完善货票系统2.0版,进一步提高货票信息的完整性、及时性和准确性,研究开发货票信息在监督检查、日常管理、决策支持等方面的应用。研究实行电子货票的实施条件和方案。

3. 开发新的功能,进一步完善运输组织管理信息系统。完善FMOS和技术计划系统。实现计划编制、考核分析和径路优化调整的一体化与智能化,实现各分界口上下行重空车流的基本平衡,结合站段生产力布局调整,提高使用车计划、卸空车计划、运用车计划和货车运用主要指标的编制质量。开发运力整合分配和运输方案自动制定和优化系统,共享既有铁路信息系统数据,获取必要的线路、站场、装卸能力等基础信息,结合运输需求方案,合理地整合组织一定范围内的运力资源,制定分阶段的运输生产方案。

4. 配合"集中受理,优化装车"的改革,建立面向全社会的货运电子商务平台。使铁路客户可以通过互联网提报运输需求,形成需求信息库,对需求信息进行集中分析整合。同时将信息集中到货运业务处理部门,将需求分析处理结果和装车方案发布至网站上供客户查询,提高货运业务处理的透明度。

5. 发挥铁路各级生产管理机构的作用,建设统一的专业运输信息系统。强化与全路运输组织、调度指挥、客货营销、经营管理等系统的连接,该系统由铁道部、铁路局、站段和专业运输公司共同使用。

(二)完善货运安全监控网络

以全路六大干线主要编组站和货运站安装的货运计量安全检测设备、信息设备为基础,采用先进的计算机网络技术及信息处理与集成技术,完善货运安全监控网络。主要工作包括:

1. 加强货运计量安全检测监控系统建设。对六大干线35个编组站的既有超偏载检测设备及检测监控试联网系统进行补强改造,拓展功能，进一步提高系统的稳定性、准确性和可靠性；分批、分阶段完成全路动态轨道衡设备的联网及应用系统的开发、实施，实现全路轨道衡计量监控信息的统一管理；加强超偏载检测监控系统和 TPDS 的互连互通，实现信息共享。

2. 建立危险货物运输安全监控系统。通过与 FMOS、货票、运货五种系统的信息共享，实现危险货物运输计划审批、车站承运、在途追踪和卸车交付的全程管理。加快危险货物运输事故应急救援管理信息化，实现事故救援预案、救援能力管理、救援方案生成、事故信息传输等信息化集成管理，从而全面掌握应急救援资源，及时高效施救。

3. 建设超限超重货物运输及限界管理信息系统。在现有超限运输辅助决策系统的基础上，建立全路超限超重货物运输管理信息，实现网络化规章管理、承运人资质管理、运输辅助决策、超限超重电报请示和批转、货物追踪、统计分析等功能。实现全路限界资料的动态管理，站段对限界资料的检测纳入设备的日常管理，随时更新数据，铁道部、铁路局能及时掌握最新的限界资料，能为超限货物运输提供决策依据。

4. 加强货车装载视频监视系统建设。在既有工作成果的基础上，进一步提高系统的自动化、智能化水平，实现与货运计量安全检测监控系统的互连，实现包括来车提示、“问题车”分类存储分析、货车重空状态核对、货物品名核对、篷布苫盖和押运信息提示、车次及车号信息显示等功能的扩展功能，完善系统的安全防护措施。

5. 加强装卸站（专用线、专用铁路）安全监控系统建设。推广西安西站货运安全集中监控模式，实现从站场作业到交接车全过程可视化实时监控、集中管理。

6. 加强货检安全集中监控系统建设。在丰台西站试点的基础上，提速干线 20 个主要货检站所在的铁路局组织在管内推广应用，将货检站既有货运安全计量检测设备和安全管理信息系统集成到一个管理系统，完善集中监控、实时监测报警、到达列车语音自动提示、数据综合处理等功能，实现从列车进站预检到列车出发的全程视频监控管理。

7. 在建立货运安全各子信息系统的基础上，建设部、局、站段三级实时监控管理平台，形成监测管理和决策一体化、覆盖全路的货运安全综合检测监控网络。

（三）建设货运综合服务信息平台

铁路各部门和专业基本都建立了相关信息管理系统，但各系统间相对独立，客户与铁路之间信息不对称、互连互通信息不畅；信息系统随业务系统分步开发实施，条块分割现象明显。这都要求建设货运综合服务信息平台。主要内容包括：

1. 完善大客户服务系统。开发"客户注册管理子系统"、"货运计划管理子系统"、"综合分析子系统"和"年运量子系统"等，同时向客户及时提供反馈意见、服务质量投诉的窗口功能，提升货运服务水平。

2. 建设物流信息服务平台。建立门户网站和物流信息平台，有序开发铁路信息资源，逐步实现网上受理、货物追踪、运价查询、货票查询、办理限制公布、规章文电发布、服务质量投诉、意见反馈等功能，研究为客户提供基础信息库、信息交换、电子结算等高端服务功能。

3. 开发建设短信息服务平台和货运呼叫中心。通过短信平台，直接向客户宣传政策法规、通报重大事件，将货主关心的订单审定结果、承认车批复、装车、货物在途信息、到货信息等在第一时间发送给客户。通过呼叫中心，开通全国统一的呼入号码，采用人工或自动方式，提供受理前、承运中和交付后信息，以及事故理赔与处理、运费缴纳情况等内容。

第四节　调度指挥系统

CTC、TDCS、OPMS、5T、GSM－R 等系统的相继投产，使得调度指挥手段实现新突破，加快了调度指挥现代化步伐，为第六次大面积提速调图顺利实施，确保安全持续稳定提供了坚实的技术保障。

一、列车调度指挥系统（TDCS）

铁路列车调度指挥系统（Train Dispatching Command System，TDCS）是在DMIS平台上发展而来的全国联网的调度指挥系统。它是采用现代信息技术建立的集通信、信号、计算机网络、数据传输、多媒体等多门学科技术为一体的综合型现代化运输调度指挥管理信息系统。

（一）列车调度指挥系统（TDCS）组成

TDCS系统如图9-3所示，由铁道部、铁路局、车站及网络构成。

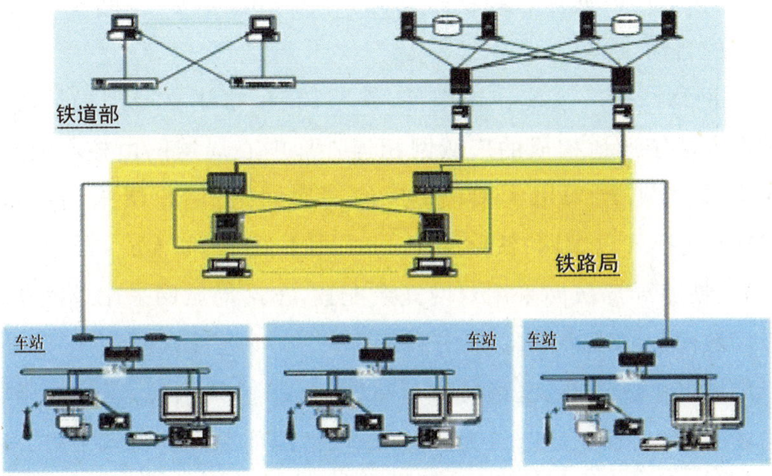

图9-3　铁路列车调度指挥系统构成图

1. 铁道部：调度指挥的最高管理层，该层TDCS系统由高性能服务器、调度工作站、网络设备、数据库等构成。在调度大厅内，设置有大屏幕投影显示墙，提供全路运输状况的宏观显示；监视各铁路局、主要干线、路局分界口、大型客站、编组站、枢纽、车站、区间的列车运行状态、运行统计数据、重点列车及车站的列车实际运行位置和站场显示状态。

2. 铁路局：直接指挥车站运行，是调度指挥的核心层。该层由高性能的数据库应用服务器、连接车站的通信服务器、调度工作站、网络设备、功能终端、数据库等构成。在调度大厅内，设置有大屏幕投影显示墙，提供宏观显示，监视路局内主要干线、路局分界口、大型客站、编组站、枢纽、车站、区间的列车宏观运行状态，以及运行统计数据、列车实际运行位置、车次跟踪等。铁路局 TDCS 系统接收各站的现场行车信息、列车信息，下达指挥信息和计划信息（阶段计划、调度命令等），并向上级系统提供基础信息。

3. 车站：为 TDCS 的基础信息采集处理层，它由车站 TDCS 采集分机、车站车务终端、网络设备构成。它从信号设备及其他设备上采集有关列车运行位置、列车车次输入校核及跟踪、信号设备状态等相关数据，并将上述数据传送到铁路局，同时实现站间透明和车站运输统计报表的自动生成。

4. 网络：TDCS 系统在铁道部、铁路局、车站建立专用局域网，并通过专用数字通道构成的广域网相连。部中心局域网由核心层及用户层组成，核心层采用 1 000 Mb/s 的高速网络，用户层采用不低于 100 Mb/s交换式以太网；铁路局、车站采用不低于 100 Mb/s 的以太网；部中心、铁路局局域网采用双网冗余配置，车站局域网采用单网结构；各级局域网能实现集中监测，分权管理，并支持远程管理。

广域网由铁道部、铁路局和车站（场、段）沿线信源点组成。铁道部为核心节点，铁路局节点为区域节点，沿线信源点为接入节点，核心节点与区域节点共同构成广域网骨干网，区域节点与接入节点共同构成广域网基层网。广域网的骨干网采用部分网状网结构，通过两路多条专线组网，专线通道带宽每条不小于2 Mb/s。基层网根据现场实际情况，采用星形、环形或星形环形相结合的结构。

（二）列车调度指挥系统（TDCS）功能

TDCS 系统是三级分散控制、集中管理的运输调度指挥系统，它用现代信息技术改变了传统落后的调度方式，是我国铁路调度指挥现代化进程中的重要环节。TDCS 按照计划调度台编制的日、班行车计划，生成和下达阶段计划，并实时自动采集列车运行信息及现场信号设备状态信息，自动调整滚动阶段计划，实现调度对列车运行的实时追踪、实时调整和集中透明指挥。TDCS 系统的主要功能有：

1. 车站信号设备状态监视和列车运行监视；
2. 车站运行及进路排放的历史回放；
3. 日班计划、阶段计划的引入及下达；
4. 调度命令管理；
5. 列车运行计划自动调整并通过网络自动下达；
6. 列车车次号及早晚点实时显示；
7. 列车实迹运行图自动生成及绘制；
8. 区段间及车站间透明；
9. 列车车次自动跟踪及无线车次自动校核；
10. 列车动态追踪及查询；
11. 相邻调度台间行车计划的自动交换；
12. 列车运行图管理；
13. 车站自动报点及行车日志自动生成和打印；
14. 中间站站存车统计；
15. 列车运行正点率的自动统计和实时显示；
16. 分界口运输状况显示。

根据调度指挥的业务需要，铁路全面采用列车调度指挥系统，实现调度从计划、命令下达、实际运输到统计分析的全面的调度指挥管理信息化。目前，全路 TDCS 系统接入车站 5 006 个，占 79%，接入调度区段 215 个，占 71%，接入里程约 5 万 km，占 76%，基本形成了覆盖全路干线的调度指挥网。

二、分散自律调度集中系统（CTC）

分散自律调度集中系统（Centralized Traffic Contral System，CTC）是综合了计算机技术、网络通信技术和现代控制技术，采用智能化分散自律设计原则，以列车运行调整计划控制为中心，兼顾列车与调车作业的高度自动化的调度指挥系统。

（一）分散自律调度集中系统（CTC）的构成

新一代的 CTC 系统，是在 TDCS 平台基础上建立的、集调度指挥管理与控制一体的调度指挥系统，其构成如图 9－4 所示，由调度中心子系统、车站子系统和调度中心及车站之间的网络子系统三部分组成。

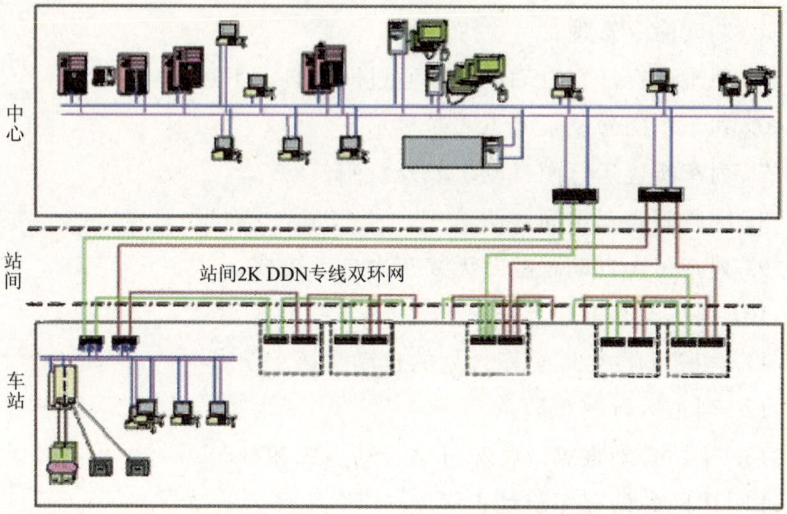

图 9－4　CTC 系统构成图

1. CTC 调度中心系统

适应铁路局直接管理站段的要求，分散自律调度集中系统控制中心设在局调度所，负责控制整个调度区段列车的运行。CTC 调度中心设备主要包括数据库服务器、应用服务器、调度员工作站、助理调度员工作站、值班主任工作站、控制工作站、计划员工作站、表示墙、综合维修工作站、网络设备、电源设备、防雷设备、网管工作站、系统维护工作站等，实现进路自动控制、列车运行监视、运行计划编制、运行图铺画与调整、列车追踪、列车采点和绘制列车实际运行图、调度命令管理等功能。

2. CTC 车站子系统

车站主要设备包括车站自律机、车务终端、综合维修终端、电务维护终端、网络设备、电源设备、防雷设备、联锁系统接口设备和无线系统接口设备等。车站自律机实时接收车站信号设备状态表示信息，进行列车车次号跟踪，收集行车运行实际数据，并上传至调度中心；能接收调度中心的列车运行调整计划和调车计划、直接操作指令，经检测判断后自动执行。车务终端采用双机热备冗余配置，主要完成车站的站场显示、计划浏览签收、调度命令浏览签收、站存车输入显示、列车编组顺序的生成、调车进路的人工直接操作、本站及邻近站的列车运行图显示等功能。

3. CTC 网络子系统

CTC 系统网络子系统由调度中心局域网、车站系统局域网和二者之间的广域网组成，它是由网络通信设备和传输通道构成的双环自愈网络。调度中心和车站系统局域网采用 10/100 M 以太网，安装双交换机，各服务器和工作站具备双网卡，物理上和逻辑上构成两个相互独立的子网。广域网由双数字通道、双路由器组成双重 IP 网络，拓扑结构采用以调度中心为核心的多环结构，能最大限度地保证了通信的可靠性。

（二）分散自律调度集中系统（CTC）的功能

分散自律调度集中系统（CTC）采用计算机分布式网络控制技术、信息化处理技术，将列车运行调整计划下传到各个车站自律机中自主自动执行。在列车运行调整计划的基础上，解决列车作业与调车作业在时间与空间上的冲突，实现列车作业和调车作业的统一控制。分散自律调度集中系统具备了调车进路路程控制和智能化控制的功能，有效地解决了车站与调度中心频繁交换控制权进行调车控制的问题，非常适合我国铁路客货列车混跑、调车作业量大的运输特点，符合铁路信息的“分散储存、共享使用、集中管理”的特征。

1. 控制模式

调度集中有分散自律控制模式和非常站控模式两种。

（1）分散自律控制模式：用列车运行调整计划自动控制列车运行进路，同时在分散自律条件下调度中心和车站具备人工办理列车、调车进路的功能；

（2）非常站控模式：指当调度集中设备故障、发生危及行车安全的情况或设备天窗维修、施工需要时，脱离系统控制转为车站传统人工控制的模式。

在分散自律控制模式下，原车站联锁控制台不起作用；在非常站控模式下，调度终端不起作用。

控制模式的转换由车站值班员在车站根据调度中心的调度命令进行控制操作，系统自动对控制模式转换操作做出明确记录，正常状态为分散自律控制模式。

2. CTC 系统功能

CTC 系统主要功能有：

(1)在 TDCS 基础上，系统具备列车运行计划人工、自动调整、实际运行图自动描绘，行车日志自动生成、储存、打印，调度命令传送，车次号校核等功能；

(2)在 TDCS 基础上，调度中心具备向车站、机务段调度、乘务室等部门发布调度命令以及经调度命令无线传送系统向司机下达调度命令(含许可证、调车作业通知单等)的功能；

(3)系统依据列车运行调整计划、《技规》、《行规》、《站细》等规定，以及相关联锁技术条件对列车、调车作业进行分散自律安全控制。对违反分散自律安全条件的人工操作，系统自动进行安全提示；

(4)系统对于影响正常运用的故障，具有报警、提示、记录等功能；

(5)与调度命令无线传送系统配合，实现接车进路信息自动预告功能；

近几年，随着铁路调度指挥系统的深层次应用和发展及信息技术的不断进步，从计划制定、到计划下达、再到依据计划实现进路自动控制，目前 CTC 系统已在国内开始应用，实现了行车调度指挥的自动化，初步具备了调度指挥的智能化。

(三)CTC 与 TDCS 的关系

新一代 CTC 系统是本着“以 TDCS 为平台，以 CTC 为核心”的原则来进行开发的，CTC 系统包含了 TDCS 的所有功能，如列车运行监视、车次号自动跟踪、到发点自动采集、实际运行图自动生成、阶段计划的自动调整、调度命令的网络下达、车站行车日志自动生成等，在此基础上进一步实现了车站信号设备的集中控制、列车进路的按图排列和调车控制等功能。在软件、硬件设备及网络传输通道上，该系统最大限度地利用了既有 TDCS 系统的资源。因此，CTC 所具备的功能很多是已经在 TDCS 系统上实现了的功能。

通过 TDCS、CTC 系统的建设，实现了调度指挥办公无纸化、流程管理程序化、安全检测智能化、信息交换网络化、计划调整自动化、调度指挥无声化、调度控制集中化等功能，取得了较好的效果。

三、调度管理信息系统

(一)调度计划系统(OPMS)

调度计划管理系统(OPMS)包括计划调度、列车调度、机车调度、货运调度、客运调度、施工管理和统计分析等调度工种功能。该系统实现调度所协同编制货运、列车、机车三大调度工作计划。目前 OPMS 系统已在占全路 85% 的 302 个调度台使用。

(二)铁道部调度生产辅助决策系统

调度生产辅助决策系统的主要功能包括编制下达铁道部轮廓和日班计划，下达调度命令，全路运输指标统计及分类统计，监控分界口交接，查询全路运行图，查询运货五审批，列车运行状态信息监控(LAIS)和繁忙干线施工计划管理等。

四、列车运行图计算机编制系统

列车运行图计算机编制系统实现了数据库维护、运行图编制与调整、时刻表及运行图输出、全路旅客列车运行图联网编制、全路列车运行图指标统计、能力计算等功能。它包括下列子系统：

1. 基础信息管理系统。

2. 列车运行图信息管理系统：

(1)列车开行方案编制系统；

(2)列车运行图编制及管理系统。

3. 列车调度辅助决策系统。

4. 施工管理辅助决策系统。

五、调度指挥现代化发展

随着信息网络技术,特别是列车调度指挥系统(TDCS)和分散自律调度集中系统(CTC)在铁路局调度部门的推广应用,调度工作管理正逐步演变为柔性管理,成为以信息为基础,进行自主决策、自我管理的新型调度组织模式。

1. 扩大 TDCS 调度指挥系统覆盖范围,主要干线实现 CTC 调度集中指挥,实现部、局两级调度 TDCS 列车运行信息的实时监控,编组站调度接入 TDCS 复示信息。

2. 加快全路施工管理系统的研究和推广运用,实现月度施工方案编制以及部、局两级施工计划审批、下达网络化,保证信息准确,下达调度命令及时。

3. 大力推进车站作业安全视频远程监控系统在主要干线的运用,对车务系统的关键行车岗位、重点场所以及列车运行状态进行实时监控。

4. 推广列车运行状态信息系统(LAIS)在主要干线的运用,结合 TDCS、CTC 系统,铁道部、铁路局调度实现对列车运行状态信息全方位、全过程的监控。

5. 推广调车安全监控系统,杜绝调车冒进信号、破坏进路、挤道岔等惯性事故,提高调车作业安全的保障能力。

6. 研究开发非正常列车进路监控系统,防止错办进路,提高非正常情况下作业效率。

7. 推广编组站管理信息系统的运用。

8. 完善列车运行图系统,加快列车运行图系统网络化进程,研究制定网络编图和信息共享的有关规定。

第五节 编组站综合自动化系统

传统编组站综合自动化系统包括驼峰自动化、推峰机车遥控、编尾微机集中及货车管理信息四个分系统，实现了货车信息处理系统与驼峰自动化联机，其系统间信息仅单方向传输，不能相互共享，系统基本上单独开发，自成体系，各系统间的连通性和互操作性较差。

2007年4月18日建成投入使用的成都北编组站综合自动化系统（Freight Classification Computer Integrated Process System，CIPS），是在现有已经成熟的各种过程控制分系统的基础上，通过集成与整合，建立共享信息平台，实现编组站决策、优化、管理、调度、控制一体化，达到高度综合自动化的目的。

集成到编组站CIPS系统中的各类分系统包括：联锁自动化分系统、驼峰自动化分系统、调机自动化分系统、停车器自动控制分系统和外业移动信息分系统。

编组站综合自动化系统（CIPS）的功能主要是：

1. 车站作业计划自动编制：综合管理信息系统根据调度班计划、阶段计划、列车编组计划、车站技术作业标准，自动编制列车接发车、解体、编组计划。

2. 进路自动控制：根据综合管理信息系统所编制的列车运行计划、调车作业计划等为依据，自动控制进路的办理，向计算机联锁子系统和驼峰自动化子系统下达进路控制命令，自动办理列车到达进路、出发进路、调车进路、机车走行进路，以及驼峰溜放进路，实现作业过程控制全面自动化。

3. 车辆实时跟踪：当列车到达该编组站，从综合管理信息系统获取有关列车车辆信息以及从现场采集列车车辆信息后，根据作业计划自动完成调车、解体、编组作业，直至形成列车的全过程车辆实时跟踪。

4. 现车实时管理：根据列车确报、编组站现车信息和列车解体计划、编组计划、调车作业计划，利用各控制子系统反馈的执行情况，对编组站现车进行实时、准确的追踪。

5. 调车机车自动化控制：编组站调机自动化系统是一套应用于车站调车机车的，集调车机车作业信息车上显示，调车机车走行安全防护，推峰调车机车速度自动控制，平调调车机车走行遥控等功能为一体的综合调车机车控制系统,可实现作业过程中的调车机车信息自动化和控制自动化。

调车机车自动化系统主要功能有:

(1)调车作业计划及相关信号表示的机车上显示;

(2)推峰作业过程推峰调车机车的遥控及自控;

(3)平面调车连挂作业的有限遥控;

(4)CIPS 环境下的全站调车机车作业信息管理;

(5)调车作业过程走行速度及信号安全防护。

第10章 重载运输组织

铁路重载运输代表了铁路运输领域的先进生产力，它适用于煤炭、矿石等大宗散装货物的运输。

世界上有十几个国家开行了重载列车，并于1985年成立了国际重载运输协会，我国于1987年加入该协会。20多年来，组合列车、单元列车、整列式重载列车等重载运输在我国快速发展。在我国以煤运为主的铁路干线上开行的重载列车是高密度条件下的重载运输，创造了世界铁路运输的奇迹。

发展铁路重载运输需要打造必要的基础设施平台、移动设备平台和信息共享平台。在六次铁路提速进程中，我国的重载铁路运输坚持技术创新、观念创新、管理体制创新和产品创新，运用新技术、新产品、新工艺，创新组织机构、管理体制、经营管理方式，把握市场发展趋势，提高运输服务质量，促进企业持续发展。目前，大秦线、大包线、侯月线的重载列车已成为我国和谐铁路建设中的新亮点。

第十章
重载运输组织

第一节　国外重载运输综述

1987 年在加拿大温哥华召开的第三届国际重载铁路会议上，通过了铁路重载运输的定义：线路年运量在 2000 万 t 及其以上，列车牵引重量至少为 5000 t，列车中的车辆轴重达到 21 t，具备以上条件之二者，皆可视为铁路重载运输。该定义以后又经过了多次修改，目前国际上重载列车的牵引重量已提高到 8000 t，其他条件也相应作了修改。

重载运输代表了铁路货物运输领域的先进生产力，有着非常高的运输效率和效益，适用于大宗散装货物，特别是铁矿石、煤等大宗物资运输。与常规铁路相比，重载铁路有三大优势：(1)经营上——巨大的发展潜力能保障投资者的收益；(2)技术上——重载技术发展迅速，能使铁路生产体现成本优势；(3)旅速上——在中长距离上能体现铁路的速度优势。

重载运输能增加铁路运能，缓解铁路运能紧张的状况，极大地提高铁路劳动生产率，降低货物运输成本。因此，自 1985 年国际重载运输协会正式成立以来，重载运输技术率先在美国、加拿大、澳大利亚等几个国家中得以蓬勃开展。目前，世界上已开行重载列车的国家和地区主要有：美国、加拿大、澳大利亚、南非、巴西、中国、俄罗斯、印度、瑞典等。

一、世界先进国家的重载运输

(一)美国

美国是世界上重载运输发展最早的国家，也是目前世界上重载运输最发达的国家。20 世纪 20 年代,重载铁路在美国首次出现。当时,美国东部的煤矿与铁路合作组成总重量约 1 万 t 的单元列车,将整列煤炭直接送往发电厂或港口,中途不经过任何编组作业,实现了较高的运输效率。

20 世纪 70 年代末,美国一级铁路也开行了重载运输。2004 年美国铁路营业里程 27 万 km,居世界首位。其中开展重载运输的一级线路约 16 万 km,即美国有 70% 以上铁路线路实现了重载运输。

由于大力发展重载运输技术,以 1980 年为基数,1999 年北美一级铁路生产率(即每一美元运营成本所获得的吨英里周转量)提高了 171% 。货车平均载重提高 15.1% ,运行成本下降了 65% ,铁路在北美货运市场的占有份额从 1980 年的 37.5% 增加到 1999 年的 40.3% 。

美国重载运输的成功经验很大一部分归功于其对重载运输技术的不断研究和改进。改进重载列车制动系统,降低车辆自重,采用新型钢轨等措施,不仅提高了重载列车的运行安全性,也使得铁路运能实现稳定增长,从而确保了铁路运输在市场竞争中的优势地位。

(二)加 拿 大

加拿大重载运输的主要运输组织方式是单元列车,典型的单元重载列车由 3 台功率为 4 400 HP 交流传动内燃机车牵引,124 辆轴重 33 t 货车编组而成,牵引重量达16 000 t,平均速度 70 km/h,最高速度 85 km/h。通过采用固定车底、循环往返的专用直达列车的重载运输组织模式,实现了铁路货运运营成本低、运输效率高的优势。

重载运输技术的发展使得加拿大国内的两大铁路公司 CN、CP 所占货运市场份额总和高达 30% ,占全部出口运量的 40% 。加拿大铁路平均牵引总重达5 318 t。

两大铁路公司 CN、CP 均自主编制运行图,根据运输市场需求、营销计划等定期编制和调整。在重载运输集装箱专用列车运输中,采用固定班列的组织形式。CN 建立了远程管理信息系统,监视和控制每一车次的重载列车运输过程,向用户提供及时、精确的运输信息。CP 每季度调整一次列车班次,以适应季节性的运量波动。

尽量编组装车地直达列车，减轻相邻编组站的解编任务。货车由装卸线直接发车，大大提高车辆周转速度。

（三）澳大利亚

澳大利亚铁路有16家私有铁路公司，4家国有铁路公司。重载运输产值占全澳GDP的1.7%。

澳大利亚BHP公司旗下的纽曼矿山铁路全长427 km，是一条单线内燃牵引准轨铁路，建于1969年，BHP公司经营铁矿、铁路及港口，从1973年开始研究采用重载运输技术，劳动生产率逐年提高，成本逐年下降。2001年6月21日，在纽曼山至海德兰港的矿石运输铁路线上开行了总长达7 353 m、编组682辆，由8台功率为6 000 HP交流传动内燃机车牵引、总重达99 734 t的重载列车，创造并保持着当今世界重载运输的世界记录。

1. 重载列车的运行计划

澳大利亚昆士兰州的铁路公司（QR）的重载列车均采用固定车底和机车进行单元式循环运输，但列车重量不固定，一般采用7 000～10 000 t，常用为9 900 t/列。QR公司的重载线路大部分集中在中部，约有2 028 km，主要连接的是煤矿和港口，包括31家煤矿、4个港口，每周运行460列，每年运输煤炭1.52亿t。

QR公司的重载列车运行计划主要包括长期运行计划、周计划和日计划，它主要根据煤矿与港口或工厂的订单，由QR路网公司和运营公司共同商定。计划编制的依据主要有：列车运行间隔，列车运行时间，机车车辆状况，其他货物列车及旅客列车开行情况，矿山、港口、工厂设备状况及线路通过能力和施工时间等。如图10－1所示。

列车运行计划能否满足需求，QR公司采用计划仿真模型进行动态检验，充分考虑机车、车辆、轨道、煤矿、港口等因素和其他列车运行情况，进行安全分析，并适当调整各个参数，直至满足需要。

2. 车站作业组织

由于采用UTC系统，列车进路由列车调度员直接控制，所以大部分车站均没有行车人员，而且车站配线很少（只有1～2条配线供列车

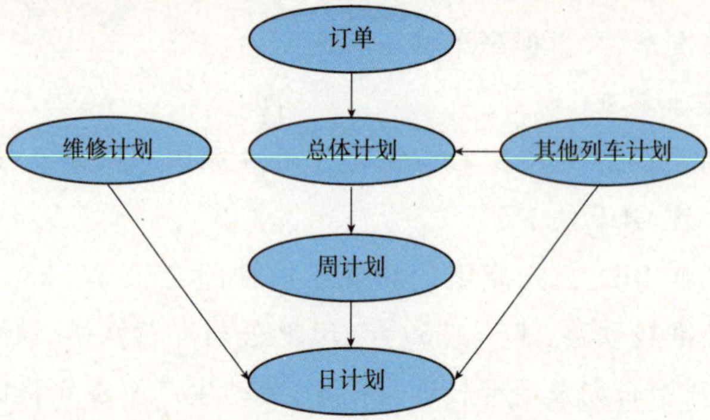

图 10－1　澳大利亚昆士兰州 QR 公司重载列车运行计划

进路选择)，而双线区间铺有渡线道岔，所以列车的会让、越行均可以按照进路的编排在任意地点、任意线路进行，可以在区间，也可以在另一线路反向运行。列车在车站不进行行车作业，具有较大的调度调整灵活性。由于列车采用固定车底、机车循环使用，所以 QR 公司未设进行车辆分解、集结作业的编组站。

3. 货运装卸作业组织

重载运输强调整体协调和合作能力，QR 公司除了列车运行外，非常重视在煤矿、港口等地点的装卸作业。装卸线均采用灯泡线路，便于列车进出装卸地点，同时采用高效的装卸机械，自动化程度较高，装卸作业速度较快，列车无须停车就可进行装卸作业。如在 GIADSTONE 港口，卸煤列车灯泡线长 3.3 km，共 2 条，每年可卸煤 3 600 万 t，煤码头上采用全自动传输装置装船，每一个船位装船量可达4 000 t/h，2 个船位年装船量达 3 000 万 t以上。采用底开门自动化卸车，本务机以 3～5 km/h 匀速运行，平均每辆卸车时间 1 min，列车在站停留时间即为卸车时间。由于不是采用翻车机卸车，卸车不会对车辆造成损害。

近几十年，世界主要铁路尽管经营条件不尽相同，但都十分注重重载铁路的发展。近年世界重载铁路发展状况见表 10－1。

表 10－1 世界重载铁路有关数据(截至 2002 年)

国 家	主要重载线路代表	运营里程(km)	轴重(t)	牵引重量(万 t)	牵引方式	备 注
美 国	BNSF、UP、CSX、NSKCS、IC	192 900	35.7～39	1.2～2	内燃	
加拿大	CP/CN	47 000	35.7～39	1.2～2	内燃	
澳大利亚	BHP	462	35.7	2	内燃	6 000 万 t/年
	QP	1 600	25	0.8	电气	重载占 86%
南 非	Orex	868	28～30	2	内燃	单线 3 500 万 t/年
	Rechard	560	26	2	电气	8 000 万 t/年
巴 西	卡拉基	892	30	2.1	内燃	单线 5 000 万 t/年
	维多利亚	980	30	1.5	内燃	单线 10 000 万 t/年
瑞 典	LKAB	540	30	0.85	电气	单线 3 000 万 t/年

二、重载运输发展趋势

重载运输是铁路货运发展的趋势，是一种适合大宗散装货物运输的有效方式。国外铁路从以下几方面积极开展重载运输。

(一)研发采用先进重载技术

研发采用先进重载技术，包括电力机车、新型车辆、线路养护、通信信号、路基加固、制动技术、钢轨防滑、道岔养护、增加轴重等技术的试验和应用，为重载运输提供了基础设施平台。

(二)运输组织创新

除了开行万吨重载列车外，还十分重视提高重载运输效率。为提高重载运输效率，加快车底循环速度，各国采用了以下运输组织方面的改革。

1. 循环车底的采用

重载列车车底固定使用，尽量编组装车地直达列车，减少重载列车在技术站的有调作业，提高了车底的周转速度。

2. 机车运用效率

利用电力机车开行长交路、轮乘制、多班司机值乘的跨区域乘务制度,电力机车周转距离客运突破2000 km、货运突破1000 km;内燃机车周转距离客运突破1 500 km,货运突破800 km,提高了机车运用效率。

3. 车辆集结时间

班列化的运输方式减少了技术站车辆集结的时间。例如澳大利亚铁路就没有车辆分解、集结的作业编组站。按运行图组织装车和组织开行重载列车的运输方式减少了车辆在装车地的停留时间,提高了运输效率。

4. 卸车站作业效率

为减少列车在卸车点的停留时间,通常的作业方法有:采用先进技术,提高装卸机械的卸车效率,出现了整列卸车设备,如QR公司的卸车效率已达到1 min/辆;本务机车能直接进入港口卸车点完成调车任务,减少了摘机、挂机次数。重载列车由装卸线直接发车,提高了车辆周转速度。

(三)信息管理系统的支撑

借助信息管理系统的支撑,重载货物运输、尤其是集装箱重载运输与信息管理系统紧密结合,使货物运输物流化,促进了多式联运运输方式的发展,提高了货物作业效率。

此外,现代化信息管理系统的信息技术,贯穿于运输生产和管理的全方位和全过程,包括客户信息、货流情况、运输计划、机车车辆动态、线路情况、调度指挥、自然灾害、行车事故处理、人事管理等方面,为铁路重载运输提供了信息平台。

第二节　国内重载运输

我国重载运输起步于20世纪80年代,1992年年底建成我国第一条双线重载运煤专线——大秦铁路。2007年大秦线年运量超过3亿t,

成为世界上年运量完成最多的一条重载线路，使我国重载运输进入世界重载运输的行列。

一、我国重载运输现状

为缓解繁忙干线运输能力紧张状况，我国重载运输曾大量开行组合列车。最近10年来，我国铁路重载运输技术得到了迅速发展，铁路重载运输已初具规模，整列式重载列车已在繁忙干线普遍开行，单元式重载列车和组合式重载列车主要在大秦线开行。

（一）车站到发线有效长

就目前我国车辆的载重量，开行5 000 t及以上重载列车时，车站到发线有效长应达到1050 m及以上。据初步统计，截至2005年年底，全国铁路车站到发线达到1 050 m及以上的线路仅约8 600 km，占全路营业线里程的11.4%。其中大秦线车站到发线有效长达到2 800 m；北同蒲线的部分车站达到1 700 m。

（二）重载列车的机车车辆装备和技术

目前，我国适用于牵引5 000 t重载列车的机车主要有SS4系列电力机车和DF8B内燃机车，部分线路采用双DF4系列内燃机车和双ND5内燃机车，牵引重量达到5 300 t。

为了适应铁路重载运输需要，我国铁路正在不断提高车辆载重，目前载重60 t及以上的车辆约70万辆，已经占车辆总数的99.4%，其中轴重23 t、载重70 t的车辆已达到5.6万多辆，轴重25 t、载重80 t的车辆已有1.2万辆。经过多年的研究，重载列车的多机重联控制技术、制动装备和技术、车钩强度和缓冲能力等，都已得到了全面提升。

（三）重载列车开行情况

线路设备的改善和机车车辆装备性能的提高，为开行重载列车提供了基本条件。2007年津浦线、沪宁线、京山线、沈山线、哈大线、京广线北京至武汉、陇海线徐州至郑州以及侯月线已普遍开行5 000 t级重载列车，孟宝线、京秦线段甲岭—秦皇岛开行部分5 000 t级重载列车；北同蒲线大新—韩家岭开行部分1万t和5 000 t重载列车；神黄线列车达到5 000 t、6 000 t系列标准；大准线列车达到5 000 t、1万t系列标准；大秦线重载列车已提升至1万t和2万t系列，每天开行2万t列车20余对。重载列车的开行提高了线路运输能力和运输效率。

二、中国重载运输线网发展规划

我国铁路重载运输规划的原则是：根据《中长期铁路网规划》和大宗货物流量、流向，结合新线建设和既有线改造，合理布局重载运输网，积极组织重载直达列车，尽量减少中途换重次数，提高铁路运输效率。

根据我国未来经济社会发展和大宗货物流向特点，在流量大、流向集中地区，结合新线建设和既有线改造，建设重载运输通道，构建重载运输网络，起止点选择在大宗物资集散地，如煤炭生产基地和港口等。在客货共线的重载运输通道，统筹规划6 000 t和5 000 t重载运输网络；运煤专线列车质量达到1万t，甚至2万t及其以上。

（一）南北重载运输通道

南北重载运输通道主要由津沪、京广、京哈（包括京秦、沈大、沟海）、京九、华东二通道、包西、平齐大郑、大同至长沙等8条通道构成，规划里程约13 200 km。其中万吨及以上重载里程约130 km，即大同至长沙通道上北同蒲线大同至朔州间，占南北运输通道里程约1%；6 000 t重载里程约8 070 km，占南北运输通道里程的61%，主要包括京哈通道（包括京秦、沈大、沟海），津沪通道，华东二通道中的阜淮线和淮南线，京九通道的北京至向塘西间，京广通道的北京至武汉段，大同至长沙通道的朔州—宁武—太原北—榆次—侯马—月山—襄樊和太焦线，以及包西通道等；5 000 t重载里程约5 000 km，占南北运输通道里程的38%，主要包括京广通道的武汉至广州段，京九通道的向塘西至东莞段和向莆线，华南二通道的皖赣线、宣杭线和萧甬线，平齐大郑通道，大同至长沙通道的襄樊—石门—长沙段等。

（二）东西重载运输通道

东西重载运输通道主要由大秦（包括迁曹线、准朔线、大准线、蓟港线)、神朔黄、陇海线、绥德—太原—石家庄—济南—青岛(包括邯长线、邯济线、胶黄线)、滨洲滨绥、北京—石嘴山、月山—日照、沿江通道(襄樊—武汉—九江—合肥—南京)、宁西、沪杭、浙赣线等10条运输通道构成,规划里程约9 000 km。其中万吨及以上重载里程1 400 km,占东西通道总里程的16%,主要由大秦通道(包括迁曹线、准朔线、大准线、蓟港线)和神朔黄通道组成;6 000 t重载里程约5 100 km,占东西通道总里程的56%,主要包括绥德—太原—石家庄—济南—青岛通道(包括邯长线、邯济线、胶黄线),月山—日照通道,陇海线郑州以东,滨洲滨绥通道,北京至石嘴山通道的石嘴山—包头—大同,宁西通道;5 000 t重载里程约2 500 km,占东西通道总里程的28%,主要包括北京至石嘴山的丰沙大线,陇海通道的郑州以西,沿江通道(襄樊—武汉—九江—合肥—南京),宁西线以及沪杭浙赣线。

(三)其他重载运输线路

集疏运重载线路总里程约4 300 km,主要包括大秦铁路和神朔黄铁路的集疏运线,以及林东线、勃七线、临策线、甘包线、东乌线、呼准线、通霍线等;重载联络线里程约1 500 km,主要包括武九线、孟宝线和蓝烟线等。

"十一五"期间,将结合新线建设,并通过对不具备重载运输条件的主要线路实施到发线有效长延长,软化坡度,关闭运量较小的车站等改造措施,以及采用新型大功率机车和大容量车辆,实现全国铁路2.8万km重载运输网络,覆盖全国除贵州煤炭基地外的9个煤炭基地,承担铁路煤炭运输量的80%以上。这将极大缓解铁路货物运输紧张局面,保证国家重点物资运输畅通,提升铁路运输能力。

三、中国发展重载运输的途径

我国重载运输虽然取得了巨大成绩,但是仍然存在一些问题,例如,部分干线技术标准不统一、大宗货物装卸基地(站)不完善等。借鉴国外铁路重载运输发展的先进经验,我国铁路结合国情,不断创新,从以下几方面积极开展重载运输。

（一）基础设施与设备改造和完善

1. 到发线有效长与货物列车牵引重量的最佳匹配

铁路到发线有效长是重载铁路关键性技术标准之一，直接关系到重载铁路行车安全、运输能力、工程造价、运营支出和经济效益。目前，我国铁路货物列车到发线有效长度系列有 1 050 m、850 m、750 m、650 m、550 m。

根据我国目前单元式重载列车运行实际情况，万吨重载单元列车到发线有效长度为 1 700 m，2 万 t 重载单元列车到发线有效长度为 2 800 m，到发线有效长 1 050 m 线路牵引重量一般为 5 000 t、6 000 t。5 000 t 及以上重载货物运输主要受车站到发线有效长度影响，因此应尽快对到发线有效长度进行改造。

2. 轨道

大力研发新型轨道技术，采用重型钢轨，无缝衔接，提高路基强度，降低维修频率和强度，从而降低维修成本。

3. 机车车辆技术

目前，大部分电力机车采用直流串励电动机，这种电机有良好的牵引特性，但易发生空转。通过采用大功率的交流传动内电机车，用以提高机车牵引力和黏着力，从而增加重载列车牵引重量。

货车车辆应当向着大轴重、低自重的方向发展，以便提高车辆净载重，提高运输能力。2020 年前，我国铁路通用型货车将逐步实现由 60 t 级向 70 t 级的全面升级，通过采用大功率内电机车牵引 70 t 及以上货车，可以使 5 000 t 重载列车的总长度控制在既有到发线有效长度 850 m 的长度标准范围内，可以节省大量的站线改造资金。

（二）重载运输组织优化

为了提高运输效率，重载运输还需要大力优化运输组织，尽可能的挖潜提效。

1. 循环车底的采用

重载列车车底固定使用，尽量编组装车地直达列车，从而减少重载列车在技术站的有调作业，提高了车底的周转速度。

2. 机务交路

利用电力机车开行长交路、轮乘制、多班司机值乘的跨区域乘务制度，大力提高机车运用效率。

3. 班列化运输

班列化的运输方式可以减少技术站车辆集结的时间。例如澳大利亚就没有规划建设车辆分解、集结的作业编组站，能缩短运输时间提高运输效益。

4. 提高装卸作业效率

在装车点和卸车地实行按运行图组织装车和卸车，减少了车辆在装、卸地的停留时间；同时采用先进装卸机械，提高装卸效率，实现整列装卸。

5. 集疏运一体化

实现货物运输从源头到终点的一体化运输，确保各环节紧密配合、高度协调，实现铁路—企业—港口间的直通运输，减少机车换挂次数，实现货车由装卸线直接发车，从而降低作业组织难度并极大提高重载运输能力和效率。

（三）重载运输网的完善

由于我国资源分布和工业布局不平衡，形成了由北向南、自西向东的大宗货物流向带和以能源、冶炼、粮食等大宗物资为主的运输格局。铁路大宗货物的运输量历年占全社会货物运输总量的比重达60%以上，特别是煤炭运输，铁路承担了全国80%左右的运输量，对保证大宗物资在全国范围内的有效供给发挥着关键性的作用。据预测2020年，全国煤炭运输量的70%、大宗货物运量的60%仍将由铁路完成。大跨度长距离的货物运输格局要求必须有与之适应的铁路大通道。

根据国外重载运输的发展经验和我国能源政策的要求，我国铁路重载运输应以煤炭发展为主，兼顾其他大宗货物。今后铁路重载运输的主要发展方向——南北方向以能源、冶炼、物资、粮食等大宗物资为主；在进行客运专线建设的同时，完成既有铁路能力紧张区段的复线及电气化改造，逐步形成长江以北牵引重量6 000 t等级为主，长江以南牵引重量5 000 t等级为主的重载运输通道，保证我国南北地区之间物资交流；东西方向以煤炭运输(特别是“三西”即:山西、陕西、内蒙古西部煤炭基地)为主,结合新线建设及既有线配套改造,逐步形成万吨以上大能力的运煤专线及6000 t煤炭、木材和粮食等大宗运输为主的重载运输线路,满足十大煤炭基地的煤炭外运及东西向大宗货物运输的需要。

1. 加强煤炭运输专线配套工程和集疏运工程建设

随着国民经济持续快速增长和工业化进程的加快,能源、原材料需求处于持续上升阶段。根据能源部门的规划,我国煤炭资源开发的总体布局是:稳定东部煤炭生产规模,巩固自给能力;加大中部煤炭开发强度,增加对东部的补给能力。能源、原材料等大宗货物运输需求仍将保持快速增长势头,给铁路运输继续带来很大压力。解决能源、原材料运输问题仍将是铁路货物运输的重中之重,加强煤炭运输专线配套工程和集疏运工程建设势在必行。如山西省地处我国煤炭工业基地,结合山西新型能源和工业基地的建设,重点加强晋煤外运通道建设的同时,在北同蒲线和南同蒲线及地方铁路干支线上建设若干个配套大秦线的1万t、2万t列车的装车基地;配套侯月(日)线的5000 t列车装车基地。基本摆脱以运定产,铁路运输限制山西经济发展的痼疾,进入一个比较自由的运输能力与运输需求较为适应的良性循环阶段。

2. 加强既有线改造

铁路既有线改造中,通过采用必要的改造手段,满足重载运输条件,提高既有线线路能力。对铁路线路一些不具备重载运输条件,但规划中已经安排改造项目的主要货物线路,充分考虑货运因素,通过到发线有效长延长,关闭一些运量较小的车站,部分坡度的软化等改造措施,使我国主要货运通道可以达到牵引5000 t及以上的牵引重量要求,提高线路输送能力,满足运量增长的需要。

3. 构建完善的重载运输网

到2020年,通过对京九等通道改造,形成南北重载运输主通道;通过对滨洲—滨绥、侯马—日照等通道改造,形成东西重载运输主通道,以及建设必要的联络线和集疏运线,东西、南北重载运输主通道的建成,将构成我国铁路比较完善的重载运输网络,网络将覆盖全国9

个煤炭基地，可承担铁路煤炭运输量的80%以上。我国铁路东西南北中之间货运将实现大出大入。铁路重载运输主通道的实现，可大大缓解铁路货物运输能力，保证国家重点物资运输的畅通，提高铁路运输效益，从整体上提升铁路现代化水平。

第三节 重载运输组织创新

精益化生产管理既是一种管理理念，又是一种生产方式和管理技术。自2007年2月起，铁道部首先对大秦线及相关线路重载运输模式进行试点，通过对运输组织精益化的流程再造，不断优化资源配置，内部挖潜提效，消除管理方面的非增值因素，逐步建立适合我国重载运输的精益化生产管理方式，提高运输生产能力和效益。

一、重载运输的创新

中国铁路重载运输由原来的只注重设备的技术引进，技术更新，线路的扩能改造，而转化为技术更新与运输组织方式更新并进。结合铁道部“边试边开，边开边改，以开促改，逐步完善”的重载列车运输原则，在配套装卸设备的现代化、机车同步操纵和制动装置等的技术攻关、运输组织方式的改革等方面取得了巨大成就。

通过运输组织方式创新，挖潜提效，高密度下组织行车和精细化管理，我国重载运输在以下方面取得了创新。

（一）科技创新

线路电气化，机车制动、防溜，交流电力机车的引进和国产化，货车转向架的检修技术，路基的加固和养护，通信信号的改造，重载铁路货车、车轴、轴承技术的改进等先进技术的应用和完善为重载列车的运行组织提供了设施保障。

（二）运输组织模式创新

通过延长机车交路、统一牵引定数、优化技术作业过程，细化营销模式等方面的改革，使我国重载运输通道能力得到了较大提高。

二、大秦线运输组织

(一)大秦线重载运输概况

我国铁路西煤东运的主通道大秦线,西起韩家岭,东至柳村南站,全长 653 km,主要承担晋北地区、陕西西部、内蒙西部煤炭外运任务。大秦线分为两期工程修建,1988 年完成第一期工程,1992 年完成第二期工程。1995 年至 1997 年又进行了提高能力的部分配套工程。大秦线是我国第一条双线电气化开行重载单元货物列车的煤运线路,该线西端分别与北同蒲线、云岗支线、口泉支线、丰沙大线、大准线接轨,东端分别与京秦线、京山线接轨,中部分别与京承线、津蓟线接轨。

大秦线吸引区煤炭资源地分布如图 10 - 2 所示。全线为双线电气化铁路,行车闭塞方式为自动闭塞,线路最大坡度为重车方向 4‰,空车方向 12‰。线路允许速度 85 km/h,牵引动力为 HXD1、HXD2,DJ1 和 SS4。如图 10 - 3 所示为大秦线上行驶的重载列车。

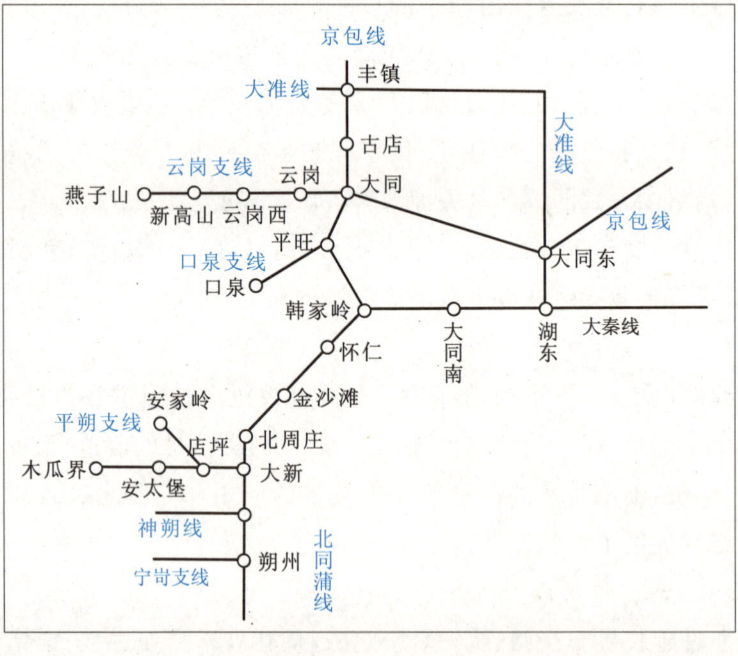

图 10 - 2 大秦线吸引区煤炭资源地分布示意图

图 10－3　大秦线重载列车

大秦线设计能力为 1 亿 t,2002 年大秦线完成运量 1.034 亿 t,首次突破 1 亿 t,达到大秦线的原设计输送能力;2003 年完成运量 1.22 亿 t;2004 年完成运量 1.53 亿 t;经过进一步的扩能改造,2005 年运量突破 2 亿 t,达到 2.03 亿 t,2006 年运量突破 2.5 亿 t,2007 年运量实现 3 亿 t,2008 年实现运量4 亿 t。目前,大秦线煤炭运量约占“三西”煤炭外运的 1/3。大秦铁路近年运量如图 10－4 所示。

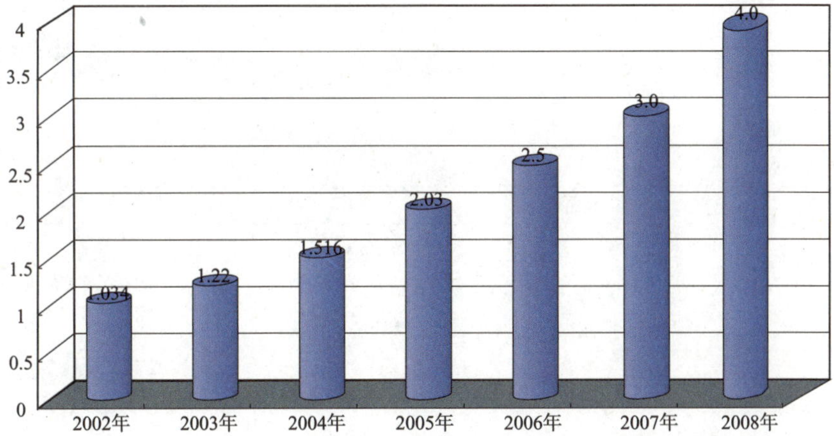

图 10－4　大秦铁路近年运量(单位:亿 t)

我国大秦线的重载运输与美国、加拿大、澳大利亚重载铁路不同,它不仅要求列车重载，还要求列车追踪运行，要求线路“满负荷”。保证线路运输能力和运输效率，是列车高密度条件下的重载运输。因此必须从机车牵引、车辆运用、设备整治、站场改造、运输组织和作业方式等方面不断创新，形成大秦线2万t重载组合列车重载运输技术体系。实践证明，大秦线重载运输是精益化管理思想在铁路货物运输中的应用，大秦线走了一条内涵扩大再生产与外延扩大再生产相结合的道路。

表10－2　大秦线重载列车开行情况(2007.4.18)

线　路	区　间	对　数	备　注
大秦线 湖东—茶坞 83列/104列	湖东—柳村南	2万t组合列车26列	下行
		单元1万t1列	下行
		单元1万t53列	上行空车底
	湖东—秦皇岛	单元1万t12对 组合1万t6对	
	湖东—秦皇岛南	组合1万t列车4对	
	湖东—翠屏山	单元1万t列车2对	
	湖东—秦皇岛东	组合1万t列车5列	下行
	湖东—高各庄口	组合1万t列车9对	分界口18对
	湖东—段甲岭口	组合1万t列车12对	分界口24对
	湖东—蓟县西口	组合1万t列车6对	分界口12对
北同蒲线 89对	大同—大新	25对	
	湖东—大新	单元1万t列车42对 区段货物列车22对	共64对
云冈支线 28对	大同—新高山	8对	
	湖东—新高山	单元1万t列车9对 小运转列车7对	共16对
	二电厂—云冈西	小运转列车4对	
口泉支线 33对	大同—口泉	小运转列车17对	
	湖东—平旺—口泉	单元1万t列车5对 小运转列车11对	共16对
湖大线 21对		单元1万t列车9对 小运转列车12对	
大同枢纽— 湖东57对	大同西四场—湖东	41对	
	口泉—平旺—湖东	单元1万t列车5对 小运转列车11对	16对

运量大幅增长反映了大秦线运输的高质量。大秦线在生产力布局调整，整合机务车辆等生产资源的基础上，逐步实施精细化运输组织模式，全面优化装车组织、编组集结、列车运行和卸车组织等作业流程，使运输装、运、卸能力相协调。通过一系列创新，大秦线运输的“量”（运量）和“质”（运输组织方式）均实现飞跃。表 10－2 是大秦线 2007 年 4 月固定列车开行情况。

（二）大秦线运输方式的变革

大秦线在实施扩能改造，优化资源配置的基础上，不断创新运输组织方式。将装车、配空、运行组织、卸车等全过程进行作业流程重组和整合优化，实现从装到卸的精细化管理。

1. 缓解运输瓶颈

围绕大运输的格局，集中统一指挥，从以下几方面打通运输关键限制点。

（1）提高疏港能力。与秦皇岛港务局协调，按照柳村南站为主要卸车基地、秦皇岛东站为辅助卸车基地的思路，调整车流接卸方案，优先满足柳村南站的卸车能力；柳村南站发生接卸不畅时，可调整到秦皇岛东站卸车。

（2）压缩等线时间，减少非生产时间。组织实施列车直下柳村南二场的作业，减少摘机、换挂等作业环节，加快机车折返，压缩列车等线时间。

（3）优化“天窗”方案。本着强化设备保证运输、优化运输强化设备的原则，通过提高运输效率，在现有施工“天窗”的基础上，尽可能优化“天窗”方案，增加“天窗”时间和维护次数，为设备养护维修创造条件。

2. 优化运输组织方案

大秦线采取单元 1 万 t 列车在装车站定（运行）线配空，重车列车定时出发，在卸车站定（运行）线到重，卸车完毕后定时出空。单元 1 万 t 列车和 2 万 t 列车车底在装车站和卸车站间循环使用，机车交路在装车站（技术站）与卸车站间贯通，目前车底（C80 型、C76 型）每次循环在柳村南站空车状态施行一次车辆技术作业。

(1)车底循环运用。C80 型车辆按 105 辆编组,固定拉运柳村南车流;C76 型车辆按 105 辆编组,固定在阳原、湖东装运柳村南车流;C63 型车辆按 120 辆编组 39 套车底,固定拉运秦东、翠屏山 1 万 t 车流;剩余编组 29 列车底,固定拉运太原铁路、呼和浩特铁路局至秦南车流。

(2)技术站作业合理分工。

湖东站:湖东站二场编开单元 1 万 t 列车和组合 1 万 t 列车。湖东一场接入的 2 万 t 列车(C80 型)和返回的单元 1 万 t 列车(C63 型)空车列车不进行车辆技术作业,其余列车进行车辆技术作业。

柳村南站:柳村南二场主要办理重空列车的到发作业,柳村南一场不再办理车辆技术作业。

茶坞站:对通过的 1 万 t 列车不进行技术作业。

(3)优化机车运用。在机车交路的设置上,采取集中机车运力于一点,向同一方向和多方向延伸覆盖,延长机车交路,大力推行“长交路、车循环、单司机、轮乘制”。

实行车循环、人继乘,双司机配班,单司机值乘,压缩折返时间等方式,做到增加运量、不增机车。贯通高各庄、蓟县西、段甲岭分界口,缓解枢纽压力,提高了机车运用效率。

2 万 t 列车实施以湖东为本段,柳村南二场为外段的半肩回长交路立折机车交路。乘务员在柳村南驻班。

单元 1 万 t 列车实施以湖东为本段,各装车站和秦皇岛东站为两端站的半循环机车交路,乘务员在秦皇岛东驻班,茶坞站直通。牵引机车全部在秦东折返段进行整备作业,取消湖东机务段整备作业。遇机车交路延长造成机车乘务员单班乘务时间超过标准时,按双班单司机方式值乘。

(4)调整车辆列检布局。柳村南方向固定循环车底(C80、C76)空车列车在柳村南二场进行列车技术检查作业,质量保证到重车列车返回卸车站,在湖东站及装车站不进行列车技术检查作业。

秦皇岛东、翠屏山方向固定循环车底(C63)空车列车在卸车站进行列车技术检查作业，重车列车在装车站或湖东站进行列车技术检查作业。

大秦线组合列车空车方向由各始发技术作业站（包括分界口接入）进行列车技术检查作业，质量保证到列车终到技术站（装车站），在茶坞站、湖东站不进行列车技术检查作业。

（5）加强货源组织。动态掌握大秦线货源情况，加大货源和市场组织力度，重点与较大客户锁定货源，签订互保协议，将货源分解落实到具体企业和装车点，以稳定货源确保运行图计划兑现。

3. 规范作业时间标准、作业时间标尺

规范组合列车组合作业时间、车站站停时间、乘务员换乘时间、货车周转时间和施工天窗时间。

精细化运输组织，货物列车按图行车，做到行车有“图”可依，考核有“图”可查，规范统一作业标尺，提高运输效率。

（四）大秦线重载运输组织的成功经验

（1）严格按图行车。各运输相关单位应密切配合，紧紧围绕列车运行图组织生产，抓好货运组织源头，大力提高调度日班计划工作水平，按运行图组织货运工作，全面提高货运产品正点率和兑现率，优化列车技术作业流程，强化技术站作业组织，努力实现按图行车。

（2）充分运用不断投产的新线和技改线路能力，对车流径路进行动态调整，对列车编组计划不断进行优化，逐步提高列车牵引定数，合理利用路网综合能力，加快机车车辆周转，实现运力资源与社会需求的有机结合。

（3）整合检修资源，实现设备检修的规模效应；加大投入，大力推进战略装车点建设，同时，规划和组织建设战略卸车点，使装、运、卸全程贯通，释放铁路运输的技术经济优势。

三、大包线重载运输组织

大包线即大同（湖东）至包头（西）的线路，是蒙西煤炭外运的重要通道，外运煤炭主要供应华北地区（沿海港口）。煤炭运输在大同中转，经由大秦线和丰沙大线运出，大包线外运煤炭约2/3转运大秦线。大包线位置示意如图10－5所示。

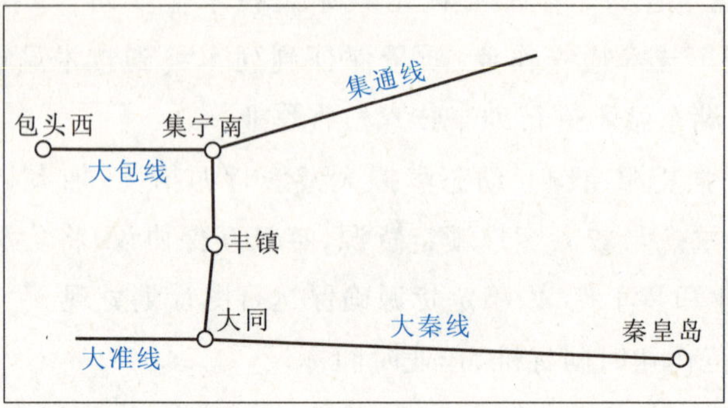

图10－5　大包线位置示意图

大包线接入大同枢纽，是大秦线精益化运输组织方案的延伸和试验，也是大秦铁路煤炭运力规划的重要内容。

大包线煤炭重载列车和空车专列定线运行，主要装车站定运行线配空，重车定时出发，逐步实行部分车底在主要装车站与卸车站间循环运用；强化列车始发站（技术站）技术作业，列车在装车站（包头西站）至湖东（大同）间机车交路贯通，沿途不再进行车辆技术作业；DF8B机车集中配属包头西机务段，统一机型和牵引定数，畅通“两点一线”，即包头西、集宁南站和集宁南—呼和浩特区段。

1. 车底循环运用

主要装车站至秦皇岛东、秦南、京唐港等卸车点的煤炭直达列车实行车底循环运用，采用C70固定编组车底。

2. 技术站作业合理分工

在集宁南站、呼和浩特站（西场）、十八台站等技术站，对列车技术作业进行合理分工。

3. 机车与乘务交路

DF8B机车配属给包西机务段，在大包间实行肩回机车交路。包头西—十八台（集宁南）间实行双班单司机值乘，跨段轮乘，十八台（集宁南）站上下行继乘。

呼和浩特站运用车间 DF4B 机车担当集包间半循环机车交路。机车在呼和浩特西场下行出、入库，跨段轮乘，呼和浩特西场乘务员换乘。

呼和浩特站运用车间 DF4B 机车担当集宁南至大同站间肩回机车交路和呼和浩特西场至十八台、集宁南补机交路，规定机车每三个往返一次入段整备。

4. 车辆技术作业

公积板、打拉亥、万水泉等主要装车站始发、终到货物列车由专设检车点或车辆段流动检修作业组按规定进行技检作业。

在货运方面借鉴大秦线运输组织模式，做到四统一：交路统一、牵引定数统一、乘务方式统一和干线机型统一。依据机车续行能力和货运车流特点，实现分界口、编组站的畅通和主要编组站间的机车交路贯通。

TWELFTH

第11章 结论与展望

铁道部认真贯彻国家关于构建社会主义和谐社会的部署，提出建设和谐铁路的要求，明确了以“运能充足、装备先进、安全可靠、管理科学、节能环保、服务优质、内部和谐”为主要内容的和谐铁路建设的目标任务。

立足于从根本上解决铁路运输生产力不适应经济社会发展需求的矛盾，把快速扩充运输能力和快速提高技术装备水平作为两条工作主线，不断在管理体制、技术装备、市场营销以及运输组织与管理方面进行创新，不断推出新的运输产品和服务，提高了铁路运输自身的市场竞争力，实现了持续发展，开创了铁路改革发展的新局面。

鉴于对创新理论的深入理解，在企业制度、运输市场、运输产品、运输技术、运输管理等方面进行了创新实践，为中国的铁路运输组织的理论，系统总结并注入了新的内容。

第十一章

结论与展望

第一节 中国铁路运输组织创新

铁路运输企业在近年来对创新理论进行深入理解的基础上，以多层次、多阶段和多种视角，根据铁路运输行业的专业特点进行应用研究，从而实现了运输企业制度、运输市场、运输产品、运输技术和运输组织与管理等方面的创新。铁路局直接管理站段的体制，运输生产力布局的大范围调整，先进技术装备和信息技术的大量采用等，为实施运输组织创新实践提供了基础，有力地推进了铁路运输组织的改革。

铁路运输逐步由过去的粗放式管理向精细化管理模式过渡，运用计算机技术、信息技术实现了运输网络的优化，运输集中化的实施、货运客车化、班列化等，给中国铁路组织理论注入了新的内容。按照铁道部领导“探索、总结、实践好我国铁路运输组织创新理论”的要求，本书运用系统工程理论、经济学理论、交通运输组织学理论、管理学和最优化理论等交叉学科方法，系统总结近年来我国铁路运输组织创新实践，探索建立铁路运输组织新理论。

一、运输管理体制的创新

体制创新是决定铁路企业发展的重要因素。体制创新就是要改变原有的企业体制，塑造适应社会生产力发展的市场经济体制和现代化大生产要求的新的微观基础，建立起产权清晰、责权明确、政企分开、管理科学的现代企业制度。

铁路运输管理体制创新实现了重要突破。近年来,以发展铁路运输生产力为目的,实行铁路局直接管理站段,进行生产力布局调整,推进投融资体制改革,为构建适应社会主义市场经济要求的铁路管理体制创造了有利条件。

(一)实现部—局—站段三级管理体制

成功实施了铁路体制改革,彻底解决了存续多年的两级法人经营同一资产、职能交叉、机构重叠的体制性弊端,带来了管理制度、管理模式、管理思维等各方面的变化。重新构建了铁道部—铁路局—站段三级管理体制,实现了管理的扁平化,为进一步明晰管理层次,推进运输企业建立现代企业制度,充分发挥路网整体优势,释放和发展运输生产力,提高运输和管理效率,提供了体制保证。

(二)实施运输生产力布局优化调整

通过管理创新探索资源的有效整合,管理创新是企业把新的管理要素如新的管理手段、管理方法等,或对要素进行组合、引入企业管理系统的创新活动等。近年来,铁路通过对企业的各种生产要素如人力、物力、技术等,以及各项职能在质和量上做出新的变化或组合,探索并创造出了一种更有效的资源整合方式。

铁路局直管站段体制改革的实施,促进了全路运输生产力布局的调整和优化。我国铁路运输生产力布局发生了深刻而巨大的变化,消除了原来过小的区域限制,通过对铁路运输站段的撤并,大幅减少了运输站段的数量,改变了过去由于站段分散而分割运力资源的状况,提高了资源使用效率和效益;改变了过去机、辆、工、电检修资源高度分散的状况,促进了设备检修的规模化;改变了过去管理人员和部分工人岗位设置过多的状况,优化了企业机构设置和劳动组织,提高了劳动生产率。

运输生产力布局的调整为优化运力资源配置,调整运输生产组织结构,扩大运输能力,提高运输效率和效益创造了有利的条件。运输管理体制的创新,促进运输工作产生了一系列重大改革,使先进的生产要素、技术进步和装备水平的提高能够充分发挥出应有的效益。

二、铁路信息技术创新

铁路信息管理系统的建立和优化，智能运输的推行和应用，是当前运输企业技术创新的一个重要方面。铁路信息系统主要包括全路客票管理系统，客货营销管理信息系统，计算机编制列车运行图系统，运输方案，各级调度指挥机构的日班计划、货运日计划计算机辅助决策系统以及编组站、客运站、货运站生产管理现代化系统等。通过各系统间的紧密整合，统筹协调发挥合力，为运输组织管理创新提供有力保障。我国铁路技术装备水平和信息化水平快速提升，铁路运输信息化建设取得了显著的成绩，加快了运输管理现代化步伐。

三、铁路运输产品与营销策略的创新

铁路运输企业将在社会效益和企业经济效益这一对矛盾中寻求合理的平衡点。铁路运输必须从面向生产的组织管理走向面向市场的组织管理，改革现行的运输组织模式和制度，更新服务产品和服务观念，拓展服务领域。

铁路面对其他运输方式的竞争，改变"以运输生产为中心"的观念，真正树立"以客户为中心"的先进营销理念，树立和加强市场意识、竞争意识、服务意识和营销意识，不断丰富运输产品，树立产品的品牌意识，提高客户服务质量，靠产品和服务满足经济社会发展对运输越来越高的要求。

（一）客运产品创新

客运方面，在提速干线主要城市群间大量组织开行高密度的时速200 km城际快速动车组列车，实现公交化运输，建立具有中国铁路特色的动车组列车服务标准体系，创新服务模式，建立中国高速铁路CRH品牌，实现铁路客运产品创新。通过增加夕发朝至、一站直达列车数量，充分发挥品牌效应。

（二）货运产品创新

货运方面，继续优化铁路货运产品结构，推出"一站装、一站卸"快运直达班列，大力组织海铁联运集装箱班列和双层集装箱班列，优化“五定”班列、行包快运列车方案，初步形成了快捷化铁路货物运输网络。

创新货源和运输组织，大幅度增加大宗直达列车数量，提高开行密度，加大了双向重车循环直达列车比重。

（三）大客户战略的实施

重点培育和优先支持重点大客户，是以“二八”理论为支持的，即20%的重点客户贡献了公司80%的收入。我国铁路瞄准长远，培育市场，全面实施大客户战略，构建大宗稳定货流网。

深入实施大客户战略，运用客户关系管理CRM理念，重新调整业务和管理流程，强调运输衔接和协调，致力于提高客户的满意度、回头率和客户忠诚度。

结合区域经济发展特点和运能变化趋势，在煤炭、钢铁、石油、粮食、港口以及等重点企业建立稳定的大客户群。实施运力和服务倾斜，确保铁路为大客户提供可靠的运力保证，大客户为铁路提供稳定的大宗货源，实现路企双方互利双赢。

四、铁路生产资源的配置优化

（一）优化了通道能力和点线能力

铁路运输生产系统主要包括运输、机务、工务、电务、车辆等部门，是一个“大联动机”，运输生产需要各系统的有序衔接、协同动作。

要满足运输市场的需求，提高运输生产经营效益，应及时掌握客流、货源信息与运输市场竞争信息，同时改革经营管理体制，强化以效益为目标的运输组织指挥和相应的设备保障。

（1）研究并创新车流组织调整的方法，确立“一主两翼”、“两线三区域”的战略思想。

（2）调整车流径路，优化了纵向、横向主要通道以及煤炭运输通道。

（3）优化运输组织，扩大区域运输增量。

(4)优化主要通道车流组织,提高直达列车比重,促进编组站合理分工。

(5)综合考虑车流密度、编组站设备能力、区段别牵引定数和换长等因素,系统整合编组站,使之与主要干线之间的能力更加匹配。以减少解编次数、压缩技术站中转时间、加速车辆周转为目标,优化了列车编组去向。

(二)运输的集约化和规模化经营

运输的集约化和规模化经营是世界经济发展的共同趋势,通过集中生产要素,优化生产资源配置等措施,不断提高效率和效益。

铁道部"两整合一建设"就是整合货运量小的货运站、专用线,整合零担货运业务,建设战略装(卸)车点。随着铁路改革实践的深入,"两整合一建设"战略的具体内涵也在不断丰富和发展。

同时,加快全路18个集装箱中心站的建设,按照现代物流的发展要求,打造一批铁路现代物流基地。

铁道部"两整合一建设"战略的实施提高了产业集中度,实现了铁路货运的集约化和规模化经营,通过资源的优化组合和运输管理组织方式的系统改进,促进了运输生产力的释放,使运输效率和效益大幅度提高。

(三)机车运力资源的优化

1.牵引动力资源优化配置

机务系统结合装备现代化的推进,大力推行"长交路、车循环、单司机、轮乘制",积极推行跨局轮乘,全面实行轮乘制交路及单司机值乘。

优化调整机车交路,形成客运机车交路网络,以十大客运机务段为主要支点、货运机车交路网络以路网编组站为主要支点的机车长交路调整战略。

在优化调整机车交路的同时,逐步解决机型配置混杂问题。按照"统一机型、统一牵引重量、统一机车交路、统一乘务方式"的原则,构建"机车集中配置、干线统一机型、人员分段运用、检修形成规模、适应运输需求”的机车动力保障新格局。

2. 优化检修资源配置

按照“专业化、规模化、集中修”的原则，区分内燃、电力机车和主要机型，整合机车检修基地，撤并只有一个中修台位及检修作业量较小的中修作业点。

结合机车交路调整和统一调配，推行分机型跨局集中检修，有效提高检修资源的使用效率和设备检修质量。

（四）车辆检修资源配置优化

1. 整合车辆检修资源

随着既有线速度的提高以及客运专线建设步伐的加快，加快推进北京、上海、武汉、广州四大客运专线动车检修基地建设。

在检修资源整合方面，客车段修基地尽量向客车车辆段所在地集中，东部地区动车组大量开行后，要做好“东车西移”的安排，并根据“东车西移”的进度，东部地区既有客车段检修资源要逐步弱化。货车段修基地应尽量向较大的铁路枢纽地区和装卸作业量特别大的地区集中。

2. 推行修程修制改革，优化列检布局

积极推行修程修制改革，逐步减少段修作业点，优化列检布局。要根据机车交路的延长，同步延长列检安全保证区段长度，加强主要列检所，弱化区段列检所。列检安全保证距离原则上要达到500 km以上。

五、铁路运输组织方式的创新

新体制新布局的实施为运输组织创新，进一步深化内涵扩大再生产提供了基础条件。

铁路运用系统论的观点，以全路效益最大化为取向，大力推进运输组织的集约化、规模化、精细化，进一步优化运力资源配置，不断创新运输组织模式，努力适应新形势的要求。

（一）统筹资源配置，坚持运输集中统一指挥

我国铁路运输效率之所以很高，一条基本经验就是坚持了运输集

中统一指挥。保持路网的完整性,坚持运输集中统一指挥,才能在有限的运力条件下挖掘运输潜力、最大限度的优化资源配置,发挥路网的整体优势,实现全路整体效益最大化。

探索运输组织新方法,发挥调度指挥的核心作用,严格按运行图组织运输生产、实现运输精细化管理。围绕列车运行图,抓好货运组织源头,提高调度日班计划工作水平,优化列车技术作业流程,强化技术站作业组织,实现流线、机列紧密衔接,按图行车,抓好运输作业的全过程控制。

(二)“一主两翼”、“两线三区域”战略

通过“一主两翼”、“两线三区域”战略的实施,充分发挥路网整体能力。运用铁路网络优势,打开限制口,对主要客运干线实施“一主两翼”的策略。按照“打满繁忙干线、用足两翼线路”的思路,充分利用繁忙干线两翼的平行线路,对全路车流径路进一步优化调整。统筹运用合资铁路、地方铁路能力,合理分流,实现干支线运能与运量的有效匹配,整体提高路网运输能力。

优化运输组织,扩大区域运输增量。把大秦线、侯月线的增量和东北、西北、西南三个区域的增量作为全路装车量的首要增长点来抓。通过区域内铁路局相互间的协调,优化装车组织,提高区域内互装比重,大力组织固定车底循环运输,增加区域内的货物交流,实现铁路运输增运目标。

(三)集疏运一体化运输组织方式创新

以系统最优为目标,在重载运输车底的循环应用、沿途技术站的合理分工、机车交路的优化、车辆列检布局的调整、货源的组织、规范作业时间标准等方面,提出了重载煤运通道车流径路调整和通道运量分工方案。

集疏运一体化运输组织方式就是运用系统论的观点,引入精细化管理模式,将装车、配空、运行组织、卸车等全过程进行作业流程重组和整合优化,实现从装到卸的精细化管理。集疏运一体化运输组织方式减少了中间环节,最大限度的优化了作业流程。

集疏运一体化的基本理念是精心设计方案,严格执行兑现。具体表现为“四个优化”,即:优化货车开行方案,实现货运班列化管理;优化机车交路和乘务交路,必要时组织乘务员在装卸站换乘;优化列检作业布局和作业方式,适应固定车底按循环次数或走行公里进行整备的要求;优化作业流程和劳动组织,取消不必要的中间作业环节。

强化集疏运系统的能力协调,在大秦和大包线上实行万吨列车在装车站定(运行)线配空,重车列车定时出发,卸车站定(运行)线到重,卸车完毕后定时出空,列车车底在装车站和卸车站间循环使用,实现机车交路在装车站(技术站)与卸车站之间贯通的精细化运输组织。

创新货源和运输组织,不断提高直达列车组织水平。不断强化运输衔接和协调。产、运、需三方和装运卸等部门以直达列车开行方案为基础,加强协调配合,规范管理流程,强化监督考核,不断提高全路直达列车的开行比重,提高直达列车开行质量。

加快战略装卸车点的建设,不断提高装卸站作业效率,确保集疏运工作顺利进行。在按照规划做好战略装卸车点建设的同时,以提高装卸站作业效率为重点,细化装卸作业流程,落实装卸作业时间标准,从源头上确保集疏运工作的稳步推进。

第二节　中国铁路运输组织展望

随着我国铁路基础建设全面展开,到 2010 年发达完善的铁路网将初具规模。客运专线、城际铁路、既有线提速相配套的快速客运网将初步建成,我国各大区域间大能力货运网络基本形成,主要货运通道实现 5 000 t 以上运输。随着快速客运通道和大能力货运通道网络的基本形成,我国铁路网区域布局将得到全面优化,东部铁路将全部实现电气化,主要干线通道全部实现客货分线运输;中西部路网规模将大幅度增长,主要限制通道和枢纽能力将得到大幅提高。

从生产力与生产关系相互作用的关系看,铁路运输生产力的发展并没有止境,客观上要求运输组织与生产力发展相适应,特别是随着动车组、和谐型机车等大量新技术设备投入使用，又为运输组织创新提供了新的条件，也对进一步深化改革提出了新的要求。在大规模铁路建设特别是客运专线形成能力之前，也要求我们通过不断深化内涵扩大再生产，进一步释放运输生产力。铁路运输组织创新的总原则以提高运输能力为中心，以保证运输安全为前提，不断提高运输质量、效率和效益。

一、客运高速化发展

随着经济的快速发展和人民生活水平的不断提高，人们对于迅速、方便、舒适和安全的出行条件和旅行环境，要求越来越高。速度是现代交通中最本质的特征，也是体现和衡量各种交通方式市场竞争力最主要的标尺。随着快速客运网初步建成，运行速度在200～300 km/h的快速客运系列产品，将使铁路旅客运输发生根本性的变化和质的飞跃，极大地提高铁路在客运市场中的竞争力。

1. 开拓客运新市场

随着快速客运网初步建成，铁路客运市场战略方向也将随之而调整，在继续巩固扩大中长途客运市场的同时，要大力拓展中短途客运市场。在长江三角洲、珠江三角洲、环渤海经济圈，以及人口密集地区的城市群、城市带之间，大量开行快速度、大密度的公交化城际列车。充分发挥客运专线和城际铁路能力，全面扩大铁路客运市场份额，在客运发送总量上取得大的突破。

2. 开发快速客运系列产品

随着快速客运网初步建成，开发快速客运系列产品，开行多层次、多品种、多用途的旅客列车，加强快速客运品牌建设，吸引高端客流。同时针对不同收入人群，不断开发新的旅客运输产品，进行旅客列车的品牌链的构建。建设能与乘客互动的信息化平台。

3. 提高旅客运输的服务质量

提高服务质量既是铁路部门落实以人为本、构建和谐社会的根本宗旨，也是铁路自我发展的长远需要。铁路现代化不仅仅是速度的提高，装备的改善，更主要的是服务理念和服务功能的提升和转变。应牢固树立以旅客为本的服务理念，从改善服务硬件和软件入手，不断改进服务方式和手段，努力提升铁路整体现代化服务水平。建立具有中国铁路特色的快速客运服务标准体系。

4. 建设适合中国国情的客运专线运营指挥现代化系统

客运专线的建设和运营管理是一个复杂的系统工程，既有基础设施的高标准建造，也有动车组移动装备的高速度要求，更有把车、地、通信、信号、自动控制和调度指挥合为一体的系统集成的核心技术要求。应以既有线提速和客运专线建设为依托，深化对各子系统的系统集成技术研究。在调度指挥和运营管理上，要把所有工种集合成一体，保证系统的完整性和高效率，从而实现总体目标。

二、重载运输的系列化

铁路重载运输得到世界上越来越多国家的广泛重视。我国也充分利用先进成熟的技术，在重载运输上取得新突破。应认真总结大秦线集疏运一体化运输组织的成功经验，并进行推广。

1. 推行集疏运一体化运输组织方式

集疏运一体化运输组织方式是以创新运输组织、变革运输生产关系为主线，从货源组织、装卸能力、车辆集结、列车运行、施工组织、港口协调等方面，系统研究和掌握重载运输组织技术，推进运输组织集约化、规模化、精细化，推动重载运输再上新台阶。在大秦线、大包线开行重载列车系列化产品，快速进入世界铁路重载运输的先进行列。

2. 在主要煤运和港口通道上扩大开行万吨列车

进一步强化集疏运系统的能力协调，在主要煤运和港口通道上扩大开行万吨列车。增加大包线万吨列车开行数量，实现侯月（日）线5 500 t贯通并逐步增加开行列数。

3. 扩大重载运输范围

借鉴大秦线扩能改造经验，统筹规划煤运通道系统改造，扩大重载运输范围，主要干线和重要支线实现5 000 ~ 6 000 t 牵引定数系列化，京沪、京广线开行 6 000 t、时速 100 km 和 5 500 t、时速 120 km 货物列车。

4. 推进“三厂、两矿、一港、一路”直通运输

协调组织有关部门实现路港直通运输。结合重点企业均衡运输组织管理的工作，大力实施“三厂、两矿、一港、一路”直通运输，指导各铁路局完善管内重点企业直通运输规划，加快落实设备改造、运输组织改进等具体措施。加强与厂矿企业及地方政府的沟通协调，逐步实现国铁本务机车进入电厂、钢厂和炼厂，煤矿、金属或非金属矿，以及港口、合资及地方铁路等装卸量较大企业，直接送车和重车始发，减少机车、车辆交接环节，压缩车辆停留时间，提高铁路运输效率，实现路企共赢。

三、运输资源优化配置

1. 统筹新线和既有线能力利用，提高路网整体能力

(1) 组织好京津城际、合宁等新建的客运专线运营工作。研究客运营销、客流组织和售票组织工作方案，实现新线、新运量、新效益。

(2) 根据其他新增能力，优化调整车流径路，实现路网整体能力最大化。

(3) 继续实施“一主两翼”、“两线三区域”战略。加强大秦、侯月(日)线货源组织和运输组织，不断强化运输衔接和协调，实现运量的增长。

2. 进一步优化生产力布局和运力资源配置

(1) 以编组站为龙头优化生产力布局。强化主要编组站，结合路网规划对能力不足的编组站进行扩能改造，加快编组站信息化建设，提高作业组织水平，不断提高解编能力，实现点线能力协调，提升路网整体能力。

(2) 深化铁路站段生产资源整合和机构设置优化工作，进一步优化生产力布局。

(3) 协调新投用设备和既有移动设备能力，提高机车车辆整体利

用效率。在机车运用方面，构建机车集中配置、干线统一机型、人员分段运用的新格局；打破传统客车固定配属运用方式，动车组列车全路统一调配，其他客车各铁路局内统一调配；推进客车修制改革，逐步建立适应国情路情的动车组维修周期和维修标准；优化货车列检作业布局和模式，提高货车使用效率。

(4)优化新增运力资源的布局。积极推进新建客运专线的动车组实行集中检修，基础设施维修以市场化为主，培育和开放铁路维修市场。

四、货物运输集约化、快捷化和物流化

1. 深化货运组织改革，推进集约化、规模化运输

(1)继续推进生产资源整合。加快运量较小货运站和专用线的整合，推进战略装、卸车点建设，进一步完善配套运输组织措施，提高全路运输效率。

(2)推进“集中受理、优化装车”的货物运输组织改革。从整合货源和运力资源两方面入手，先期建成相关信息系统，实现通过电子商务平台集中受理客户运输需求，进而通过优化调整作业流程和业务范围，实现运输需求和运力的科学匹配，逐步推进货物运输向集约化经营、规模化生产方向发展。

2. 大力发展快捷化运输

快捷化运输能增强铁路在中、高附加值货物运输市场上的竞争力。未来，随着客运专线和城际铁路的建成，部分线路将实现客货分线，运输能力得到极大释放。除了大力开发货运重载、大宗货物直达系列产品外，应继续优化快捷运输组织，推出货运新产品，提供集装箱、小汽车运输等物流化服务，满足社会上多品种、多层次的货物运输需求。

(1)加快集装箱运输的发展。加快干线班列运输网络建设，加大点到点的集装箱班列运输组织，特别是双层集装箱班列以及过境国际班列，提高集装箱运输的效率。同时，要完善集装箱运输信息系统建

设，加快建立箱车管理、物流服务、集中监控等子系统，实现与客户之间的数据共享，提高服务水平。

(2)发展行包运输。树立现代物流理念，利用好既有营销网络，优化行包专列运输方案，不断增加行包特快列车的开行数量。

3. 铁路货运逐步向现代物流发展

铁路大力发展物流，是铁路产业升级的客观要求。随着中长期铁路网规划的实施，铁路融入物流业既具备充足的运力支撑，又具有广阔的市场需求。应抓住当前各种有利契机，向现代物流发展。

(1)扶持专业运输公司向现代物流企业发展。通过铁路现代物流中心的发展规划、发展时机和发展模式的研究，充分利用现有资源，统筹建设铁路物流中心和专业运输场站，培育大型铁路物流骨干企业。

(2)整合铁路资源，建设以铁路为依托的综合物流基地。对处于区域经济中心的铁路货运场站，尽快创造条件，实现从传统运输企业到现代物流企业的转换。

参考文献

[1] 刘志军．贯彻落实科学发展观推进和谐铁路建设,为实现经济社会又好又快发展作出新的更大贡献[J]．铁道经济研究,2007(1):1～18

[2] 傅志寰．百年铁路[N]．经济日报,2000－12－28

[3] 吴强．我国铁路运输工作“十五”回顾和“十一五”发展展望[J]．中国铁路,2006(6):1～7

[4] 胡思继．交通运输学[M]．北京:人民交通出版社,2000

[5] 张　浩．交通运输组织学[M]．北京:中国铁道出版社,2005

[6] 胡思继．铁路行车组织[M]．北京:中国铁道出版社,2001

[7] 季　令．交通运输政策[M]．北京:中国铁道出版社,2003

[8] 马家驹．综合运输概论[M]．北京:中国铁道出版社,1993

[9] 周商吾等．交通工程[M]．上海:同济大学出版社,1987

[10] 顾　炎．铁路运输工程[M]．北京:中国铁道出版社,1997

[11] 刘其斌,马桂贞．铁路车站及枢纽[M]．北京:中国铁道出版社,1999

[12] 孙章等．交通向高速进军[M]．北京:中国铁道出版社,1995

[13] 范恒山．资本运营战略与策略[M]．北京:中国财政经济出版社,2000

[14] 吴建中．铁路运输企业市场化管理[M]．北京:中国铁道出版社,1998

[15] 许庆斌,荣朝和,马运等．运输经济学导论[M]．北京:中国铁道

出版社,1995

[16] 刘明慧．现代企业制度概论[M]．北京:中国财政经济出版社,2005

[17] H.哈肯．高等协同学[M]．北京:科学出版社,1989

[18] H.哈肯．协同学——自然成功的奥秘[M]．上海:上海科普出版社,1988

[19] 郭治安,沈小峰．协同学[M]．太原:山西经济出版社,1991

[20] 郭治安．协同学入门[M]．成都:四川人民出版社,1988

[21] 曾　健,张一方．社会协同学[M]．北京:科学出版社,2000

[22] 白思俊．现代项目管理[M]．北京:机械工业出版社,2003

[23] 王　珉．人力资源管理价值论[J]．云南社会科学,2002(3)

[24] 朱道运等．物流和供应链管理[M]．上海:复旦大学出版社,2001

[25] 朱忠隆．轨道交通项目若干技术经济与管理问题研究[M]．上海:同济大学出版社,2006

[26] 中国人民共和国国家统计局．中国统计年鉴(2001 ~ 2005)[M]．北京:中国统计出版社,2006

[27] 中华人民共和国铁道部．铁路交通事故应急救援规则[M]．北京:中国铁道出版社,2007

[28] 中华人民共和国铁道部运输局．全面调整运输生产力布局充分释放铁路运输生产力[J]．中国铁路,2007(6):32 ~ 37

[29] Carlos F D. Logistics systems analysis[M]. New York: Springer Verlag, 1996

[30] Lee D B Jr. Methods for Evaluation of Transportation Projects in the USA[J]. Transport Policy, 2000(7):41 ~ 50

[31] 铁道部运输局．全面调整运输生产力布局充分释放铁路运输生产力[J]．中国铁路,2006(7)

后记

在铁道部党组的正确领导下，经过全路的不懈努力，铁路建设发展取得了举世瞩目的巨大成就，用短短几年时间跨越了发达国家几十年的历程，开创了和谐铁路建设的新局面，实现了几代人的梦想。中国铁路已经站在了新的历史起点上，正阔步迈向更加光明、更加美好的未来。

铁路运输是一项庞大的系统工程，必须立足当前着眼长远，在总结经验教训的基础上，学习国外先进经验，不断开发创新适合我国铁路路情的新技术和新的组织方法，加快推进构建和谐铁路的进程。

展望未来，在我国铁路的中长期铁路网规划中，大批客运专线将相继投入运营，铁路的路网将进一步完善。与此同时，以大秦线、大包线、侯月(日)线等为代表的中国铁路重载运输又将向新的目标迈进。中国铁路的高速运输、重载运输以及客货分线后的运输组织都将是有待继续研究的课题。希望本书能为和谐铁路建设提供有益启示。

在本书的编写过程中，得到了铁道部领导的指导帮助和大力支持，运输局相关同志也付出了辛勤劳动。在此一并表示深切的谢意。

书中疏漏、不足之处，真诚希望读者批评指正。

2008 年 12 月